エピソードで学ぶ
保育のための心理学
子ども理解のまなざし

塚田みちる
岡本依子
菅野幸恵

新曜社

発達表

　この表は、ある子ども（Aくん）の、保育園入園から卒園までの育ちのみちすじを描いたものです。春夏秋冬の時期別に、そしてAくんの年齢別に、その折々の姿を取り上げています。Aくんが卒園した春（2019年3月）から振り返って、ご両親と担任の先生方にAくんの思い出を語ってもらいました。その内容を半年ごとに一言ずつまとめて「両親の思い出（父母）」と「保育者の思い出（保）」として記述しています。写真は、Aくんがその時期に経験した思い出深い姿を取り上げました。0〜2歳は生活と遊びの場面から、3〜5歳は、その年度で初めて経験する活動や行事、もしくは、その年ならではの活動や行事です。

	春から夏（4〜9月）	
0歳  おみやまいり	 パパママと慣らし保育中	 夏の水遊びが楽しくなって
	父母　両親共に若くないので少し不安をかかえながらのスタート	
	保　涙いっぱいだった入園のころ、だっことおんぶで過ごしたね	
1歳  ボクのお気に入り	 お誕生日会、おめでとう	 お友だちの名前とマークを覚えて
	父母　姉・兄についてまわり、ケンカをしては怪我をしないかはらはら	
	保　自分でなんでもやってみたい、自我の芽生え期でした	
2歳  きょうだいでお散歩	 大きな鯉のぼりを見上げて	 笹飾りに願いを込めて
	父母　妹のお世話をしたがるためヒヤヒヤ…お兄ちゃん業を見守る	
	保　机上でもパズル・ブロック・積み木に長い間集中していました	

Aくんは5人きょうだいの3番目のお子さんです。家庭ではきょうだいげんかが絶えない日々で、「真ん中っこ」としてどうしても我慢することが多いそうです。ですが、保育園では、クラスの友だちとのびのびと関わり、特に3～5歳児の幼児クラスに進級してからは、異年齢の遊びの中で、優しくてカッコイイお兄ちゃんぶりを発揮しました。でも、担任の先生の前では恥ずかしがり屋の一面も見せてくれます。保育園を卒園して、いよいよ小学生になったら、それまでの家庭生活と保育園生活で培ったAくんらしさをさらに思いっきり発揮して、楽しく充実した学校生活を送ることを願ってやみません。

	秋から冬（10～3月）
0歳	 室内でのおもちゃ遊び　 外遊びも元気よく 父母：安心して登園させる様に。母が育休終了準備のため父もミルク授乳参加 保：担当保育者にいっぱい甘えてくれるAくんでした
1歳	  たくさん食べて、いっぱい寝て、すくすく育って 父母：言葉がなかなか出ずバタバタしたり噛みついたりと目が離せない日々 保：「Aの」「いやの」語尾に「の」をつけるおしゃべり可愛かったなぁ
2歳	 親子遊びの運動会、かけっこもわらべうた遊びも、パパママと一緒に　 初めての生活発表会、大きな声でみんなと歌って 父母：食欲旺盛なのに口に入れるものは慎重すぎなことがよくあって印象的 保：「あのね」「えっと」と可愛いおしゃべりが大好きでした

	春から夏（4〜9月）		
3歳  5人きょうだいに	 幼児クラスへ進級おめでとう		 観察大好き、クワガタ、ザリガニ、図鑑で調べたね
	父母 兄が卒園し就学したので不安だったけれど妹が入園して元気に一緒に通園		
	保 5歳児グループに教えてもらうパズル・ブロックや積み木に夢中でした		
4歳  男組			
	キッズクッキングに挑戦、おにぎりも、とうもろこしの皮むきも		
	父母 もう一人妹が増えて家のお手伝いや私たちに気遣いをするように		
	保 おもしろい発言はクラスを明るくしてくれました		
5歳  サイコーの思い出			
	遊びでも、クラスの当番活動でも頼れる存在に		
	父母 姉・兄と妹2人の板挟みになり、「真ん中っこ」のキャラが確立		
	保 誰にでも優しく、クラスをリードしてくれました		

	秋から冬(10〜3月)	
3歳		
	4、5歳児と一緒の初めての大運動会　　仲間同士で励ましあった山登り遠足	
	父母　少し兄らしく自信が持てた、夜のおむつが取れて手がかからなくなる	
	保　運動遊びが大好き、運動会のかけっこ頑張りました	
4歳		
	遠足のお弁当、おいしかった　　サッカー、かけっこ、鬼ごっこが得意に	
	父母　きょうだい間で我慢できないことが増えストレスも。その中で兄と男組結成	
	保　ちょっぴり恥ずかしがり屋、でも先生にはたくさんお話してくれたね	
5歳		
	最後の運動会では竹馬も得意技に　　卒園、おめでとう！	
	父母　たくさんの経験をバネに家族としてみんなで成長できたことに感謝	
	保　運動会のリレーのアンカー、生活発表会の主役、かっこよかったよ	

子どもの居場所一覧

クーヨンBOOKS⑬『探していたのはここ！行きたい保育園・行かせたい幼稚園』クレヨンハウス（2016）、内閣府「子ども・子育て支援新制度」を参考に作成

	施設名				認可			
		保育所（保育園は通称）	認定こども園	幼稚園	地域型保育 保育所（原則20人以上）より少人数の単位で、0から2歳の子どもを保育する事業。以下の4種類。			
					家庭的保育	小規模保育	事業所内保育	居宅訪問型保育
0・1・2歳	内容	児童福祉施設のひとつ。保育を必要とする子どものための保育を行う。	幼稚園と保育所の機能や特長をあわせ持つ施設。幼保連携型（幼稚園・保育所の両方の基準を満たす）、幼稚園型（幼稚園の基準を満たす）、保育所型（保育所の基準を満たす）、地域裁量型（地域の基準を満たす）の4種がある。		定員5人以下のいわゆる「保育ママ」と呼ばれる少人数保育。	定員が6から19人の小規模保育所。A型（全員が保育士の有資格者）、B型（半分が有資格者）、C型（有資格者なし）の3種がある。	会社や病院の事業所の保育施設などで、従業員の子どもと地域の子どもを一緒に保育。	障害・疾患などで個別のケアが必要な場合や、施設がなくなった地域で保育を維持する必要がある場合などに、保護者の自宅で1対1で行う保育。
	管轄	厚生労働省	厚生労働省・文部科学省					
	認定区分	3号	3号					
	施設名	保育所	認定こども園	幼稚園				
3・4・5歳	内容	内容は同上	内容は同上	満3歳から就学前の幼児の保育を行う学校。4時間の標準時間のほかに「預かり保育」を行っている園も多い。				
	管轄	厚生労働省	厚生労働省・文部科学省	文部科学省				
	認定区分	2号	1号・2号	1号				

認定区分とは

子どもの年齢		認定区分	
3-5歳	保育を必要とする事由があるか	NO	1号認定
		YES	2号認定
0-2歳		YES	3号認定
		NO	認定の必要なし

＊認定
認可施設を利用するためには、居住の自治体から認定を受ける必要がある。認定によって利用できる施設が異なる。

＊保育の必要性
保護者の就労、妊娠出産、疾病、障害、同居家族の介護・看護、求職、就学など、また虐待やDVの恐れがあるなどの事由に該当する場合必要性が認められる。

＊1モンテッソーリ：モンテッソーリ教育。マリア・モンテッソーリが考案した教育法。「子どもには、自分を育てる力が備わっている」という「自己教育力」が教育の前提となる。この力を充分に発揮できる環境および自由を子どもに用意し、自発的な活動を促して成長させることが大人の役割とされる。年齢ごとの興味を満たすことのできる「教具」というあそびの道具で発達に応じた「お仕事」と呼ばれる活動を行う。認可の幼稚園で取り入れているところもある。

認証	認可外				その他	
保育所・保育室	保育施設	共同保育所（認証を受けていたり、無認可*3の場合もある）	幼児教室（無認可の場合もある）	森の幼稚園	自主保育（多くが無認可）	青空保育
自治体の定める基準を満たした保育施設。助成の仕組みや額は自治体によって異なる。	児童福祉法に定める基準により設置された認可保育所以外の保育施設。助成がない（少ない）代わりに、認可施設よりも自由度が高い。自治体の指導監督下におかれ、都道府県への届出と認可外保育を対象とした国ないし自治体の基準を守る必要がある。実態は、ベビーホテル、インターナショナル系保育所、モンテッソーリ*1やシュタイナー*2などの教育理念に基づいた施設など多様。	親と保育者が共同で運営する保育所。日中の保育活動は保育者が担う。運営方針や設備、行事、食事など について親と保育者が話し合う機会が多く設けられ、共に運営にかかわっている。	団地の集会所や空きスペースなどを利用して行われている保育。高度経済成長期に幼稚園が不足した折に、親たちが生み出した保育形態。塾などとは異なる。	園庭、園舎を持たず、季節や天候を問わず野外で保育活動を行う。通年で野外活動を行う認可外の保育活動もあれば、幼稚園や保育所で年に数回森に行く活動を取り入れたり、自然学校が行事として行っている場合もあり、形態や内容は多様。長野県や鳥取県など自治体によって独自の基準を設け、助成を行うところもある。	親たちが互いの子どもを預かり合う保育活動。運営などもすべて親たちが担う。園庭や園舎を持たず、公園や河川敷などを拠点にして活動する。自治体によっては助成があるところもある。	屋外での活動を軸に、親たちが自主運営する保育形態。保育は保育者が担い、親たちはサポートで保育に入ることもある。
自治体	自治体					
保育所・保育室	保育施設	共同保育所	幼児教室	森の幼稚園	自主保育	青空保育
内容は同上	内容は同上	内容は同上	内容は同上	内容は同上	内容は同上	内容は同上
自治体	自治体					

＊2シュタイナー：シュタイナー教育。ルドルフ・シュタイナーが考案した教育法。知性だけではない子どもの心や精神性など全人教育を目指す。芸術的なものに触れると人間の感情が高まり、感情とともに取り入れた知識が定着しやすいことから、教育そのものが芸術行為であることが必要とされ、独自の教授方法が取り入れられている。

＊3無認可：国や自治体への登録を行っていない施設・団体。「基準に縛られず自由な活動をしたい」とあえてこの位置づけを選ぶ場合もある。

エピソードで学ぶ 乳幼児の発達心理学 関係のなかでそだつ子どもたち

子どもの印象的なエピソードの数々を生き生きとした筆致で紹介しながら、その心理学的な意味について考え学べる、新しいスタイルの入門テキスト。発売以来、保育園、幼稚園の先生方にも勧められる心理学テキストとして評判。

【主な内容】
第1章 新しい世界へ──移行
（子どもの居場所，環境移行，関係の移行，他）
第2章 人や物とかかわる──関係
（ひとみしり，見知らぬ他者や物との関係づくり，
　保育場面での仲間関係，役割取得の発達，他）
第3章 自分に気づく──自己
（反抗期，自己制御，自己評価の発達，他）
第4章 感じてあらわす──情緒
（一次的感情から二次的感情へ，情緒理解，他）
第5章 世界を知る──認知
（ピアジェの発達理論，記憶の発達，
　時間概念の発達，模倣，想像力の発達，他）
第6章 話して伝える──ことば
（話しことばの発達，読み書きことばの発達，他）

岡本依子・菅野幸恵・塚田-城みちる著
2004年刊　A5判・232ページ
本体1,900円＋税

エピソードで学ぶ 赤ちゃんの発達と子育て いのちのリレーの心理学

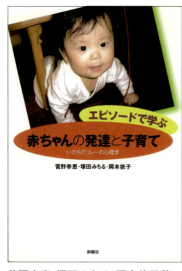

子育てはいのちのリレー。生き生きとしたエピソードに触れながら胎児から生後1年半までの赤ちゃんの発達を学び、親となることについてのイメージと必要な知識が得られる、画期的な乳児心理学入門。『エピソードで学ぶ乳幼児の発達心理学』の続編。

【主な内容】
第1章 ようこそ新しい世界へ──移行
（胎児の感覚，新生児の知覚，他）
第2章 つながりあう──関係
（愛着，間主観性，乳児同士の関係づくり，他）
第3章 自分に気づく──自己
（個性，情動的交流と自己，自己認知，他）
第4章 世界を知る──認知
（顔の認知，感覚運動期，共同注意，他）
第5章 話して伝える──ことば
（音声，ことばの準備，語彙の獲得，他）
第6章 世代から世代へ──いのちのリレー
（親になること，育児不安，他）
第7章 子育て支援から地域子育てへ
　　　──子育てのネットワーク

菅野幸恵・塚田みちる・岡本依子著
2010年刊　A5判・212ページ
本体1,900円＋税

はじめに

　既刊の2冊のきょうだい本、『エピソードで学ぶ乳幼児の発達心理学』と『エピソードで学ぶ赤ちゃんの発達と子育て』に続いて、3番目の子をようやく世に送ることができました。これら2冊をお届けできただけでも私たちにとっては望外の喜びでした。私たち3人は、大学院の同じゼミの出身です。3人とも発達心理学を専攻し、子どもの放つ魅力の虜になりました。岡本の紹介で、あるタウン誌のコラムを連載したことで、ゼミを巣立ったあとも、月に一度、子どもの姿を描いたエピソードをめぐって交流が続いていました。実は2冊目の『赤ちゃんの発達と子育て』から、本書の執筆に取り組むまでには、かなりの年数がかかりました。新曜社の塩浦さんから、2冊目の刊行後まもなく、3冊目は保育をテーマにしたらどうかとご提案をいただきました。私たちは保育者養成校に所属していますから、塩浦さんのお申し出は大変有り難く、すぐに飛びついたのを覚えています。

　ですが、その後、パタッと執筆が止まってしまったのです。ちょうどコラムの連載が終了したこともありましたが、少なくとも筆者のひとり、塚田にとって、当時は本書を執筆する準備が十分整っていなかったと白状しなければなりません。なぜなら、発達心理学の知識を保育実践に活かすということは、決してたやすいことではないと痛感していたからです。そこで保育現場に日参し、一から勉強し直すつもりで子どもとの関わりに没頭しました。

　そうこうしているうちに、家庭から離れて集団生活を送る子どもたちとの出会いがありました。そして、将来、保育者になるために日々勉学に励む学生との出会いも大きな刺激になりました。子どもが家庭から集団生活へという広がりを経験するように、私たちも、子どもたちや若者世代と関わり、そして地域に暮らすさまざまな世代や立場の人たちとつながることで、意識や関心が自ずと広がっていきました。その過程が、私たちの子どもへのまなざしを、一段深いものに導いてくれたと信じています。

　本書は、発達心理学の知見をベースに、乳幼児期を中心とした子ども理解とその支援について取り上げています。今あらためて本書を通して私たちが伝え

ix

たいことが何だったのかを考えてみると、それは、子どもの心が育つ・心を育てる営みにおいて、子ども理解は、その子らしさを育てる、その子らしさが育てられる過程を理解することにほかならないということです。

　既刊2冊と同様、本書はエピソードと解説を交互に配しています。私たちは、日常生活において、子どもと目線を合わせ、声を聞き、温もりを肌で感じ、ともに笑い、ともに泣くという体験を積み重ねることが大切だと実感しています。それが子どもとの関わりをエピソードで書く原動力を与えてくれました。エピソードはすべて新しく収載しています。家庭で育つ様子を描いたものもあれば、保育の場のような集団での関わりを描いたものもあります。保育の場に出向いても私たちは保育者ではありませんので、直接、保育に携わることはできません。ですが、それがちょうど保育者を目指す学生が、まだ保育に直接携わることができないけれども、憧れを抱きながら本物の保育者を見つめるといった学生目線をもたらしてくれたように感じます。そのときの体験をもとに、本書には、保育者としての育ちについての章も盛り込むことができました。

　折りしも、幼稚園教育要領、保育所保育指針、幼保連携型認定こども園教育・保育要領が平成29年4月に改定されました。それに伴い、保育者養成校の教育過程も改定されて、新元号である令和元年の入学生から新しい科目構成になっています。本書は、保育士資格における指定科目のテキストとして活用できるよう意識しましたが、保育のための心理学に関心のある方、子どもの心の育ちに関心をお持ちの方々に広くお手にとっていただければ幸いです。

　最後になりましたが、本書の原稿が進まない期間を待ち続けてくださいました、新曜社の塩浦さんには本当に感謝しています。その温かいまなざしと深いご配慮、的確なアドバイスなくしては、到底ここまで来ることはできませんでした。そして、エピソードに登場してくれたお子様方、写真提供に快く応えてくださった保護者の皆様、保育園職員の皆様、園児の皆様、本当にありがとうございました。心より感謝申し上げます。

塚田みちる

岡本　依子

菅野　幸恵

本書の構成と使い方

　本書と、既刊『エピソードで学ぶ』シリーズ2冊との関連を、取り上げている子どもの年齢、本書をお届けしたい読者、および参照という観点から、以下の表に簡単に示します。

『エピソードで学ぶ』シリーズ3冊の関連

	エピソードで学ぶ 乳幼児の発達心理学 （既刊）	エピソードで学ぶ 赤ちゃんの発達と子育て （既刊）	エピソードで学ぶ 保育のための心理学 （本書）
子どもの 年齢	主に幼児期の子ども	妊娠中から1年半のあいだの子ども	乳児期から小学校就学前までの子ども
対象とする読者	発達心理学をはじめて学ぶ方、子育て中の方、子どもに興味のある方など	発達心理学をはじめて学ぶ方、子どものことに興味がある方、子育て中の方、これから親になろうとする方など	保育者養成校などで学ぶ学生の方々、保育のための心理学に関心のある方、子どもの心の育ちに関心をお持ちの方
参照 マーク	本書の内容と合わせて、こちらを参照していただきたい場合は、😊マークで表示（欄外にページを記載）	本書の内容と合わせて、こちらを参照していただきたい場合は、😊マークで表示（欄外にページを記載）	本書の解説の中で、他の節の解説と関連が深い箇所は、☞マークで参照先を表示（欄外にページを記載）

本書の構成と使い方

　本書は、7つの章からなっています。各章は、さらに細かくテーマを設けて、節を立てました。それぞれの節は、次のような異なる視点によって構成されています。

【エピソード】

　各節の冒頭に、1つ、もしくは2つ以上のエピソードをおいています。これ

xi

らは実際に筆者たちが体験した出来事です。プライバシーに考慮して、子ども
の名前は仮名にしているものがあります。まずは、子どもたちの生き生きとし
た様子をエピソードで確認していただければと思います。

【解説】

　各節では、それぞれのテーマに合わせて、発達心理学、教育心理学、臨床心
理学などの知見を、できるだけわかりやすく述べています。大学や短期大学、
特に保育者養成校でテキストとしてお使いいただける場合は、解説部分を授業
で説明していただいたり、予習や復習用の教材として使用していただくという
方法もあるかもしれません。

⑫ ミニエピソード

　解説を理解するうえで助けになるように、保育の場などで筆者たちが素朴に
感じたことを小さなエピソードにして盛り込みました。事例検討の素材として
利用したり、グループディスカッションの題材にもなると思います。

🖉 ひとくちメモ

　保育のための心理学を学ぶにあたって、用語の解説として基本的なことをわ
かりやすく述べています。

グループワーク

　各章の最後に、その章で取り上げたいくつかのテーマに関連するトピックを
グループワークとしてまとめました。グループディスカッションの題材にしたり、
あるいは自学自習できるようなかたちにしています。これらは、筆者たちが授業
で実際に行っている内容です。必要に応じて巻末に、ディスカッションの進め方
を具体的に記したシートを付けました。これらのシートは、実際に使用するとき
は A3 の大きさが最適です。https://www.shin-yo-sha.co.jp/book/b486848.html
からファイルをダウンロードできます。印刷してご活用いただければ幸いです。

【参照 ☞】

　解説の中で、他の章や節の解説との関連が深い事項は、☞（姉妹巻は 😊 😊）
で参照していただきたい箇所を示しました（欄外にページも示しています）。

xii

目　次

発達表	*ii*
子どもの居場所一覧	*vi*
はじめに	*ix*
本書の構成と使い方	*xi*

第1章　子ども理解のまなざし —— 発達的に捉える　　*1*

1. 子ども理解への複合的な視点	*2*
エピソード1　赤ちゃんの愛くるしさに一目ぼれ♪	*2*
エピソード2　ボクは小さい子どもなんだから …	*3*
2. 子どもの主体の育ちという視点	*11*
エピソード3　見て見て! ボクのイチゴ	*11*
3. 子どもの自己肯定感の育ちという視点	*19*
エピソード4　せんせい、さむい	*19*
エピソード5　私、年中さんの代表よ	*20*
4. 子どもの〈わたし〉という意識の育ちという視点	*28*
エピソード6　「大丈夫だよ! オレがいるから!!」	*28*
エピソード7　ふざけているように見えるけど …	*29*
グループワーク	*35*

第2章　子どもが育つ場を整える —— 遊びのちから　　*37*

1. 子どもの生活や遊びを通しての学び	*38*
エピソード8　お弁当食べるとき何を話す?	*38*
エピソード9　死んじゃうとどうなるの?	*39*
エピソード10　どっちが多い?	*40*

xiii

エピソード11　ボクのお金　　41

2. 子どもを取り巻く環境への認識　　53

エピソード12　ウサギちゃん、お耳が痛いよ　　53

`グループワーク`　　60

第3章　子ども同士の絆を育てる —— 仲間のちから　　61

1. 他者とのやりとりと模倣　　62

エピソード13　同じかたち・異なるサイズ　　62

エピソード14　吹けなくっても ···　　63

2. さまざまな区別に気づく　　68

エピソード15　初恋??　　68

3. 友だちとのいざこざの経験　　74

エピソード16　いい？ わるい？ どっち？　　74

エピソード17　けんかしても、また ···　　75

4. 大人を巻き込んだ関係づくり　　81

エピソード18　お熱の保育園!?　　81

エピソード19　大人への挑戦状？　　82

5. 非認知的能力と対人関係づくり　　90

エピソード20　私も登りたい！　　90

`グループワーク`　　94

第4章　知的好奇心を育てる —— 世界と他者を認識する　　97

1. 他者の役割・立場に気づく　　98

エピソード21　甘えん坊の〜おか〜ぁさんっ　　98

エピソード22　はじめての人だけど ···　　99

2. 他者の心の状態を想像する　　104

エピソード23　はんぶんこだったらいいけど ···　　104

エピソード24　恥ずかしいのは ···　　105

3. 目に見えない対象を想像する 111

エピソード25　子どもはスリルがお好き 111

エピソード26　鬼は外 112

エピソード27　イマダキくん!? 113

エピソード28　本当においしそう 114

4. ことばの意味を知る・考える 119

エピソード29　これ、なあに？ 119

エピソード30　「うそ！ ほんとー!?」ってどんな意味？ 120

エピソード31　おトイレのスリッパは・・・ 121

5. 時間の流れを知る 129

エピソード32　「あとで」っていつのこと？ 129

エピソード33　消えたポッキー 130

`グループワーク` 136

第5章　一人ひとりの育ちに応じて支援する ── 文化と個性 137

1. 文化的背景に応じて支援する 138

エピソード34　お熱があるとき、お風呂に入る？ 入らない？ 138

エピソード35　ボクはボク、わたしはわたし 139

エピソード36　お年玉は何に使う？ 140

2. 就学に向けて支援する 147

エピソード37　「と」はどうやって書く？ 147

3. 配慮を要する子どもを支援する 152

エピソード38　みんな違っていいよね 152

`グループワーク` 157

第6章　親と保育者の育ち ── 育てると育てられる 159

1. 保育・教育という職業選択に向けて 160

エピソード39　せんせい、あっちいって！ 160

目　次　xv

2. 育てる側への育ちに向けて　167
エピソード40　新米パパとママのあいだで　167

3. 保護者や地域との連携に向けて　173
エピソード41　両刀使い　173

エピソード42　あのね、うーんとね、わかんない・・・　174

エピソード43　子どもの育ちをみんなで見守る　175

4. 子育ての悩みの対応に向けて　179
エピソード44　ガブッ　179

エピソード45　ワンワはワンワン？　180

エピソード46　ガマンできる、できない　181

グループワーク　187

第7章　子どもたちの観察と記録 ── その意味とツボ　189

1. 私たちのエピソード記録　190
エピソード47　書くために見るのか、見えたことを書くのか　190

2. 保育実践を捉え直すためのエピソード記述　196
エピソード48　私たち、やったね！　196

グループワーク　202

引用文献　213

索引　223

執筆分担　228

ミニエピソード

子どもの作品をめぐって　9

お母さんの思いを受け止める　15

学生による手袋シアターを使っての部分実習　18

新人保育士の奮闘　27

やんちゃのコントロール　51

学生による手作りエプロンシアター	52
お迎えに遅れる！	58
4歳児の造形表現活動	67
ん？ なんて言ってるの？	125
世界を知るための教材	146
初めての観察実習	164
保育士3年目の頑張り	166
子どもに「して欲しくない」ことを伝える	186

メモ ひとくちメモ

教育心理学・教育学・保育学	5
パーソナルスペース	32
環境構成による学び	55

ワークシート

101のほめ方	203
アフォーダンス	204
長時間保育	206
いざこざ	207
実習体験の共有	210
いろいろなオノマトペ	211
幼保小連携	212

装幀――新曜社デザイン室

第 **1** 章

子ども理解のまなざし

学生たちの笑顔に包まれて

発達的に捉える

1. 子ども理解への複合的な視点

エピソード1　赤ちゃんの愛くるしさに一目ぼれ♪

　保育者を目指す学生は子どもが大好きです。授業で赤ちゃんの日常生活の様子を撮影したビデオ映像を使用すると、教室中から「かわいいー」の嵐です。

　あるとき、学生が赤ちゃんのどのようなところをかわいいと感じているのか知りたくて、生まれたばかりの赤ちゃんの映像を観てもらいました。映像はあるご家庭で撮影したホームビデオの中から、生後3か月までのさまざまなシーンを10分程度に編集したものです。たとえば、新生児室のベッドにいるシーン、自宅でパパにおしめ換えをしてもらってご機嫌のシーン、ママの声かけに呼応して足をぴょんぴょん動かすシーンなどです。この映像を見始めたときは、いつものように「かわいいー」の連発でしたが、最後には赤ちゃん特有の愛くるしさに感動すら覚えているようでした。見終わったあとに「どんなところがかわいかった？」と尋ねると、「プニプニしてるところ」、「目がくりくりしてるところ」、「じたばたしている動き方」など、次から次へと声が上がりました。

　赤ちゃんを一目見たときに、その愛くるしさに魅了されて思わず引き込まれてしまうことってありますよね。このように魅了される要因のひとつに、赤ちゃん特有の外見的特徴が挙げられます。といっても、顔立ちといった個々人の特徴ではありません。どの赤ちゃんにも共通した特徴である「目が丸くて顔の低い位置にある」ことや「鼻と口が小さくて頬がふくらんでいる」、「体がふっくらしている」、「動作がぎこちない」ことなどです。

　赤ちゃん特有のこれらの特徴を**ベビーシェマ**といいます。これが私たち大人に赤ちゃんらしいというメッセージを送り、大人は思わず手を差し伸べたりほほえんだりしたくなると考えられています。この赤ちゃんの特徴と大人の思わず関わりたくなるというほぼ自動的な反応が組み合わされることは、赤ちゃんの生存にとってとても大切です。なぜなら、赤ちゃんは一人で生きていくことができないほど身体的に未熟な存在ですので、大人に守ってもらい、世話をしてもらわなくてはならないからです。つまり、赤ちゃんらしさは、私たち大人を引き寄せて自分の生存を確実にするための赤ちゃんなりの戦略ともいえるんですね。

可愛いなぁ♪初対面の赤ちゃんを笑顔であやす（5か月児）

エピソード2　ボクは小さい子どもなんだから…

　リクは恐竜と虫が大好きな5歳の男の子です。お母さんは物静かな方で、平日、リクを遊ばせるときには絵本やパズルなど静かに過ごすことが多いとのことです。一方、週末になると、リクはお父さんと郊外に出かけて田んぼで虫を見つけたりカエルを捕まえたりして思いっきり遊ぶそうです。

　先日、お母さんたち数人にお集まりいただき、大学内で座談会を開きました。日頃の子育てのちょっとした困りごとや愚痴を話し始めると、お母さんたちの話は止まりません。そんななか、あるお母さんが「週末、夫が子どもと遊んでくれるのは助かるんだけど、いつのまにか本気になってけんかして、結局、子どもが泣いて私のところに来るもんだから、その後なだめなくちゃいけなくなって、何のために夫に頼んでいるんだか…」と話されました。お母さんたちみんなで「そうそう」とうなずくなか、リクのお母さんがこんな話をしてくれました。

　その週末は天気が悪かったから、いつもだったら外で思いっきり遊ぶところを家の中で過ごすことになったそうです。最初のうちは楽しそうだったけれど、気がついたらお父さんがリクに大きな声を上げて、そのうえバタンとドアを閉めて部屋に閉じこもってしまいました。リクは真っ赤な顔をして怒り、お母さんのところに来て大泣きするので理由を尋ねようにもよくわかりません。でも泣きながら「お母さん、お父さんにちゃんと言ってよ。ボクはまだ小さいんだから、お父さん、ボクのおもちゃ取ったらダメって。ボクは小さい子どもなんだからもっと優しくしてって」と訴えたそうです。それを聞いてお母さんは呆れて「こんな小さい子どもと本気でおもちゃの取り合いをするなんて、もう、どっちが子どもなんだか…本当に子どもっぽくて困ります」。なんだかほほえましく、大人のお父さんの子どもっぽい姿を想像すると、可笑しくて吹き出しそうになりました。

　大人のお父さんに子どもっぽい一面があるのと同じように、子どものリクには大人のような理屈を述べる一面が見られます。私たち大人は大人だからといって常に大人役割に徹しているわけではなく、「かつて子ども」であった体験を内包しているという矛盾を抱えた存在です。一方、今は小さい子どもでも、いつまでも子どもでいるわけではなく、それを振り切って「未来の大人」になるという意味で、こちらも矛盾を抱えた存在です。このように、人は生まれながらに心に矛盾を抱えて生きていく存在です。このことを**存在両義性**といいます。リクはまだまだ小さい子どもです。でも、一人前の人間です。存在両義性という観点からしたら、お父さんもリクも、どちらも矛盾を抱えて生きる人間にほかなりません。そう思うと、なんだか不思議な気持ちになってしまうのでした。

解 説

(1) 子ども理解とは

　　子ども理解とは、文字通り、子どもを理解することである。一見すると単純なワンフレーズであるが、よく考えてみると実にさまざまなイメージがふくらみ、その意味するところを正確に捉えようとすると、難問であることに気づくだろう。たとえば、子どもとは、誰を指しているのだろうか。何歳くらいが思い浮かぶだろうか。街中で見かけた小さな子どもは、まさしく子どもであるが、かつて子どもであった小さいころの自分が同時に思い起こされることもあるだろう。このように子どもというイメージには、かつて子どもであったという遠い過去から、これからいのちの誕生を迎える遥か未来の子どもへというロングスパンの時間的展望が内包されている。

　　このような時間的展望を踏まえつつ、子どもの育ちを考えてみよう。発達の最初期は胎児期に始まるが、胎児や生まれてまもない新生児ほど、いたいけな存在はいない。身体的に未成熟な状態で誕生した乳児が健やかに育つには、その子を丸ごと抱えて大切に育てる大人の存在が欠かせない。子どもは**育てられて育つ**存在である。周囲との関係のなかで育ってゆくのである。こう考えると、育てる大人の育て方や、子どもの保育・教育に携わる保育者の対応が、一人ひとりの子どもの育ちに大きく影響するということがわかるだろう。

どんな子に育つかな（生後1日目）

　　小さい子どもの心身の育ちを最大限に支援するためには、子どもの存在を丸ごと受け止め、愛し、慈しむという**養護的な心のはたらき**が欠かせない。しかし一方で大人の側には、社会の一員としての子どもの育ちを支援するという**教育的な心の動き**も生じる。しかし教育的援助は、大人の思いを一方的に押しつけるといった大人主導で行われるものではない。子どもの内面的な心の動きを中心に、子どもと大人の心の動きが微妙に絡まり合い、結果としてある方向性が生じるものとみなすことができる。そして、時間的経過とともにやりとりが積み重なり、関係性が深まれば、子どもの内面に変化が生じる

ようになる。それは、目に見える行動に表れる量的変化として捉えられる場合もあれば、目には見えにくい質的変化の場合もある。その総体がまさに、その人（子）らしさが浮かび上がる過程であり、保育・教育における子ども理解は、その過程への理解を抜きに捉えることはできない。そこで本節の前半では、その人（子）らしい内面性が生じるプロセスを捉える発達の見方を述べる。そして後半で、保育・教育における子ども理解の視点を述べる。

> **ひとくちメモ**
>
> **教育心理学・教育学・保育学**　一般に、教育課程の諸現象を心理学的に解明し、効果的な教育方法を見いだすための学問分野を教育心理学という。この分野では、子どもの成長と発達、学習の過程、人格と適応、学習や教育の測定と評価、教師と子どもの関係などが対象となる。また、広く教育学や保育学では、制度などについても科学的に研究されている。

(2) 一人ひとりの育ちを捉えるための発達の見方

　発達の捉え方にはさまざまな考え方があるが、発達心理学は、図1-1に示すように受胎から死に至るまでの人間の心や行動がどのように変化していくかを研究する分野である（☺1-1）。すなわち、ここでの**発達**という用語は、子どもも大人も生涯にわたって発達し、その生涯すべての年代を取り上げているということに注意してほしい。　☺p.3

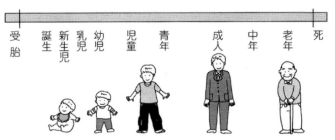

図1-1　発達心理学の扱う範囲（岡本ら, 2004 [1], p.3）（☺1-1）

第1章　子ども理解のまなざし ── 発達的に捉える　　5

年長さんの背比べ

このことを強調して、**生涯発達心理学**といわれることもある。本書では、特に保育・教育に関わる乳幼児期を中心に、発達を見てゆく。

① その人（子）らしい生き方を中心に据える

　一般に、発達や成長というと、身長が伸びたり、何かができるようになったりなど、目に見える変化が年齢に伴って右肩上がりに起こるというイメージが抱かれることが多い。また、直線的な変化のように捉えられがちでもある。確かに、背が高くなれば成長しているとわかる。昨日できなかったことが、今日できるようになることには大きな喜びが伴い、「成長したなぁ」と感慨を抱くこともうなずける。

　しかし、発達や成長は目に見えやすい変化だけではない。「何かをやってみよう」という意欲が心のうちに湧いてくる、あきらめずに粘り強く努力する、難しい課題に挑戦してやり遂げたことに誇りを抱く、自分のしたいことをちょっとだけガマンして他者に譲る、他者の喜ぶ姿を見て嬉しくなるなど、外側から直接は目に見えない心の変化もある。心に動きが生じ、その奥行きが深まり、バリエーションが広がるなど内面に豊かさが生じるという変化である。その豊かさには、生活経験の広がりに伴い、正負両面のさまざまな感情が織り込まれるようになるということも含まれる。

　それらは、その人（子）に固有な体験である。これらの体験の積み重ねが、その人（子）らしい生き方に集約されて、**その人（子）らしさ**が形成されるといえるだろう。そういう個別具体のその人（子）らしさを中心に据えて発達を捉えることも、発達の見方のひとつである（☞ 1-4）。近年の発達の捉え方においては、その人（子）らしさということがキーワードのひとつとなっている。

　発達にはまた、人の平均的な成長の姿を捉えるという見方もある。たとえば、〇歳になったら〜ができるという、年齢ごとに子ども

p.30

このシールを、ここに貼りたい！
後ろからお母さんに見守られて
（1歳児）

の姿を捉える見方である。平均的な成長の大まかな道筋を知ることは、見通しを持つという意味で有効である。しかし、平均は現実の多様な姿から抽象されたものである。一人ひとり、**個人差**があるということを見過ごしてはならない。成長のペースは一人ひとり異なっている。しかし大人であっても子どもであっても、**一個の主体**としてそれぞれがかけがえのない存在であるということに変わりはない（☞ 1-2）。 p.12

② 大人とは質的に異なる存在として子どもをみる

　発達というとき、誤解されやすいイメージがある。大人になるということは未成熟な子どもが大人として完成する過程だと捉えることである。もちろん、子どもは身体的には未成熟で、次第に大人へと発達してゆく。知識や生活のノウハウも足りない面があり、だからこそ教育が必要になるといえる。

　このような未熟 → 成熟の見方に対して、子どもの心の世界は大人のものとは質的に異なっているとする見方が提案されている[2,3]。この考え方によると、子どもは未熟というよりも、その年齢に適した考え方や感じ方をしている。その例として、**空想の友だち**という現象が挙げられている[3]。

　空想の友だちは、実際には存在しない架空の友だちである（☺ ☺p.115 4-3）。子どもは空想の友だちを創り上げ、その友だちと話をしたり、遊んだりする。こうした目に見えない友だちを創り上げることは4歳ごろに最も多くみられ、幼児期を過ぎるとみられなくなる。幼児期に、このような現象が生じることで、子どもは寂しさを紛らわせたり、一人の時間を楽しんだりしている可能性があるが、空想の友だちとやりとりすることで認知機能が高められていることも示されている[2]。このように空想の友だちという現象が生じるのは子ども特有のもので、子どもは未完成な大人なのではなく、大人と子どもは質的に異なるのである。

(3) 子ども理解の視点

　保育・教育において子ども理解が重要であるのは、幼児期の保育・

第1章　子ども理解のまなざし ── 発達的に捉える　　7

教育が子どもの主体的な活動を促し、乳幼児期にふさわしい生活が展開されることを基本に据えているからである。このため保育者は、子どもが身近な環境に主体的に関わるときの関わり方、感じ方などを捉え、その子にとってのその経験の意味が何であるのか、子どもが何に試行錯誤をしたり、何を考えたのかといった内面の心の動きに常に心を寄せていくことが必要になる。そのための保育・教育における子ども理解の視点として、以下の2点が挙げられる[4,5]。

- 子どもの心身の状態や遊びの様子を子どもとの実際の関わりにおいて理解すること
- その関わりの経験を積み重ねながら、絶えず子どもと関わる実践を振り返り、子どもの内面理解を深めること

　実際の子どもとの関わりと、あとでその時の子どもへの対応を振り返ることで、子どもと関わるための対応力が高まる。子どもの表面上の行動だけを捉える見方から、その行動の背景にある理由に目が向くようになる。すなわち、深い子ども理解は、子どもの内面を理解し、受け止め、認めることにある。
　子どもが幼稚園や保育所、こども園などで親元を離れて一日の多くの時間を過ごすとき、そこでの経験が子どもにとって充実した経験であり、安心感を抱いて過ごせることが何より重要になる。そのためには、子どもの振る舞いを温かく見守り、一人ひとりに応じた適切な援助を行う大人の存在が欠かせない。その援助のためには、子ども一人ひとりの内面を理解することが基本なのである。

（4）子どもの内面理解の難しさ

　子どもに初語がみられるのは最初の誕生日を迎える前後のことが多く、その後ボキャブラリースパート（語彙爆発）の時期を経て、ことばで伝えることができるようになる。しかし、そうはいっても、自分の思いをことばで適切に表現するのは、大人でもなかなか難しいことである。まして小さい子どもであればなおさらである。だから、子ど

もが何を感じ、何を思い、何をしようとしているのかなど、心の中身やその動きを大人が感じとり、子どもの内的世界に寄り添うという支援が必要になる。

　しかし、実際に子どもと関わると、子どもの心に寄り添うことがいかに難しいかということに気づくのではないだろうか。子どもの心の世界は、どうやらかなり複雑そうである。冒頭のエピソード2に示したように、子どもに対して子どもなのに大人のようだと感じるのは、とても不思議な現象である。この不思議が生じるのは、私たち人間が矛盾を抱えて生きる存在だからである[6]。子どもはいつまでも子どものままでいるわけでなく、年上の子どもや周囲の大人に憧れて自分も同じようにやってみたい、早く大人になりたいという気持ちもはたらいている。子どもだけれど、いつまでも子どものままでいたくはない。早く大人になりたい。けれども、先に進むことを過度に急かされれば、やっぱり子どものままでいて周囲の大人に甘えていたい。こうした矛盾を抱えて生きる子どもに関わるとき、その心に寄り添いたいけれども、「どこまで甘えさせたらいいのか」「やっぱり厳しくしたほうがいいのか」と、子どもへの対応に迷いが生じて難しさを実感することになる。

　以下のミニエピソードにみるように、子どもの内的世界を理解したいと願っていても、大人にもさまざまな思いがあり、大人の事情も重なって、その狭間でジレンマを感じることがある。それでも常に子どもの心に寄り添いたい、子どもの心を理解したいと心を砕くことが何より大切である。そのうえで、大人の「こうしてほしい」や「こうしてほしくない」という願いを伝えるという方向に、やりとりを展開することが望ましい。

🈑ミニエピソード　子どもの作品をめぐって

　ある学生が幼稚園での教育実習に出向いたときのことです。その園では食育活動でミニトマトを栽培していました。その日は収穫をして給食で自分たちの育てたミニトマトをおいしく食べました。

　午後のお絵かきの時間、子どもたちは思い思いにおいしく食べたミ

第1章　子ども理解のまなざし ── 発達的に捉える　　9

ニトマトの絵を描きました。一人の子どもが、大きな画用紙の真ん中にとても小さなトマトを1つ描き、先生に「できたー」と嬉しそうに見せました。そのとき先生が、「このトマトは小さすぎるからもっとトマトは大きく描こうね」とことばをかけたそうです。実習生はそのことばかけにとても戸惑いを感じたと言っていました。ちょうど、翌日に保護者による保育参観を控え、その絵を壁に飾る予定だったそうなので、見栄えを気にされたのだろうかなどと推測していました。

　小さいミニトマトを1つだけ描いた子どもの思いは何だったのでしょうか。それを保育者はどのように受け止めたのでしょうか。その絵を保護者が見たら、何を感じられるでしょうか。保育の場は、そこに関わるすべての人にそれぞれ思いがあります。実習生はそれらの絡まりようのあまりの複雑さに気づき、複雑な気持ちになったそうです。

季節の制作作品（ちぎり絵）左：4歳児　右：5歳児たちの共同制作

(5) 子ども理解と評価

　評価というと、ある基準に照らし合わせて優劣を決めるというようなイメージを抱きがちであるが、子ども理解の評価には適切ではない。子ども理解は、子どもの内面に生じる心の動きやその時々の思いを感じとることを基本としているので、時間経過とともに生じるその子どもの育ちの姿を捉えていくことが子ども理解における評価といえる。子どもとの関わりを通して子ども理解を進め、子ども一人ひとりの良さや可能性などを把握し、次の関わりに活かすようにする。その際、他児との比較や一定の基準に対する達成度についての評定によって捉えるのではない、ということに留意したい。

2. 子どもの主体の育ちという視点

エピソード3　見て見て！ ボクのイチゴ

　5月のさわやかなある日、私は年中組のイチゴの収穫をする活動に参加しました。イチゴの鉢植えが置いてある場所に向かい、今日は一人1つずつ自分のイチゴを見つけて収穫します。その見つけ方は実にそれぞれで、思い思いにイチゴからイチゴへ、表情は真剣そのものです。そんななか、鉢植えを遠巻きに見ているダイキに気づきました。

　実はダイキと私は、以前からよく見知った仲です。大学で私が主催する遊びのひろばに小さいころからよく遊びに来てくれました。でも、園生活でのダイキに会うのはこの日が初めてでした。このクラスは年少から持ち上がりのクラスですが、ダイキは年中から加わったため、なじみのないクラス活動に少しずつ慣れているところです。でも、このときは、周囲のお友だちのイチゴに突進するかのような勢いに戸惑っているようにみえ、私の手をギュッと握ってきました。ダイキの気持ちが握った手から伝わってきて、私は「ダイキくんのイチゴ、どこにあるかなぁ」と声をかけ、鉢植えを一緒に見て回ろうと誘いました。

　だんだんその気になってきたダイキですが、大きくて赤々としたイチゴはすでにもう見当たりません。良さそうなものは収穫されてしまったようです。それでも「ダイキのイチゴ」を見つけようと、二人で端から端まで探しました。するとダイキが「見て見て！」と嬉しそうに大きな声を上げました。それはとても小さなイチゴでしたが、赤色が濃くピカピカしていました。何よりもダイキの輝く笑顔が嬉しく、「やったー、ダイキくんのイチゴ見つかったね」と言うと、イチゴを両掌でそっと包んで「うん、ボクのイチゴ」と嬉しそうに言いました。教室に戻って先生とお友だちみんなに見てもらい、それぞれに「わたしのイチゴ」「ボクのイチゴ」と見せあって、互いに喜ぶ姿がみられました。

　集団生活に入りたてのころは、場に慣れなかったり生活のリズムがつかめなかったりして気持ちが安定しない日々が続きます。ダイキのように持ち上がりのクラスに仲間入りをすると、気後れしてしまうことがあるでしょう。大人からすると、子どもが自分の思いをのびのびと表現して自分らしく振る舞ったり、自分から進んで行動してほしいのですが、子どもがそう振る舞うには大人の支えが何より大切です。「こうしてみたい、けれど、できるかなぁ」と不安になったり戸惑ったりする負の気持ちを受け止めて、その気になるまで見守ったり、少し気持ちが立ち上がってきたら「やってみようか」と優しく誘ったり、その子の気持ちの動きに寄り添うことが求められてきます。それが子どもの笑顔につながったときほど嬉しいと思うときはありません。ダイキの笑顔とイチゴ、両方ともピカピカに光ってみえました。

第1章　子ども理解のまなざし ── 発達的に捉える　　11

解説

(1) 主体とは

　子どもの心の育ちを、どのように考えたらよいだろうか。ここでは子どもの心の育ちを、一個の主体としての育ちと考えてみる。保育や教育の現場では、主体という用語がよく用いられるが、その意味は多様であるといってよいだろう。発達心理学では、**主体**とは、自分の思いをもって自分らしく周囲の人と共に生きる存在であるとする考え方がある[7]。すなわち主体は、その子らしい振る舞いの全体ともいえるが、そこには2つの矛盾した側面があることに注意したい。その振る舞いには自分の思いをもって自分らしくという面と、周囲の人と共に生きるという矛盾した両側面が含まれているからである。

　〈私〉はあくまでも私の思いを貫いて私でありたいと欲している。しかし、私がそのような私を実現し、そこに満足感や充足感を抱くためには、〈あなた〉に私の思いを受け止め・認め・支えてもらう必要が出てくる。そのためには、私はあなたに依存し、あなたの意向を考慮に入れなければならなくなる。私は私でありながら、自分ひとりでは満足感や充足感が得られないという**自己矛盾を抱えた主体**ということにならざるを得ない。このような自己矛盾を抱えて生きるところに、主体の育ちの難しさ、その育ちを支援する難しさや奥深さがあるといえる。そのため、その難しさに丁寧に向き合い、2つの側面の関係をバランスよく育てることが求められてくる。

(2) 主体の持つ二面の心

　上述のように主体には、「**私は私**」の心と、それと相反する「**私は私たち**」の心という二面性が含まれている[7]。

① 「私は私」の心
　「こうしたい」「こうしたくない」という自分の思いを貫こうとする心の動きである。乳児期であれば「おっぱいが欲しい」、幼児期であれば「あのおもちゃが欲しい」など、自分の思いを実現するかたちで

自分を前に押し出そうとする振る舞いに表れている。

そして、それが実現されるのに応じて「こんなふうにして遊んでみたい」「今度はこんなふうにしてみよう」と意欲が内側から湧いてきて、自分にはいろいろなことができるのだという**自己効力感**（self-efficacy）が生じてくる（☞1-3）。

なかよし（保育園：1歳児同士）

そして乳児期に、自分が周囲から認められて大事にされるのに応じて、自分は大事な存在であるという**自己肯定感**の根が生まれる。この根とさまざまなことができるという自己効力感が融合されて、幼児期には自己肯定感が確たるものになっていく（☞1-3）。

②「私は私たち」の心

「私は私たち」の心とは、重要な大人（たとえば母親）と「一緒がいい」「つながっていたい」という心の動きのことである。その背景には、重要な大人が子どもの存在を肯定し、子どもを大事に思って養育することによって形成される愛着関係がある。**愛着関係**は、この人といれば安心だ、不安なことがあっても怖いことがあっても守ってもらえる、という信頼感が育まれる関係である（☺2-1、☻2-2、☞6-4）。これが原初の「私は私たち」であるが、そこから次第に「友だちと一緒がいい」「友だちとつながって遊びたい」というように、他者とつながることが喜びになってきて本格的な「私は私たち」の心が成り立っていく。つまり、自分が大事にされるように相手を大事にする、自分が尊重されるように相手を尊重するという思いやりの心が育まれる。

③ 二面の心のバランス

図1-2には、ヤジロベエのイメージで主体の持つ二面の心の関係が図示されている。

図の左側は「私は私」の心の箱である。これは、「自分の思い通り

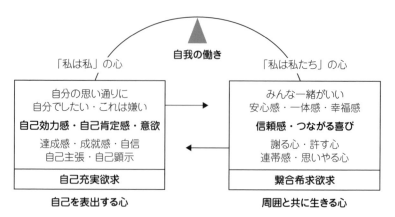

図1-2 一個の主体は「私は私」の心と「私は私たち」の心の二面からなる
（鯨岡, 2013 [7], p.30より）

にしたい」、「自分でやりたい」という心が動き、重要な大人の対応のあり方に影響は受けるものの、次第に、自分に自信をもって意欲的にものごとに取り組むようになる心の動きを示している。そのとき得た結果から「自分はできる」という自己効力感や自分への肯定的なイメージが生じてくる。

　図の右側は「私は私たち」の心の箱である。これは、重要な大人とのつながりに満足し信頼感が育まれることを通して、友だちとつながることを喜び、他者の思いを尊重するようになる心の動きを示している。そうなると、たとえざこざがあって思いと思いがぶつかっても、時に、自分からあやまったり、相手を許したりするように心が動くようになる。そのように振る舞える自分に肯定的なイメージや自信を抱くことができる。相手との衝突をしばしば経験したとしても、最終的には仲良くしてお互いを尊重しあって周囲と共に生きるという基本姿勢が身についてくる。

④子どもの主体を育てる者としての対応

　子どもを育てるというと、子どもにとって良かれと思うことを積極的にはたらきかけることのように思いがちだが、事態はそれほど単純ではない。子どもが自分の考えをもち、「こうしたい」という自分の意図を前面に押し出して生きる姿こそ、育てる者が子どもを一個の主

体であると受け止め、誇らしさを抱く姿である。

しかし、そのような姿を育てるためには、育てる者が「こうさせよう」と自分の思いを押しつけるという**能動性**より、むしろ「受け止める」という**受動性**のほうが重要になる。受動性といっても、子どもの言いなりになるという意味ではない。その子の存在を心から愛しく思い、自分を押し出す子どもの姿を愛らしいと思い、育てる者の心が肯定的に、そして能動的に動くことが、結果として、受け止め・認めるという受動性を生む。そうした育てる者の受け止めるというはたらきによって、子どもが自分の中に自信を育むことができる。これらの関連は実に複雑であるが、子育てや保育・教育における能動性は押しつけではないということに、注意を払う必要があるだろう（☞ 6-4）。　p.185

⏱ミニエピソード　お母さんの思いを受け止める

筆者は保育園などで保護者の子育て相談に応じるときがあります。お母さんの多くは一生懸命に子どものお世話をして、子どもに良かれと思うことは何でもしてあげたいと思っておられます。子育て情報もいち早く手に入れられて「こういうときは、こうしたらよい」という知識も豊富です。

でも、その一生懸命さが時に裏目に出ることがあります。小さい子どもは、ことばでしてほしいことを大人がわかるようにお話しすることは、まだまだ難しいのです。子どもの気持ちをちゃんとわかりたいけれど、よくわからないがゆえに、お母さんは一生懸命考えすぎて疲れ果ててしまうことがあります。そして、お母さんが「これがいいに違いない」と思ってしたことに子どもがうまく応えてくれないと感じると、子どもの気持ちとお母さんの思いがかけ離れたように感じて、自分の子育てに自信を失ってしまうようです。

そんなとき、誰かとおしゃべりして感情を吐き出せるだけでも、お母さんの気持ちが楽になるようです。お母さんが子どもの思いを受け止めるように、お母さんの思いを受け止めてくれる他の大人の存在の大切さを実感しています[8]。

(3) 子どもの主体的な姿と、その育ちの支援

① 乳児期の主体的な姿

学生の腕の中で眠ってくれた
生後4か月児

乳児期の子どもは、まず保育者にいつも優しく温かく包まれている感じで関わってもらうことが前提になる。それによって、担当の保育者を好きになり、頼りにして信頼するようになる。そして、その保育者に自分の存在を肯定してもらえることや、ともに喜んでもらえること、さらには辛かったり嫌だったり、負の状態を抱えてもらうことや慰めてもらうことによって、次第に元気に、意欲的に生活できるようになる。このような支援が**養護**といわれる関わりである。

② 幼児期の主体的な姿

幼児期の主体的な姿とは、自ら環境に関わる行動的な面だけを指すのではなく、子どもなりの興味や関心にもとづいた内的な動機をもって取り組む姿勢も指している。つまり、保育者が一方的にやらせたり教え込んだりして能力やスキルを身につけさせるのではなく、内的な動機や意思が行動の源となり、それが結果的に学びをもたらすのである。そのことが、自分でできたという喜びや達成感や自己効力感をもたらすことになり、次から次へと自分でやってみようという意欲につながっていく。この能動性の生じてくる過程をしっかり支えることが、保育者として重要になる[9]。

ブロック遊びに夢中 (2歳児)

③ 教育的援助における相反する2つの方向性

子どもの主体的な活動を促すために、子どもの自由といってただ放っておいてよいわけではない。それでは子どもの主体性を育てることはできない。常に保育者による理解と援助との関係のなかで子どもの主体性は育つのである。すなわち、子どもの主体性と保育者の計画性の、良い関係が求められている[10]。

16

子どもの主体的活動を促す援助とは、**誘導**にほかならない。しかし、この誘導に明らかな方向性があって、子どもからしたら結局はさせられていることになってしまっては意味がない。子どもの主体性と教師の援助にはときに異なる方向性があることがあらかじめ了解され、その調和やバランスを模索する方向性を生み出そうとする。子どもの主体性を尊重することと、その遊びが充実するための意図的な環境構成には、時に不一致が生じるゆえに、それらの接点の取り結び方に難しさがある。教育的援助の到達点は、教師による子どもの内面の理解、環境による自発的な行動の誘発、子どもによるより良い解決策（適応的行動）の発見であるといわれる。子どもによって見いだされる最終的な解決の地点を目指すのである。この解決に至るという点が、単なる自発性や自主性と異なる主体性の特徴といえよう[9]。

④ 大人の側の主体と、社会的規範・文化的価値観との狭間

　子どもが一個の主体であるように、子どもを保育・育てる大人も一個の主体である。保育者にも「私は私」の心があり、「私は私たち」の心があり、時にそれらの矛盾を抱えて生きている。子どもとの関わりで気持ちが重ならないときや、せめぎ合いを抱えて葛藤が生じたとき、どのような対応をとるかは人それぞれである。苦しいけれども関わりから逃げずに自分の思いを伝えようとする人もいれば、自分の思いを抑えてでも子どもの思いをかなえてあげたいと思う人もいるだろう。子どもの主体と、大人の主体それぞれが、思いを押し出したり引っ込めたりぶつけあったりしながら着地点を探すプロセスで、相互理解が深まる。このプロセスを**相互主体的関係**という[11]。すなわち、相互主体的関係とは、子どもの側の主体と大人の側の主体、それぞれの思いと思いが複雑に絡み合いながら関わりが展開し収束する（解決する）プロセスである。

　たとえば子ども同士のいざこざ（☞ 3-3）においてより良い解決策とは何かを問うことは、大人の抱く価値観や社会的な拘束に向き合わなければならないときでもある。子どもに関わる大人同士で子どもへの見方が異なる場合はもちろんのこと、大人にとって受容可能な適応的行動の範囲をめぐっては、社会的な慣習や規範においても幅があ

p.76

る。地域差や文化差もある。その多様性を受け入れていくことが今後の課題になるだろう（☞ 5-1）。

ミニエピソード　学生による手袋シアターを使っての部分実習

　実習の時に、一定の保育時間を任されて学生自ら保育に携わる機会をいただくことがあります。そのとき、たとえば描画や塗絵などの造形表現活動をする場合、まずは学生に注目して活動の説明を聞いてもらう必要があります。どのような導入を取り入れたら、子どもたちが自然と注目してくれるでしょうか。そのような時、視覚教材として手袋シアターを使用することがあります。実際、写真左では、造形表現活動の導入でクレヨンをテーマにした手袋シアターを使い「♪どんないろがすき」を歌いました。手袋を舞台にマジックテープで取り外しができるクレヨンたちが次々に登場する様子にすっかり見入ったことで、その日の活動への興味関心を抱いてもらいやすくなりました。写真右は、それぞれのストーリーに合わせた様々な手袋シアター作品です。

手作り手袋シアター
左：学生による実演中　右：個性豊かな作品

3. 子どもの自己肯定感の育ちという視点

エピソード4　せんせい、さむい

　保育園の2歳児クラスにいるときのことです。私は数か月前から週に一度、保育園を訪問して午前中いっぱいこのクラスで子どもたちと関わっています。昼食までは、18人の子どもたちが3グループに分かれて園庭や室内で遊んだり、お散歩に出かけたりします。

　その日、私は室内遊びの子どもたちと一緒にいました。室内は日が差し込んでとても暖かく、居心地の良い空間でした。私は型はめやひも通しなどの机上遊びをするレイカとユミと一緒にいました。レイカは日頃から自分の好きな遊びに集中するほうで、このときも型はめのピースをあっちに向けたりこっちに向けたりしながら熱心に取り組んでいました。私はレイカの隣に座り、レイカがピースを置く場所を見つけて嬉しそうに私を見るたびに「できたね」や「すごいね」などことばをかけ、レイカの様子を愛らしく思いながら見守っていました。一方のユミは日頃から先生と遊ぶのが好きで、このときもひも通しをしているものの、「せんせい、やって」「せんせい、ここもって」など、私ともっと遊びたいというアピールをしていました。そのたびにユミにも返事をしていたのですが、それでは物足りなくなってきたようで、とうとう「せんせい、こっちにきて、ユミのとなり！」と強い調子で言い出しました。私が動くと集中しているレイカの気が散るかなと戸惑いましたが、ユミの勢いに根負けしてレイカから少し体を離しました。そしたらレイカがパッと顔を上げ、「せんせい、さむい」と言ったのです。

　2学期後半の時期は2歳児クラスの子どもたちはほとんどが3歳を迎えています。この時期、ことばが急速に増え始めて話しぶりがだいぶ流暢になり、ことばでのやりとりが盛んになります。また、身体を使って遊ぶ場合は、駆けっこや滑り台など身体を大きく動かすことが上手になりますし、指先を使って細かい作業をする遊びも上手になります。このように生活のいろいろな場面で、やれることやできると自信をもてることが増えてきて、子ども自身そのことに喜びを感じます。このような自分への有能感（自分はできる）や信頼感（きっとできる）を**自己効力感**といいます。ですが、この喜びは子どもが自分だけで感じるものではなく、周囲の大人に受け止めてもらい、一緒に喜んでもらってこその喜びなんですね。

　そう考えると、先の「せんせい、さむい」は、私が体を寄せて見守っていたことがレイカの自己効力感を支えていたと考えられます。その支えがスッと離れてしまった心細さを「さむい」と表現したのではないでしょうか。そこで今度は二人のちょうど真ん中に座ったところ、二人とも納得してくれました。

第1章　子ども理解のまなざし —— 発達的に捉える　　*19*

エピソード5　私、年中さんの代表よ

　先日、ある幼稚園を訪問したときのことです。秋晴れのとてもさわやかな日でした。9月から10月にかけては運動会の時期です。私が訪問した幼稚園でも、運動会を間近に控えて全体練習の真最中でした。

　ちょうど年中児の入場行進の練習が始まるときのことです。園庭の片隅に年中児たちが集合していました。先生が子どもたちに2列の隊列を組むように檄を飛ばしています。それを受けて、子どもたちはいたって真面目な面持ちで、横に並んだお友だちと手をつないで列をなしていました。そんななか、ふと先頭の子どもに目をやると、その子だけ一人で立っています。しかも手には長い棒を持っていて、何やら勇ましい感じすらしました。そのとき園長先生が私に「あの子は年中さんの代表として、当日旗をもって年中さんの先頭を歩くんですよ」と説明してくださいました。それで、その子の生き生きとした誇らしげな表情に合点がいきました。

　子どもと接していると、かなり小さいころから誇らしいという満足感を抱いていると感じとれることがあります。この感情を**自尊感情**といいます。すでに1歳を過ぎるころになれば、上手にタンバリンが叩けたときなど「どうだ」と言わんばかりに大人に賞賛を求めるときがあります。逆に、子どものちょっとした仕草がかわいらしくて、大人がからかうようなことを言うと「バカにするな」と憤慨したりもします。ましてや幼稚園という集団生活の場に入り年中児ともなれば、先生が期待していることの大きさを感じて、それに懸命に応えようと頑張る自分を誇らしく感じるのは当然のことといえます。年少児から年中児にかけては、自分の行為を省みて、その結果への評価を理解し、次の行為に反映することがだんだんとできるようになります。なぜなら、自尊感情は自分の行為に対する自己評価や、他者からの評価への理解と関連するからです。そのときの評価が高ければ誇らしいという満足感を覚えてますます頑張りますし、逆に低い評価に甘んじなければならないときは、誇りが傷つけられて気持ちがしぼんでしまうことでしょう。

　冒頭の先頭の子どもも入場行進の練習を繰り返すなかで、先生の励ましを受けながら今日まで頑張ってきたのでしょう。その子の誇らしげな姿を立派だと感心しつつも、私は思わず笑いそうになってしまいました。だって、そのときその子が勇ましく担いでいた棒は掃除用のデッキブラシだったのですから。

この洋服、私がデザインしたの（年中児）

解　説

（1）自己肯定感とは

　　自分に対する肯定的なイメージを総称して**自己肯定感**という。今
の学校教育現場では、生命尊重の心の不十分さ、自尊感情の乏しさ、
基本的な生活習慣の未確立、規範意識の低下、人間関係を形成するち
からの低下など、子どもの心の活力が弱ってきていることが指摘され
ているが[12]、これは自己肯定感のあり方ともかかわっている。

　　自己肯定感は目に見えるわけではなく、「それがある」と意識でき
る感覚でもなく、とらえどころがない。ざっくばらんに表現すると、
自分のことをオーケーと感じる感覚、あるいは「自分に対して満足し
ている」「自分が好きだ」「自分はかけがえのない存在だ」「自分は人
の役に立てる存在だ」などと表現することができる。

　　ところが、この「自分は大事」や「自分大好き」という感覚は、や
やもすると自分さえよければ人はどうでもよいといった独りよがりな
自己満足感をイメージしてしまうことがある。むしろ、その本質は、
自分を大切に思うように他者も大切に思えるというように、他者との
関わりのなかで、適切に、ほどよく自分に対して肯定的な感覚が抱け
るということである[13]。

　　私たちには自分の思い通りを貫きたいという欲求がある。けれど、
それを過度に押し通せば相手の思いとぶつかってしまう。このような
経験が繰り返されれば、他者と関わる自分に対して肯定的なイメージ
を抱きにくくなってしまうだろう。このように自己肯定感は、自分に
対して抱くイメージでありながら、常に、他者が自分をどのように受
け止めているか、自分の振る舞いに対して肯定的なイメージを抱いて
関わっているかどうかと裏表の関係にある（☞ 3-1）。それゆえ、自
己効力感、信頼感や安心感などの肯定的な心の動きばかりでなく、自
己否定感、無力感、あるいは不信感や不安感などの否定的な心の動き
も時に抱くことになる。とりわけ、子どもの年齢が小さいうちは、子
どもにとって重要な大人（たとえば母親や先生）が、子どもの振る舞
いを肯定的に映し返してくれるかどうかが、その後の育ちに大きく影
響する。

第1章　子ども理解のまなざし ── 発達的に捉える　　*21*

（2）乳児期に形成される自己肯定感の根

　　　　生まれてまもない、ひとりで生きていけない乳児にとって、周囲の大人が大事に思ってくれること、かわいいと思ってくれることは必須のことである。人間の乳児は単に栄養を与え清潔にしていればすくすくと育つような、たやすく育てられる存在ではなく、愛情という目に見えないものを欠けば、たちどころに意気消沈して食事も受け付けなくなるような精神的存在といえる。重要な大人（たとえば母親）の深い愛情と大きな笑顔に包まれて満足感や幸福感が生じてこそ、乳児の心身の健全な育ちが保障されるといってよいだろう。

　　　　乳児にとって重要な大人との日々の生活の中で、自分の中に自分自身についての、あるいはその重要な人についてのイメージができあがっていく。たとえば、いろいろな場面で優しい思いや優しい扱いを繰り返し受けることを通して、乳児はそのような思いを寄せてかわいがってくれる人に対して、優しい人、かわいがってくれる人、信頼できる人、いつも守ってくれる人というような肯定的なイメージを形づくる。これが重要な大人に対する信頼感の根になる。このとき同時に、自分に対しても、私はいつでも守ってもらえる子、私はかわいい子、私は良い子、私は大事な子というような自分に対する肯定的なイメージもあわせて形づくられる。この関係は図1-3に示した上段の部分に相当する。一方で、この逆に大人から否定的な対応が繰り返されると、否定的な自分のイメージが形づくられることは想像に難くないだろう。これが図1-3の下段に示す関係である。

　　　　乳児期は、肯定的な大人イメージと肯定的な自己イメージ、否定的な大人イメージと否定的な自己イメージのいずれかに分岐してしまう可能性をもつ時期といえる。それゆえ、子どもを育てる（保育する）大人は、子どもを大事に思うことが何より大切になる。

預かり保育の奮闘ぶり。
寝てくれてよかった

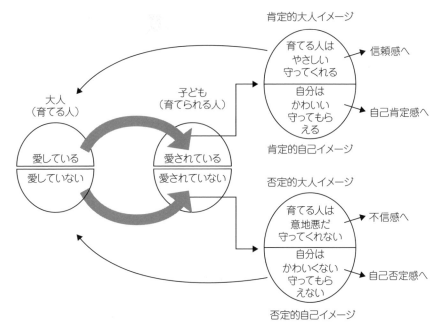

図1-3　重要な大人イメージと自己イメージの成り立ち(鯨岡, 2013 [7], p.39より)

(3) 幼児期に抱く自己効力感と自尊感情

① 自己効力感

「せんせい、見て見て」と子どもから声がかかることがある。そういうときは、嬉しそうな表情をしていることだろう。**自己効力感**（☞ p.13 1-2）は、ある特定の成果を生み出すことができるという自分への期待であり、自分の行動に関する可能性の認知である [14]。「自分はきっとやれるだろう」という見通しは、活動範囲が広がれば、時に高くなったり、時に低くなったりするが、幼児期は総じて高めの傾向にある。一方で、子どもが「できる！」と思ったとしてもうまくいかないこともあるだろうし、結果としてできなかったということもあるだろう。また、できると思えずになかなか取り組めない

「すてきでしょ、私の作品」
（年少児）

こともある。その時々に子どもの気持ちはふくらんだり、逆にしぼんだりと心に動きが生じているはずである。その動きを感じとり、受け止め、支え、見守ってくれる、そして「きっとできる」と信じてくれる親や先生の対応が、子どもの自己効力感の抱き方に大きく影響することが考えられる。

② 自尊感情

自尊感情は、自分の振る舞いへの他者の期待や評価がわかるようになり、その期待に応えられたかどうかによって抱く正負さまざまな感情である。誇らしいという感情を抱くこともあれば、反対に、期待に応えられていないと感じれば恥や罪悪感などを抱くこともある。自尊感情も自己効力感と同じように、重要な他者との関わりによって、どのような感情を経験するかが左右されるといってよい。

子どもにとって好ましくない場面での子どもの言動から、子どもの達成感を調査した研究がある。医療的場面で採血などを受けたときの子どもの言動を取り上げたものである[15]。保護者に付き添ってもらって採血を受けると、採血後に子どもが笑って顔を上げ、誇らしげに「ちょっとだけ怖かった」と親に報告するなどの言動がみられた。このような振る舞いは、子どもの達成感が、子どもを取り巻く大人との相互作用を通じて得られるということを示している。ここでの相互作用としては、たとえば、「大人の子どもへの関わり（針を刺すタイミングは必ず本人の意思が確認できるまで待つようにした等）」、「負荷のあるイベントを通した大人による評価（母親が喜んでくれている等）」などが挙げられている。

まる、しかく、すごいでしょ（1歳児）

③ 褒めること・叱ること

子どもの自己効力感の表れに対し、たいていの大人は「すごいね」「上手にできたね」と肯定的に映し返すことが多い。大人の肯定的な思いは肯定的な子どもの評価につながり、それが子どもの心につながって「自分の存在は認められている」「自分は周りを喜ばすことのできる存在だ」という本格的な自

24

「これ、見て！」保育参観中の子どもとの触れ合い

己肯定感が立ち上がってくる。保育場面で「せんせい、きて」、「せんせい、見て」は、自分の行為との関連で保育者に「自分の存在を認めてほしい」という気持ちの表れであり、保育者とつながる喜びを求める思いがあるからである。

しかし、大人の評価には価値観が反映されやすく、大人の望む振る舞いは褒め、大人の願う行動に子どもの振る舞いを強引にはめ込んでしまう危険性も出てくる。一方で、子どもの振る舞いが度を超せば大人は叱らなければならなくなる。また、子ども同士の生活場面や遊びのなかで、互いの興味関心がズレたりぶつかったりするいざこざの経験も多くなる（☞ 3-3）。

p.76

そうなると、大人からの映し返しは必ずしも肯定的なものばかりでなく、否定的な内容に及んでいく。子どもにとって信頼する大人は肯定的なイメージだけでなく、叱る、禁止する、制止するという否定的なイメージにもなるという矛盾が生じてしまう。それは、子どもが自分に対しても〈良い子〉という肯定的なイメージを抱くと同時に、〈いけない子〉という否定的なイメージの両方を抱えることを意味している。

このように重要な大人とのあいだに生まれる正負両面の感情の経験によって、世界は何でも自分の思い通りになるという乳児期の万能感が消失し、その代わりに、世界はしてよいことと、してはいけないことがあるという方向に変化していく。

「たかく、たかく、つめた、できた～」（年中児）

ここから考えると、大人が叱ることは子どもの自己肯定感の育ちに欠かすことができない対応であるが、その対応のあり方が問題になる。つまり、叱りっぱなしか、叱っても最後は優しく対応してもらえるかである。それは子どもの「叱られたときは怖かったけれど、どんなことがあっても、最後は守ってもらえる、よい具合にしてもらえる、自分の存在は肯定される」という確信につながるかどうかといえる。自己肯定感の育ちは、肯定的イメージに満た

第1章 子ども理解のまなざし —— 発達的に捉える　25

される乳児期から、負の経験を潜り抜けることで正負両面のイメージを併せ持ちながら、その両者を往還できるような柔軟性をもつようになっていく。たとえ負のイメージに大きく傾くことがあっても、肯定的イメージを温存できるほど頑健になることを意味している。

　乳児期から幼児期に進むにつれて、子どもにさまざまな行動能力が発達し、できそうだと感じること、きっとやれると期待することが増えてくる。その結果、実際にできたり、やれたりすることで、子どもに「おもしろい」「またやってみよう」「こうしたらどうなる？」というような積極的な心の動きがもたらされ、興味の広がり、意欲の増進につながる。幼児期はちょうど「自分で」「自分が」と主張する自我の芽生えの時期でもある。成功体験と、時に失敗体験の両方を経験しながら負の体験を潜り抜けることで、「不安はあるけれど、それでもやってみたら、できた」「先生や友だちの励ましを受けて、自分でやった」という自己肯定感が充実する（鍛えられる）時期といえる。

(4) 自己肯定感が育まれる３つの次元

　自己肯定感が育まれる３つの次元がある。以下にその具体例とともに示す。

① 重要な大人（親や保育者や教師）との関係の次元
　大人の、「あなたは大事」、「あなたはかわいい」という思いが子どもに取り込まれ、反転して、「私は大事な子」、「私はかわいい子」と思えるようになる。

② 外界のヒト・モノ・コトの次元
　ヒト（友だちなど）、モノ（おもちゃや遊具など）、コト（遊ぶこと、食事をすること）に関わって、そこでの経験（うまくいった、失敗した、おもしろかった、嫌だったなど）を取り込むかたちで肯定的な経験と否定的な経験の両方が取り込まれる。

③ 社会文化環境との関係の次元
　たとえば、アニメのキャラクターなどメディアのヒーロー、ヒロインを通して憧れ、期待、願望などの心が子どもの中に生まれ、強い自

分、誇大な自分などのイメージがつくられるようになる[7]。

　これらの3つの次元は相互に関連している。たとえば③社会文化環境との関係の次元のメディアによる情報が、①重要な大人との関係の次元に影響して、親の子育てや保育のありようが振り回されてしまうといったことがあるだろう。その影響によって、子どもの良い子像がつくられ、子どもの評価的枠組みに取り込まれて、それに当てはめて子どもを見てしまうことが考えられる。自己肯定感や自己効力感、自尊感情が子どもの心に育つ過程は、直接的に目で見て確認することはできない。それだけに、そうした子ども理解の難しさを常に念頭においておきたい（☞ 2-2）。

p.59

ミニエピソード　新人保育士の奮闘

　4月に新人保育士としてスタートしてようやく3か月が経った頃のことです。まだまだ緊張感いっぱいで身体はカチコチです。写真は0歳児、1歳児クラスの担任になった新人保育士です。この日は、保育室に入った筆者に人見知りをした子どもたちを抱っこしてなだめ、いないいないばぁをして笑顔を取り戻してくれました（写真左、真ん中）。1歳児クラスでは子どもたちの遊びの見守りをしています（写真右）。まだまだ反省することが多い毎日、でも先輩の先生方のアドバイスを頼りに頑張る日々です。

第1章　子ども理解のまなざし ── 発達的に捉える

4. 子どもの〈わたし〉という意識の育ちという視点

エピソード6 「大丈夫だよ！ オレがいるから!!」

その日、私は少し体調が悪かったのです。ソファでぐでっと横になっていると、シュント（当時3歳8か月）が寄ってきて、ここぞとばかり飛び乗ってきます。でも相手をできる状態ではありません。私は「お母さん、お熱みたいなの～」と訴えました。すると、さっと私から飛び降りたシュントが、大まじめな顔で、「大丈夫だよ！オレがいるから!!」と言ったのです。いつもは、自分のことを「シュント」や「シュンシュン」と言っているシュントが、突然「オレ」なんて言い出したので、びっくりしました。いつの間にこのような言い方を覚えたのでしょう？ 保育園の友だちの影響でしょうか？ それに、なんて頼もしいのでしょう！

この日は、夕食のときにも、ふざけだしたシュントに「お母さん、お熱なのに…」と言うと、やはりさっとやめて、「大丈夫だよ！ オレがいるから!!」と言っていました。さっき、私がびっくりしたのが印象に残っていたのでしょう。あるいは、「オレ」と使ってみて、自分でもちょっといい気分がしたのかもしれません。

自分のことをどのように呼ぶかは、発達的に変化します。これを、**自称の発達**といいます。1歳から2歳にかけて、自分のことを愛称や名前で呼び始めます。つまり、「シュンシュン」や「シュント」、「シュンちゃん」などです。この呼び方は小学生ころまで続きますが、3歳ごろになると、「わたし」「ボク」「オレ」という言い方も試し始めます。名前や愛称で自分のことを呼ぶ時期は、相手が自分を呼ぶ呼び方をそのまま当てはめるだけなので、自分と相手の区別を意識する必要はありません。しかし、自分のことを「わたし」「ボク」「オレ」と言うためには、自分と相手との関係を客観的に捉えなくてはいけないのです。そのため、自称の発達は自我の発達とも関連が深いといわれています。そのなかでも特に、男の子にとっての「オレ」ということばは、特別な意味があるようです。自分の男らしさや強さを強調したいときや、友だちに主張したり自慢したりするときに、「オレ」を使うようです [16]。

上の場面でも、いつもより弱っている母親を目の前にしたシュントは、自分の強さをアピールしたくなったのかもしれません。大人の男性でも、「わたし」や「ボク」、「オレ」ということばを、それを言う相手や場面によって使い分けることがありますね。自分の呼び方を変えることで、その場での自分の役割も変化させているのかもしれません。

ふと、童謡の「さっちゃん」を思い出しました。自分のことを「さっちゃん」と愛称でしか言えないサチコちゃんと、そのことを「おかしいね」と思う「ボク（3番の歌詞に出てきます）」。「わたし」の獲得前と「ボク」の獲得後と考えると、二人は何歳だったのかしらと、想像してみたくなりました。

28

エピソード7 ふざけているように見えるけど…

　自主保育の活動にお邪魔したときのこと。そのグループでは活動を始める前に円になってリーダーの親が子どもの名前を呼んで出席の確認をします。その日は年中のカイから始まりました。「〇〇カイくん」と呼ぶと、カイは唇を突き出して変な音を出しています。今日の返事はそうなのかなと思いながら聞いていると、隣にいるトモが呼ばれます。するとトモは大きな口を開けているのですが、口パク状態で声は聞こえてきません。続くコウは口をごにょごにょさせているだけで、やはり返事は聞こえていません。もちろん3人とも何を求められているかはわかっています。実際1か月前にお邪魔したときは3人とも「はーい」と元気のいい返事をしていました。一体どうしてしまったというのでしょう。

　大人からすると3人の行動は〈ふざけている〉ように見えますが、単なる〈ふざけ〉ではありません。子どもたちはある時期、期待されている行動をあえてしないことがあります。その背景には〈わたし〉という意識の現れがあると考えられます。1歳半を過ぎると自分というものの輪郭が他者と区別されるようになり、いわゆる自己主張・反抗が始まります。同じ時期、他者から見た自分を意識するようになります。鏡に映った自分を自分であると認識できるようになるのもこの時期くらいからです。やがて、3歳くらいになると、ルールなどの理解も深まり、褒められることを積極的にするようになったり、逆にしてはいけないことをそれとわかってすることもあります。

　期待されている行動をあえてしないということは、期待されていることはわかっているけれど、そうしたくない自分がいるということです。そのズレを感じることが子どもたちの〈わたし〉という意識の形成につながります。周囲の期待通りに振る舞うことから、自分がしたいことをするということへの変化が生まれるのです。また興味深いのは、子どもたちの行動は必ず笑いを伴っているということです。笑いを装うことで、逸脱している自分に対する過度な大人からの非難を避けるということもありますし、照れくささも含まれているのではないかと思います。まるで周囲の期待と自分がしたいことのあいだで揺れ動いている自分を隠すかのようです。それだけ自分（他者から見た自分と、自分から見た自分の双方）に対して敏感であるということでしょう。そのため、大人がちょっとからかうと本気になって怒ります。

　周囲の大人にとっては単なる〈ふざけ〉のように見えても、そのなかには〈わたし〉を形成しつつある子どもたちの微妙な心の動きがあるのです。

見ないで！

解 説

(1) 集団生活での〈わたし〉の育ち

　日本では多くの子どもが3歳の誕生日を迎えた後に、幼稚園や保育所、最近ではこども園といった集団生活に入る。それまで家庭が主な生活の場所であった子どもにとって、それは大きな環境の変化である。園では特定の生活パターンで過ごすことが求められ、さまざまな決まりがある。「先生」という大人はいるが、家族のようにいつも自分のことだけを気にかけてくれるわけではない。また園には自分と同年代の子どもがたくさんおり、自分の思うとおりに過ごすことはできない。子どもにとって集団生活はどのようなものであり、何を学ぶのだろうか。

　養育者をはじめ周囲の大人は集団生活に入ることで、社会生活上のルールを学んだり、周囲と協調できるようになることを求めるかもしれない。しかし、集団生活を始める子どもにとって、重要なのは集団の中でいかに〈わたし〉を発揮するかである。もちろんみなが〈わたし〉を発揮すれば、当然思いがぶつかりあいいざこざが起きる（☞3-3）。ぶつかりあいのなかで互いを知り、折り合いをつけながら、どのようにすれば自分のやりたいことが実現できるかを学んでいく。集団の中で〈わたし〉が発揮できてはじめて、〈みんな〉や〈わたしたち〉という集団が意味をもってくるのである。

　〈わたし〉がどのように育まれていくのかみていこう。

朝の会でボクのいす、
ボクの居場所（3歳児）

(2)〈わたし〉のはじまり

　生まれたばかりの赤ちゃんには、私たちが今感じているような〈わたし〉という意識はまだない。赤ちゃんが感じる〈わたし〉は身体感覚的なものである。自分の片方の手でもう片方の手をつかんでみよう。そのあと、身近にあるもの（たとえば机）に触れてみよう。最後に誰かの手をつかんでみよう。この3つの感覚の違いが〈わたし〉という感覚の芽生えとなる。自分で自分を触れる

さわって、さわって、どんなかんじ？
（6か月児）

ときには、触れられる感覚と触れる感覚の両方がするはずである（これを**二重感覚；ダブルタッチ**という）。ものや他者に触れたときには、触れる感覚しかしない。またものと他者にも違いがある。ものはどんなに強く触れたとしても何の反応もないが、人からは何かしらの反応がある。この身体感覚的な違いによって、赤ちゃんは自分とそれ以外のもの、そのなかでも他者とものの違いを知るのである。

　3か月ごろになり、目と手の動きが連動すること（目と手の協応）が理解されるようになると、見たものをつかんだりして、積極的に世界に関わるようになる。さまざまなものと関わることを通して、自分のした行為に伴う結果が理解されるようになり、主体としての感覚が育ってくる。生後9か月ごろになると、おむつ替えの際、じっとしていられなくなることが多くなるが、これは自分のしたいこと、興味があることがはっきりしてきて、そちらに注意を向けてしまうからである。

　そして、1歳半ごろになると、子どもは〈わたし〉を前面に出してくるようになる。大人の真似をしたり、自分ひとりで何でもしようとしたりする。大人からすると端（はな）から無理だろうと思われることでも、自分でできると主張し、結局できずに大人に泣きつくということも多い。この時期の子どもはある種の万能感に駆られていて、自分は何でもできると思っている節がある。しかし実際には自分でできることは少ないのだが、このできるはずだと思ってチャレンジすることが重要である。うまくいかずともやってみることによって自分の限界を知り、それが〈わたし〉の形成にも関わっているからである。

　この時期は大人の言うこととにかく反対のことをやりたがり、反対されると自分のやりたいことができるまで泣きわめいたりする。周囲の大人からすると、手を焼くことだが、子どもにとっては周囲と異なる〈わたし〉というものの輪郭がはっきりしてきたことであり、それ以後の発達にとって重要なことである。実際このころ、子どもは自分を自分の名前で呼ぶようになる。また鏡に映った自分を自分である

と理解できるようになるのもこのころであると考えられている。

　自分を守ってくれるべき存在である大人に「NO」を言うのはリスクがあることである（この時期子どもが周囲の大人に依存的になることがあるが、それはこのリスクを軽減するためではないかと考えられる）。それでもあえて「NO」と言うことは、守るべき〈わたし〉が意識されているということである。それは誰にも侵されたくない〈わたし〉の内面世界が形成されつつあるということである。誰にも侵されたくない領域は、自分の内面だけではなく、身体の外にも広がる。自分が歩いている前に他の子が来ると、その子を押しのけようとしたり、自分が座っている椅子に誰かが手をかけるとそれを払おうとしたりする。誰にも侵されたくない〈わたし〉の領域、パーソナルスペースが形成されつつあるということである。

> **メモ ひとくちメモ**
>
> **パーソナルスペース**　他者に近づかれると何となく落ち着かなかったり、不快に思う個人の空間のこと。個人が育ってきた社会文化的環境によって、その広さは異なると考えられている。

(3) 〈わたし〉にしかわからない、知られたくない〈わたし〉

「おしゃれ、だいすき！」（年中児）

　2節で述べたような、いわゆる自己主張や反抗は2歳代がピークで、3歳台になると、ことばで自分のやりたいことを言えるようになるので、周囲と折り合いをつけることも可能となり、落ち着いてくる。そのころになると、他者から評価される自分、見られる自分を意識するようになり、羞恥や罪悪感、誇りといった感情が芽生えてくる。間違いを指摘されて、顔を赤らめたり、みんなの前に出て何かを言ったりやったりすることを嫌がったり、園のおもちゃを故意ではなく壊してしまいひどく落ち込んだり

する。これらは見られる自分が意識されてはじめて出てくる感情である。見られる自分を意識するようになると、相手に合わせて自分の感情をコントロールできるようになる。たとえば、知り合いからお土産をもらったとき、それが自分にとってそれほど魅力的なものでなかったとしても、それをその場では示さず、笑顔を見せてお礼を言ったりすることができるようになる。

　見られる自分を意識するということは、見られたくない、知られたくない〈わたし〉が芽生えたことでもあり、子どもにそのことを尋ねても「ナイショ」と言って教えてくれなかったりするようになる。それは私的な世界が形成されてきたということである。

(4) 自己概念の発達

　3歳くらいになると、自分について語るようになる。次に示す引用は、ハーター[17]という研究者が、自身の研究をもとに、3、4歳児が自分をどのように見ているか、自己概念の合成体としてまとめたものである。自己概念とは、自分の性格や能力、身体的特徴などに関する、比較的永続的な自分についての考えのことをいう。

　　「ボク、3歳。大きな家に住んでるんだ。お母さんやお父さん、お兄ちゃんのジェイソン、お姉ちゃんのリサも一緒だよ。ボクの目の色はブルー、オレンジ色のネコを飼ってる。ボクの部屋にはテレビもあるんだ。ABCは全部知ってるよ。聞いてくれる？（AからZまで言う）駆けっこも速いんだ。ピザが好きで、幼稚園の先生もとっても素敵。数も10まで数えられるよ。聞きたい？ 犬のスキッパーも好き。ボク、ジャングルジムのてっぺんまで登れるんだよ。怖くなんかないよ。全然怖くない。いつもハッピー。ボクは本当に強いんだよ。この椅子だって持ち上げられるよ。ほら見て」（Harter, 1999[17]）

何歳？ 4歳！

このころの子どもの自己概念は、持ち物や名前、身

第1章　子ども理解のまなざし ── 発達的に捉える　　33

体的特徴などの客観的・外面的特徴が中心といわれる。その後、自己概念の内容は、より主観的、内面的なものになっていく。保育園年長児、小学校2年生、4年生を対象に「○○ちゃんは自分のどんなところが好き（嫌い）？」「○○ちゃんの良いところ（悪いところ）はどこ？」といった質問を投げかけて、幼児期から児童期にかけての自己理解の発達を検討した研究がある[18]。その結果、幼児は身体の一部や持ち物、「保育園に行く」「お手伝いをする」といった行動など、他者からでも見える具体的特徴について答えるのが中心であったのに対して、児童は、人格特性や「勉強をきちんとする」「不真面目」などの勤勉性や「走るのが速い」「スポーツが苦手」など能力に関する言及が増えていた。また、幼児は自分の好きなところは多く挙げるのに、嫌いなところや悪いところを尋ねると「ない」と答えていたが、児童は自分の否定的な側面についても答えることが増え、さらには「自分のことは好きだけど、いいところはない」というように、自分を異なった観点から別々に評価していることもわかった。学校に入ると、成績をつけられたり、周りと比べられる機会が増え、子ども自身も自分の能力を現実的に捉えられるようになるために、否定的な自己の側面についての言及が増えていくのだと考えられる。

　幼児が自分の良い面だけを挙げるという傾向は、ある意味楽天的に自分を捉えているといえるだろう。幼児の楽天傾向は、現在の自分だけではなく、将来の展望においてもみることができる。この傾向は、〈素朴楽天主義〉[19] と呼ばれ、文化の違いを超えて見られると考えられている。**幼児の楽天性**は、認知能力の未発達によるところもあるが、幼児の発達を支える役割があると考えられる。幼児期の子どもを見ていると、うまくいかなくても、あきらめることなく、繰り返し挑戦する姿がある。大人だったら、「自分はダメな人間なのでは」と思ってしまうような事態でも、子どもはそこまで深刻になることはない。そこではたらいているのが幼児の楽天主義である。失敗や困難にぶちあたっても、いちいち落ち込まずチャレンジできるのである。幼児の楽天主義は、失敗や困難のダメージから子どもを守る役割を果たしているのである。

グループワーク

GW 子どもをイメージしたときに、どのような形容詞が思い浮かぶか挙げてみよう（例：かわいい）。自分の子どものころを思い起こしながら、その理由も考えてみよう。

GW p.9 〜 10 のミニエピソードを読んで、自分だったらどのようにことばをかけるかを考えてみよう。

GW インターネットで「101 ways to praise a child」の画像を検索して、子どもの褒めことばについて考えてみよう（巻末ワークシート「ワーク101のほめ方」参照）。

【参考書】

鯨岡　峻（2006）『ひとがひとをわかるということ』ミネルヴァ書房

マーカス・ウィークス（著）ジョン・ミルディンホール（監修）／渡辺滋人（訳）（2015）『10代からの心理学図鑑』三省堂

マーガレット・カー（著）／大宮勇雄・鈴木佐喜子（訳）（2013）『保育の場で子どもの学びをアセスメントする──「学びの物語」アプローチの理論と実践』ひとなる書房

第1章　子ども理解のまなざし ── 発達的に捉える　　*35*

第 **2** 章

子どもが育つ場を整える

ここに、これを…じっくり取り組む (2歳児)

遊びのちから

1. 子どもの生活や遊びを通しての学び

エピソード8　お弁当食べるとき何を話す？

　ある自主保育グループに参加したときのこと。そのグループは東京郊外の里山を活動場所としており、集合場所の公園を出発して野山を歩き、適当なところでお昼をとります。その日も木々がほんのり色づき始めた山の中を抜けて、大きな桜の木がある平地に着きました。ここで待望のお弁当タイムです。

　子どもたちはリュックからシートとお弁当を取りだし、思い思いの場所で食べ始めます。自分のシートがあるのに友だちのシートにお邪魔して食べている子もいますし、大人がもってきた大きなブルーシートの上でも何人かの子どもがわいわいおかずの交換などをしています。11月とは思えない暖かな陽気のなか、おしゃべりもはずみます。私はその日そこまで一緒に歩いてきたチヒロ（3歳）と一緒にお弁当を食べることにしました。チヒロは道すがら、今日の自分のお弁当にはどんなおかずが入っているか私に一生懸命教えてくれていました。食べ始めてからもチヒロはひとつひとつ私におかずを説明しながら口に運びます。チヒロに限らず3歳ごろの子どもたちは、食事のときに食べ物に関する話をすることが多いです。チヒロのように食べ物そのものの場合もありますし、箸やフォークなど食具も話題のひとつとなります。その日もチヒロのフォーク（キラキラ柄でした）を見たサキが「私も同じの持ってるー」と、自分のフォークをチヒロや私に見せてくれました。

　保育園の食事場面で子どもたちのやりとりを観察した研究者の報告[1]によると、2歳児は食卓上の事物（食物や食具など）をきっかけとしたやりとりが多いのに対して、4歳児は一般的なおしゃべり（家族の話など）が多いことがわかっています。この日も隣のシートにいた年長のイチローはお母さんに今日のここに来るまでにとった虫の話をずっとしていました。年齢による会話の内容の違いには、ことばの発達が関係しています。一般的なおしゃべりをするにはことばだけで状況を相手に説明する必要がありますが、2歳児はことばの発達が十分ではないため、ことばだけで会話を展開していくのが難しく、状況の助けが必要です。その点目の前にある食べ物や食具であれば、話題を共有しやすくやりとりが可能になるのです。

　年齢によって話の中身は違えども、他者とやりとりしようという思いは共通しています。そのことは私たちにとって食事場面が単なる栄養摂取の場ではなく他者とのコミュニケーションをとる場、ひいては互いの関係を確認して深める場としてあることを示しています。これまでチヒロと関わる機会は少なかったのですが、この日はお昼のあともひとしきり一緒に遊びました。お昼をともにしながらのコミュニケーションが二人を近づけてくれたのかもしれません。

おいしいね（2歳児）

エピソード9　死んじゃうとどうなるの？

　娘のハルナが4歳のとき、曾祖母が大往生を遂げて他界しました。ハルナはまだ幼すぎて、「曾ばあちゃんは、お空に行ってお星様になるのよ」と言われてもよくわからないという表情。それでも、なんとか理解できたのが「会えなくなる」ということ。周りの雰囲気もあって、「行かないでほしい」と泣きだしました。

　その半年後でした。今度は、私や夫が親しくしていた先輩が不慮の事故で亡くなりました。ハルナ自身はほとんど知らない人でしたが、夫と私が話をする様子から重さが伝わるのか、いつもなら会話に割って入るハルナが、そのときはおとなしくしていました。とはいえ、ハルナも気になるでしょうから、何があったのか話をしました。そして、「早く死んじゃうとダメなんだよ」と言うと、きょとんとして「早いといいんでしょ？」ですって。娘が、「早く早く！」ばかり言われている普通の年中さんだったことを思い出し、その無邪気さに少し笑え、ほっとしたことを覚えています。でも、「これは、遅いのが一番なんだよ」と、何度もしつこく言わずにはいられませんでした。早くに亡くなった人がそれを望んでいたわけではありませんから、ハルナの成長に合わせて、もっと丁寧に話をしたいと思います。

　さて、この2つの死別体験で、おそらくハルナの頭の中は疑問符だらけになったことでしょう。「死んじゃうとどうなるの？」とか「どうしてお空に行っちゃったの？」とか、「お父さんとお母さんは死マない（死なない）？」と何度も聞いてきました。祖父母に、覚えたてのひらがなで「おじいちゃん　しマないでね（死なないでね）。おばあちゃんも　しマないでね。」とお手紙を書き、「ハルナね、おじいちゃんとおばあちゃん、死マないでほしいから、（この手紙に）心を入れたの！」と言っていました。

　幼児が死を理解することはとても難しいことです。死の概念には、身体の機能が停止して動かなくなること（死の不動性）、死から戻らないこと（死の不可逆性）、みんないつかは死ぬこと（死の普遍性）という3つの側面があります。ハルナは動かない曾祖母を見て死の不動性を感じ、会えなくなることで死の不可逆性を、そして、「お父さんとお母さんは死マない？」という質問で死の普遍性を捉え始めていたのでしょう。死別体験の有無や深刻さによって異なりますが、おおよそ6歳ごろまでにこれらのことが理解できるようになるといわれています[2]。小動物を含めた死の理解は、生を大事にすることにつながり、保育所や幼稚園、こども園などでも丁寧に取り組まれています。死を題材とした絵本（『わすれられないおくりもの』や『おじいちゃんがおばけになったわけ』など）が吟味されて保育実践で用いられることもあります。もちろん、大人でも、死を完全に理解することは難しいのですが。

第2章　子どもが育つ場を整える ── 遊びのちから　　*39*

エピソード10　どっちが多い？

　その日のおやつは、麦チョコ。ひとつのお皿にじゃらじゃらっと盛って、ハルナ（小学３年）とシュント（４歳）の前に出しました。食べ始めたときはよかったのですが、しばらくすると、どっちが多く食べたかで、けんかが始まります。あわてて仲裁に入り、残った分を二人に分けることにしました。ところが、私が目分量で２等分したので、見ようによって多くも少なくも見えてしまい、子どもたちは「わたしのほうが少ない」「ボクのほうが少ない」とけんかの再発です。そこで、二人の目の前で、テーブルの上に２列になるように、麦チョコを並べてみました。

●　●　●　●　●　●　●　●　●　●

●●●●●●●●●●●

　「さぁ、どっちの列にする？」と促すと、４歳のシュントは、すばやく「こっち！」と、間隔のあいた長い列（上の列）を指さしました。小学３年のハルナは、黙って麦チョコを数え、「あ。」と小さく一言つぶやきました。実は、短いほうの列の麦チョコがひと粒多く並んでいたのです。それに気づいたハルナは、「こっちにする」と、下の列を選びました。

　さて、４歳のシュントは、どうしてひと粒少ない列を選んだのでしょうか。発達心理学者のピアジェは、幼児が「見た目」の変化に惑わされやすいという認知的な性質があることを見いだしました。大人は、「見た目」が変化しただけでは量が変化しないことを知っています（**保存**の概念といいます）。しかし、幼児は保存の概念が発達途上なので、麦チョコの列の「見た目」が長くなると、量も増えたと、間違ってしまうことがあるのです。保存の概念は、小学生になるころ成立します。それで、ハルナもシュントも、自分のほうが多く食べていると思って、満足したのでした。

　翌日。こなごなに割れたおせんべい（なんて庶民的！）があったので、子どもたち二人で分けることになりました。　前日の麦チョコの経験を活かし、ハルナが、おせんべいの破片を、２列に並べ始めました。弟の分を長～くなるように、自分の分を短くなるように …。ところが、どうしても嫌がるシュント。もっともっとと、ハルナの分け前を取ろうとします。麦チョコのときは、母である私が分けたのですが、今回、分けたのは姉であるハルナ（あるいは、分ける相手であるハルナ）。何か仕掛けがあるような気がしたのでしょう。ピアジェの大理論も、日々積み重ねた関係性の前にはなすすべなし！ … なのでした。

エピソード11　ボクのお金

　小学生の姉が自分のお小遣いで親や友だちにプレゼントを買うのを見て、自分でも自分のお小遣いを使ってみたいシュント（5歳）。そのころ、まだ決まったお小遣いをあげていませんでしたが、おばあちゃんからもらった小銭がいくらか貯金箱に入っていました。6月でしたので、「父の日のプレゼントを買ったら？」と提案したら大喜び。さっそくお店を歩き回って、「一緒にお風呂に入ってね」という気持ちを込めて、入浴剤を選びました。習い事の帰りに寄ったので、「家に帰ったら、お母さんにお金を返してね」と約束して、その場では私が立て替えて払いました。

　これが大失敗。お金を返してもらおうと、シュントの貯金箱を出すと、「シュントのお金だから、あげない!!」と言い出すのです。私が「さっき、お母さんのお金で払ったでしょう？」と言うと、「ちがう！ 払ったのはシュント！」と貯金箱を奪い返します。確かに、レジで私が預けたお金を払ったのはシュントでした。私が「あれは、お母さんのお金。まだ返してもらってないよ」と説明するのですが、今度は「ちゃんと返した!! おつりは、お母さんのお財布に入れた!!」です。「シュントのお金じゃないと、シュントからのプレゼントにならないの。だからお金、返してね」「だ・か・ら、シュントが払った!!」「あれは、シュントのお金じゃなくて、お母さんのお金!!」「払ったのはシュント！」 … らちが明きません。

　大人にとっては当たり前の〈お金〉ですが、子どもには理解しがたいものです。1歳半ごろから徐々に、物は誰かの物、つまり、自分のおもちゃやパパの靴といった**所有概念**が発達します。1歳台だとおもちゃを取られても、意外と平気でけんかに発展しませんよね。それは、所有概念が発達途上のため、取られたという意識も強くないからです。もちろん5歳ともなれば所有概念はずいぶん発達しますが、難しいのは、お金に所有概念を当てはめ〈誰の物か〉を考えることでしょう。お金には物品や労働と交換可能という価値はあっても、その実態は見えにくいものです。紙のお金を1枚払って小銭いくつかでおつりをもらうと、子どもは「増えた！」と言ったりします。幼児期には、実態のないものは〈誰かの物〉と思えないのでしょう。

　シュントですが、どうしてもわかってくれません。はじめから、シュントの貯金箱を持たせるべきだった、シュントのお金で買い直すしかないか … と私もあきらめ、「じゃあ、シュントのお金でもう1回、プレゼントを買いに行こう」と提案すると、せっかく選んだプレゼントが自分からのプレゼントでなくなると察したシュント。しぶしぶ「じゃあ、お金、あげるよっ!!」と払ってくれました。父の日当日には、夫にプレゼントを渡しながら、「シュントがお金払ったのに、お母さんにお金取られたんだよ」と告げ口していましたけどね。

第2章　子どもが育つ場を整える ―― 遊びのちから　　*41*

解　説

(1) 学びとは

　　学びとは、経験を通して、感じ方、考え方、さらに、振る舞い方においてある程度恒常的な変化が生じること[3]、つまり環境に応じることによって、何かができるようになったり、知ったり、感じたりするようになることである。学びは、学習という用語と同義で用いられることもあれば、学習については学校教育などを想定し、教えや教育に応じて成立したより意識的な学びを指し、単に学びといったときには、学習者の主体性を重視し、環境に自らはたらきかけて成立した学びを指すこともある。

　　どのように学びが成立するかについて、主要な学習理論がいくつかある。スキナーの**オペラント条件付け**の理論[3]は、自発的で偶発的な行動（オペラント行動）が報酬や罰によって増減するとするもので、行動主義といわれている。オペラント行動を増加させることを強化、減少させることを負の強化といい、その際の報酬を**強化刺激**、罰を**嫌悪刺激**という。良い成績をとれば褒められ、友だちを叩くと叱られることによって、子どもが勉強をするようになったり、友だちを叩かなくなったりするというように、オペラント条件付けは一定の効果をもつといえるかもしれない。

　　しかし、オペラント条件付けでは、行動の意味を理解することはできない。つまり、なぜ良い成績をとるとよいのか、あるいは、なぜ友だちを叩いてはいけないのかについては、オペラント行動がそれとは本来的に無関係な報酬や罰と結びついている限り、理解に至らない。ヒトの子どもの学びは、動物の調教とは本質的に異なる（二本足で立つとエサがもらえるが、二本足で立つことがその動物にどのような意味があるのかは問題にならない）。たとえば、体罰が好ましくないとされるのは、体罰への嫌悪感や恐怖心を植え付けるばかりで、行動の意味を理解できないままとなる可能性があるからである。行動の意味が理解できなければ、行動ひとつひとつを経験しないと学習も成立しないということになる。

　　このように、オペラント条件付けが、直接の経験にもとづく直接学

姉を観察して勉強している気分でお絵描き（3歳）

習だったのに対し、バンデューラは、間接的な学習こそ、ヒトの学びの特徴であるとし、**社会的学習理論**を展開した[4]。社会的学習理論とは、自らが直接報酬と罰などの強化や負の強化を直接経験しなくても、他者の行動を観察するだけで間接的に学習が成立するというものである（☞ 3-1）。

p.66

一方、ヴィゴツキーは、子どもが発達したり学んだりするうえで、社会文化的なコミュニティにいる他者に導かれること、すなわち、大人や年長者による発達の**足場づくり**（scaffolding）に支えられていることに着目した。この理論を**発達の社会文化的理論**というが、同年齢の仲間とのあいだで試行錯誤をして発見的に学ぶことを重視したピアジェの考え方とは対照的であった（😊 1-2）。

p.14-15

ヴィゴツキーは、子どもが独力で解決できる現下の発達水準だけに目を向けるのでは、子どもの発達を捉えることはできないと指摘した。子どもには、独力では難しくても大人の援助が得られれば解決できる水準、すなわち、近い未来の発達水準がある。そして現下の発達水準と近い未来の発達水準との距離を**発達の最近接領域**（ZPD）と呼んだ。さらに、大人からの援助が同じであっても、子どもによって解決できたりできなかったり、逆に、同じ子どもでも大人からの援助が異なれば、解決できたりできなかったりする。つまり、この発達の最近接領域は、援助する大人と問題に取り組む子どもの組み合わせによって、異なってくる。ここに教育の意味や難しさがある。ヴィゴツキーは子どもの現下の発達だけでなく、発達しつつある子どもの姿を捉え、大人が子どもの未来に目を向けて教授を行う必要性を示唆した[5]。

また、ヴィゴツキーは、ヒトの心の営みは、ことばなどの文化的記号に媒介されていると指摘する[6]。たとえば、ことばは、コミュニティで共有されている道具であり、文化的記号である。子どもははじめ、他者とのやりとりを通して、他者に向かう社会的ことばである**外言**[7]を身につける。幼児期には、他者に向かうことばを自分にも向けて、**自己中心的ことば**（独り言）を用いることで状況を整理し考えよう

とする。自己中心的ことばに伴っていた音声が徐々に省略されるようになり、ことばは内化し、**内言**として思考の道具となる。つまり、ことばはもともと、社会文化的コミュニティで用いられていたものであり、外言から、自己中心的ことばへ、そして内言へと移行することによって子どもの思考を構築する。思考は社会的に形成されるといえる。

　ヴィゴツキーの考え方にもとづく学びの理論はいくつかある。たとえば、ロゴフ[8]は、子どもの学びを**導かれた参加**（guided participation）と捉えた。つまり、文化実践の場としての社会的コミュニティにおいて、大人や年長者（先にコミュニティに参加した者）に導かれながら、子どもはことばや計算など文化的な道具の使い方を学んでいく。この学びの過程は、大人や年長者が主導するだけでなく、子どもの状況や活動を解釈しようとする大人や年長者の能動的な関わりにも支えられた、大人と子どもの共同的な参加のプロセスなのである[9]。

　レイヴとウェンガー[10]もヴィゴツキーの考えをもとに、**正統的周辺参加論**を提唱し、学びの過程を、徒弟制において周辺的な参加から十全的な参加へと進むプロセスになぞらえて解説した。レイヴとウェンガーは、仕立屋という例を用いて、学びの場である仕立屋を実践共同体と位置づけ、次のように説明する。新参の参加者は初めはボタン付けなど周辺的な部分を担うが、徐々にスーツを仕立てる全行程に関わるようになり、十全的参加を果たす（周辺から中心への移行ではなく、周辺的な部分参加から十全的なフル参加への変化）。この参加のプロセスを学びと捉えるのである。つまり、大人や年長者は先に実践共同体に参加を済ませている熟達者であり、学ぶ者は新たに参加する新参者と捉える。共同体への参加を通して、初めは担う部分が周辺的であるが共同体全体を眺めることのできる正統的な参加であり、熟達者に導かれるなか、新参者自身も熟達者を観察して見よう見まねで、参加の度合いを増していくごとに担う部分が十全的になってくるのである。つまり、学びはその場の状況に埋め込まれているのである。

(2) 保育・幼児教育現場における遊びの意味

　子どもにとって**遊び**が重要であることは疑う余地のないことであ

るが、一方、遊びとは何かという問いに答えることは容易ではない。たとえば、遊びの主体である遊び手について考えるとき、遊び手となりうるのは、外を走り回る子どもだけではない。ひらひら動くカーテンに目を奪われている赤ちゃんや、休日にドライブを楽しむ大人も、遊びの主体となりうる。

　また、遊びが成立し、遊びが継続するためには、遊び手がその関係に巻き込まれる必要がある[11]。遊び手は遊びながら何らかの課題を見いだし、その課題を克服することにおもしろさを感じているからこそ、自発的に没頭することができる。ところが、その課題が克服しなくてはいけないという責任感や義務感を課し、遊びとしてのおもしろさより勝るようになると、もはや遊びではなくなる。「すべき」あるいは「やらされている」課題は、遊びではないのである。たとえば、サッカーでボールを蹴ってゴールすることは、ゴールを狙って力加減や蹴る方向を工夫することにおもしろさを感じているときは遊びといえるが、ゴールできるようになりたいという真剣みが強まり、ゴールしなくてはというプレッシャーのなかで、何度もボールを蹴る練習をするときに、それは遊びではなくなっているかもしれない（いい意味でも悪い意味でも）。

　逆に、親に言われてする手伝いは、いわゆる遊びではない。しかし、キュウリを切ることを手伝いながら、切るときの感触や音、子どもにとっておもちゃではない包丁を使っているという満足感、あるいは、切るという課題が目の前で達成されていくプロセスそのものが楽しくなってきて、子どものほうから「もう１本切りたい！」と言い出すこともある。このようなとき、手伝いのなかに、遊びの要素が加わっているといえる。

ボトルに水をすくって流して…繰り返し遊ぶ（0歳児）

　つまり、遊びであるか遊びでないかの定義は、サッカー、お絵かき、鬼ごっこなどの活動によって決まるのではなく、遊び手がその活動にどのように関わっているかによって決まるのである。ただ空を見つめているだけでも、文字を書いたり、計算をしたりするいわゆるお勉強であったとしても、そこに主体的

第2章　子どもが育つ場を整える —— 遊びのちから　　*45*

な楽しさや没頭があれば、それは遊びといえるのである。さらに、遊びのなかで自発的に見いだされた課題は刹那的（その場限りのもの）で、おもしろさの追求によって課題は容易に変化してゆく。この変化を許す〈隙〉が遊びの要素である。遊びとは、本来的に満足感をえるための活動であり、子どもがそれを純粋に楽しむためにする何かなのである[12]。

　遊びの特徴として、反復性が挙げられるが、これも遊びのおもしろさや没頭に支えられている。子どもは、繰り返し同じ活動、同じ動きをして遊ぶので、大人からすると、しつこいと感じたり、なぜ飽きないのだろうと感じることもある。この遊びにみられる繰り返しには、2つの意味があるといわれている。ひとつは、確認である。何度同じ活動や動きをしても同じ結果になるかを確認しているのである。もうひとつは、発見である。大人には、同じ活動や動きに見えていても、子どもにとっては、毎回完全に同じ活動や動きはなく、何らかの差異を含んだものとして、毎回何らかの発見をもって楽しむことができるのである[13]。さらに、遊びの前提として、安全な環境も指摘されている[14]。大人に守られた安全な環境だからこそ、子どもは新規なことや不明瞭なことに直面しても、新たな方略を試すことができるのである。

(3) 生活と遊びを通した学び

　ところで、OECD（経済協力開発機構）による PISA（国際的な学習到達度調査）が 2000 年より始まった。この調査は、15 歳児を対象に世界の多くの国や地域が参加して 3 年ごとに実施されているものであるが、この調査がきっかけとなって、小学校以降の学校教育について見直されただけでなく、就学前の教育のあり方についても議論がなされるようになった。一部では、就学前に文字や計算など学校教育の前倒しを進めようとする動きもあった。しかし、日本の多くの保育所・幼稚園・こども園では、子どもの自発的な遊びに多くの時間を割き、生活基盤の確立も重視している。さらに、平成 29 年（2017 年）に告示された幼稚園教育要領・保育所保育指針、さらに、認定こども園教育・保育要領においても、生活や遊びの重要性を謳っている。

じゃぶじゃぶ、お洗濯、
気持ちいいね（1歳児）

その背景には、**生活や遊びを通した学び**という考え方がある。子どもは、生活や遊びを通して、さまざまなものに興味をもち、多角的な視点から理解し学ぶ。たとえば、鬼ごっこを通して、身体の調整を学び、体力を身につけ、友だちとの関わり方（思いやりや人間関係など）を学ぶ。それだけではない。参加する友だちの人数を数えることを通して数量に触れ、鬼決めや微妙なタッチの交渉をするために、言語を使用しながら、より適切に他者とわかりあえる表現を学ぶ。砂場では、手から落ちる砂や、トンネルや川を作って流し込む水の経験を通して、遊びながら物理的な世界を経験し、砂場に広がる世界に空想をめぐらせているかもしれない。

もともと子どもとは退屈を嫌う生き物といえる。つまり、退屈を解消しようと、自分の周囲や自分自身にアンテナを張り巡らせ、工夫して、世界をよりおもしろく再構築しようとするちからをもっている。知的好奇心とは、環境にあるモノやヒトとつながりながら、意欲を向けて、対象に焦点化することであり[15]、生まれたときから備わったものといわれている。子どもが退屈を嫌う性質は、まさに知的好奇心の発露といえるだろう。子どもは、生活や遊びを通して環境と関わり、知的好奇心を満たしながら世界を学んでいるのである。また、座学での学習、および、テストでの成果の確認を中心とした学校教育といえども、学習への動機づけや学習内容そのものへの興味、意欲など学習に向かう姿勢は不可欠であり、就学前の充実した遊びを経験することによって、こうした学習に向かう姿勢を獲得できる。

一生懸命になると舌が出ちゃうの（2歳児）

また、遊びは生活とも深く関わっている。ガダマー[16]が述べたように、遊びは、人生や生活の誇張によって構成されている。遊びにおいて生活を反映し、模倣や想像を通して具現化されるだけでなく、遊びは現実的な生活と緩やかに結びついた非現実性ももつ[17]。子どもの遊びを観察していると、子どもの目線で生活が再現されており、大人がハッとす

第2章　子どもが育つ場を整える ── 遊びのちから　　47

ることもあれば、子どもの脚色や空想に現実と関連しつつ、現実を超えた子どもの願望などが見いだされることもある。子どもたちは、生活を通して遊び、遊びを通して学ぶといえるだろう。

すでに述べたヴィゴツキーの理論においても、科学的概念の発達には、生活的概念の一定程度の発達が必要であると指摘されている[5]。たとえば、足し算のしかたや虫の生態などについての科学的概念を学ぶとき、その前提として、積木で数を数え、より大きなものを作るために積木を増やすという日常経験、あるいは、カブトムシや蝶を幼虫から飼育したり、草むらで虫を探したりするという日常経験などの生活的概念がもとになる。2と3を足すと5であることや、幼虫が土の中にいることを暗記するのみで、生活的概念が豊かでないうちに科学的概念に触れると、真の理解には至らない。生活的概念が豊かに発達していれば、科学的概念を学ぼうとするときに、抽象を具体的な生活的概念に結びつけて、「わかった」という感覚に至る。このように生活的概念と科学的概念は相互作用しており、子どもは生活場面で親しい人に対して用いていたことばを、科学的概念で用いるための一般的で普遍的なことばに変換し、具体から抽象へとより高い水準に引き上げて、ものごとを理解できるようになる[5]。

幼児期にこそ、勉強と遊びの時間の区切りや教室の内外という区切りを超えて、生活的概念と科学的概念の相互作用を保障することが重要といえるだろう。

そもそも学ぶことの意味とは、良い成績をとることではない。ヒトが生きやすく生きるためである。それは、個人として、いわゆる生活の知恵といったものを獲得することによって心地よく生活できるということもあれば、社会として、知的活動による知識を蓄積することで、世界が快適になるという側面もある。学ぶことは、生きる原動力といえるだろう。

(4) 遊びの分類

遊びを、社会性という観点から捉えたのが、パーテン[18]の分類（図2-4）である。すなわち、①ひとり遊び、②傍観的行動、③平行遊び、④連合遊び、⑤共同遊びの5つに分類し、子どもの社会性の発達に

伴って遊びが変化するとしている。ひとりでの遊びは、乳児のときから従事することができ、徐々に、他児の遊びをただ傍観したり、他児のそばで同じ遊びをしていても直接的な交渉がみられない平行遊びへと移行し、他児への関心を発達させる。さらに、連合遊びと共同遊びは他児との関わりのある遊びで、2つをまとめて集団遊びという。他児と同じ行動をすることを楽しむ連合遊びから、他児と役割を分けて担いながら遊べる共同遊びへと変化する。この①から⑤までの遊びは、おおよそ年齢に伴って獲得されるが、だからといって、ひとり遊びなどの早期段階の遊びができなくなるのではない。大人になっても、ひとり遊びを楽しむことができるように、遊びのパターンが多層化するのである。

　これとは別に、認知発達の観点から遊びを整理したのが、表2-1の分類である。

　表2-1において、**機能遊び／感覚運動遊び**と**構成遊び**は、いずれも、ひとり遊びに含まれ、子どもが自身の身体感覚を楽しんだり（機能遊び）、あるいは、作品を作ることに熱中したりして（構成遊び）、自分の世界に入り込む内的探索を充実させていく。

表2-1　遊びの種類 (Gillibrand et al., 2016 [19]より)

遊び／年齢	説明	例
機能遊び／感覚運動遊び 0〜2歳	おもちゃを使ったり使わなかったりする単純で身体的な活動	走る、ボール遊び、何かを飛び越える
象徴遊び 2〜6歳	その場にない対象や出来事を何かモノや自分の身体で見立てる、ふり遊び	空の皿や手から食べるふりをする
ごっこ遊び／社会的劇遊び 2〜6歳	役割を演じる、本来の社会的役割のふりをしたり、想像の役割を作り上げて遊ぶ	家族ごっこ、実生活にもとづく学校や病院ごっこ、シナリオのある劇遊び
構成遊び 3〜6歳	具体的な何かを制作する、創造する	ブロックや積木で何かを作る、絵を描く
ルールのあるゲーム遊び 6歳〜	共有されたルールのある構造的ゲーム	サッカー、縄跳び、けんけんパー（ホップスコッチ）

（ピアジェ [20]、スミランスキー [22]、ルビン [12]などの遊びのカテゴリーをジルブランドらがまとめたもの）

お医者さんごっこ（2歳児）

象徴遊び（ピアジェ[20]）とは、空のコップから飲むふりをするというような〈ふり遊び〉や〈見立て遊び〉をいい、1歳3か月ごろから盛んになり、2歳ごろには、鍵になるモノがそこに存在しなくても遊べるようになる。つまり、飲むふりをするとき、飲むための液体や、本物のコップ、さらに、おもちゃのコップがなくとも、手でコップを代用して、想像しながらふり遊びができるようになる[21]。象徴とは、実際のモノやコトを何か別のもので表すことであり、コップを手振りで表しながら遊ぶのは象徴遊びである。

2〜3歳になると、象徴遊びに続いて、**ごっこ遊び／社会的劇遊び**も見られるようになってくる[22]。仲間との関わりが増えてくることで遊びがより複雑になり、ふり遊びを（分業しながら）組み合わせて、ごっこ遊び／社会的劇遊びが成り立つ。さらに、ごっこ遊びや社会的劇遊びは、実際の仲間を相手にするだけでなく、人形を相手にお茶を差し出したり、人形を患者に見立てて診察したりするなど、人形などを相手に、想像力を使って遊びを豊かに成立させることもできるようになる（☞ 4-3）。

（5）ひとり遊び、やんちゃ遊び

自分の身体を活動させることを楽しむ機能遊びや、ブロック遊びやお絵かきなど何かを創造したり制作したりする構成遊びは、上で述べたとおり、**ひとり遊び**に含まれる。構成遊びのように、発達的には後発のものも含んでおり、必ずしもひとり遊びは幼稚さや社会性の乏しさを表すわけでもない。ひとり遊びは、乳幼児期を通して（さらには学童期以降、大人になっても）、ヒトが従事しうる遊びである。たとえば、知的好奇心の赴くままに、アリや雲を追求しているかもしれないし、空想の世界で自己内対話を楽し

お茶、どうぞ（2歳児）

ルールを考えながらボードゲームを楽しむ（年中児同士）

んでいるかもしれず、充実した時間を過ごしているといえるだろう。

　もちろん、保育や幼児教育の現場では、保育者が「遊べていない」「遊びきれていない」と感じる状況も見られる。子どもがひとり遊びに従事している状態と、遊べていない状態との見極めは容易でないかもしれないが、子どもの遊ぶちからを大人が信じて見守ることも必要かもしれない。

　一方、集団遊びであったとしても、保育者の配慮が求められるのが、**やんちゃ遊び**（rough-and-tumble play）である。やんちゃ遊びとは、活動性の高く攻撃的な遊びであり、けんかと見分けることが難しいこともある。

ミニエピソード　やんちゃのコントロール

　ある園で、年長の男の子が二人で、戦いごっこをしていました。男の子たちはある程度興奮しつつも、相手の子が痛いと感じない程度に力加減を調整しながら、ごっこ遊びを楽しんでいるようでした。つまり、蹴る「ふり」がちゃんと「ふり」の範囲で収まるようにしていました。とはいえ、ごっこ遊びの空想ストーリーが佳境に入り、男の子たちの興奮が高まってくると、蹴る力も徐々に強くなってきます。力が入ってくると蹴る位置が徐々に高くなってきます。このままで大丈夫かしら、そろそろ止めたほうがいいかしらと見守っていると、ひとりの子が大きな声で、「膝から下！」と相手の子どもに異議を申し立てたのです。

　この園では、戦いごっこそのものを禁止するのではなく、安全にお互い心地よく遊ぶためのルールを決めていました。それは、膝から下だけ蹴る「ふり」ならしてもよい、というものでした。異議を申し立てた子は、相手に負けないように強い力で蹴り返すのではなく、膝から下だけを蹴るふりをする、というルールを相手に思い出させようとしたのでした。けんかではなく互いが楽しめる範囲の遊びに戻そう

> としたのです。相手の子どもは、「膝から下」という、おそらくいつもの（先生から何度も言い聞かされている）ルールを示されたことでハッとし、「あ、ごめん」と言って、自身の興奮をコントロールして遊びが再開しました。

　戦いごっこのようなやんちゃ遊びは、女児より男児に多く見られることが報告されている[23]。このような性差に関しては、それぞれの社会の伝統的性役割が影響している。乱暴な行動が見られても、親や保育者が男児に対しては大目にみる傾向があったり、テレビ番組など戦いシーンのある子ども向け番組では男性同士の戦いが多く、それが同性モデルとして、男児が戦いを受け入れやすい要因になっているのかもしれない。やんちゃ遊びは、仕掛けた子どもは遊びのつもりでも、相手の子どもにけんかを仕掛けられたと誤解されたり、実際にけんかとなることも多く、親や保育者から制限されることになる。一方、仲間との身体的に活発な遊びから子どもが学ぶこともある。上のミニエピソードの例のように、戦いごっこのルールを決めてそれを守ることで適切に攻撃性を発揮したり、「ふり」や「ごっこ」の範囲を超えないよう力加減をコントロールしたり、身体的なやりとりをことばでのやりとりに切り替え、交渉をすることで社会性を学ぶこともある。

ミニエピソード　学生による手作りエプロンシアター

　エプロンシアターは、エプロンを舞台にして絵本の世界をフェルトなどで作成した人形を動かして劇のように上演します。絵本と同じ物語でも、人形が登場することで子どもにとってはイメージの世界が広がりやすくなるでしょう。劇というスタイルなので、子どもとの交流も生じやすく、またアドリブでお話が展開する楽しみもあります。

2. 子どもを取り巻く環境への認識

エピソード12　ウサギちゃん、お耳が痛いよ

　赤ちゃんのおもちゃ、握って振ると音が出るガラガラ。ハルナが赤ちゃんだったころ、私は、ウサギのガラガラを気に入っていて、それでよく遊ばせていました。最初のころは、私がハルナの目の前でガラガラを振って見せていました。生後3か月を過ぎてくると、ガラガラの輪っかの部分をハルナの掌に当ててやると、自分で握ってちょこっと振ったりできるようになりました。あるとき、お座りができるようになったころ、ハルナはガラガラが近くにあるのを見つけ、自分で握って振ったのですが、なんと、ウサギの耳の一方を握りしめて振っているのです。無邪気な表情の赤ちゃんがウサギの耳をつかんで振っている姿は、私にはとても衝撃的でした。あわてて、「ウサギちゃん、お耳が痛いよ」と言いながら、ハルナの手からガラガラを取って、輪っかの部分を掌に押しつけて持たせました。ところが、ガラガラが手から落ちると、また耳をつかんで振るのです。その後も、ハルナはそのガラガラで遊ぶとき、ウサギの耳をつかんで嬉しそうに振っていました。かわいいウサギちゃんが、本当に気の毒でした。

　赤ちゃんは残酷なのでしょうか。そうではないのです。モノには、その形状や材質といった特徴から、生き物の活動を誘発し方向付ける性質[24]があり、これを**アフォーダンス**といいます。マグカップを持ち上げようとするとき、取っ手の部分に指を絡めるのは、取っ手の形状が掌で押す動きではなく、指でひっかけるような動きでのはたらきかけを方向付けるのです。子どもがモノを扱う手の動きも、小さなボタンは指で、大きなボタンは掌で押すというように、異なってきます。バーになった仕切りがあるときも、高さの具合によって、またぐか、くぐるかが方向付けられます。

　このように、モノは関わられ方のヒントを帯びていて、モノの特徴と生き物の側の身体の特徴（形状やサイズ、関節の曲がる向きなど）は相互作用するといえます。ウサギの耳は柔らかそうで目立ちます。耳の長さもちょうど赤ちゃんの手のサイズでした。振るとしなります。ガラガラの輪っかの部分は太くてカーブしていて、手がなじむように見えなかったのでしょう。ハルナは、握りやすいところを握っていただけなのでした。

　人とモノを比べると、常に人のほうが優位で、人がモノをコントロールしているように感じます。もちろん、モノが人を操れるわけではありません。しかし、アフォーダンスという考え方でモノや環境を見直してみると、子どもが何かをしていて危なっかしく見えたり、不器用そうに見えるとき、モノや環境の側に何か理由があるかもしれません。

第2章　子どもが育つ場を整える ── 遊びのちから　　53

解説

(1) 子どもにとっての環境

　　子どもは人やモノに囲まれ、人やモノから影響を受けたり、影響を与えたりして相互に関わりながら発達する。環境とは、子どもを取り巻く周りの状況のことをいうが、養育者や保育者、仲間といった**人的環境**、および、住居や保育室、園庭や地域といった**物理的環境**に分けて考えることができる。物理的環境については、自然環境か人工的環境かという捉え方もできる。さらにより広い観点から、文化的環境や制度的環境など、子どもにとって間接的な影響を与えうる状況も環境と捉えることができる。また、子どもの身体も子どもの内的な意図や感情に対して影響を与えるので、背が高いとか速く走る筋力があるとかの身体的環境も、環境のひとつである。誕生前の胎児にとっては、母胎という環境は時に生命を左右するくらい重要な環境である。特に、妊婦の飲酒や喫煙が、胎児の健康にマイナスの影響を与えたり[25]、妊婦の感じるストレスが胎児に影響するともいわれている。

どんぐり拾い。枝や石もたくさん見つけたね（年長児）

仲良し二人で大好きな虫さん見つけたかな（年長児同士）

　　このように、子どもを取り巻く環境は多種多様に捉えることができるが、さらに、それらの環境は複合的でもある。たとえば、狭い空間に複数の人がいると対人的な関わりが増えることになったり、テレビがついたままの室内では人との関わりが希薄になったりするように、物理的環境と人的環境は深く関わりあっている。同様に、児童公園は人工的に作られた遊具や柵が配置されているが、木があって子どもたちはドングリや落ち葉で遊ぶかもしれないし、吹く風を楽しむ子どもがいるかもしれない。そのように考えると、子どもたちは、自然環境と人工的環境を同時に経験しているかもしれない。家庭環境や学校環境、地域環境などは、人的環境と物理的環境、

文化的な環境や制度的環境の複合的な環境といえるだろう。

　環境構成による学びという考え方は、言い換えると、大人による直接的な指示による学びではなく、子どもの目線で環境を捉え直し環境構成をすることによって、子どもが自ら周囲に気づき、興味をもち、はたらきかけることによって、自発的な学びの成立を目指すものである。

📖 ひとくちメモ

　環境構成による学び　子どもに大人が教えたり、「～しなさい」と言って学びを促すのではなく、大人が環境をうまく構成することによって、子どもの自発的な活動を誘発し、そこから子どもが学ぶという考え方を、環境構成による学びという。

---

(2) 環境にはたらきかける子ども

　物理的環境であれ、人的環境であれ、子どもは環境から受け身に影響を受けるだけでなく、環境に興味をもち、自ら主体的に環境にはたらきかける。たとえば、散歩に出ると落ちている石や枝を手に取り振り回したり、壁を見つけると身体をぴったりとくっつけて忍者の気分になったりする。初めて出会った人に自ら声をかけたり、仲間と交渉したり、苦手な人物を避けたりする。この環境との相互作用が子どもの発達を促すことになる。大人が子どもにとって適切に環境を準備できることは、子どもの発達を見守る第一歩といえる。

　子どもとモノとの関わりをみるとき、ギブソンの**アフォーダンス**という概念が大変役立つ。アフォーダンスとは、環境がヒトに与える意味や価値であり、ヒトの行動を調整したり、抑制したりする[26]。環境自体がもつ関わられ方の手がかりといえる。たとえば、ドアノブは、ヒトに握られやすい形状になっており、ヒトの行動がドアノブに合わせて調整される。住宅地によくある児童公園の出入り口は、完全に閉鎖することのできる門などが設置されていることは少なく、杭などで

第2章　子どもが育つ場を整える —— 遊びのちから　　*55*

緩やかに公園の外の道路との境界を形成している。杭があったとして
も、十分通り抜けられる広さがあるが、それでも、そこを通り抜けよ
うとするとき、その狭さが子どもの走るスピードを抑制する。森など
の自然環境下では、子どもたちは地面に落ちた枝を拾って振り回した
りする[27]。細長くしなる枝という性質が、子どもの手を枝の先端へ
と誘導しているのかもしれない。

　つまり、アフォーダンスという視点から子どもの環境を捉え直すこ
ととは、環境が子どもの行動を調整したり抑制したりする可能性につ
いて考えることである。広いスペースでは子どもたちの活動は活発に
なり、狭いスペースでは抑制される。子どもの背や手のサイズ、目線
などを踏まえて、子どもの手は何をどのようにつかもうとするかと
いった視点で環境を見直すことは、保育における環境構成を捉え直す
ことである。

　一方で、**抗アフォーダンス模倣行動**と呼ばれる行動も報告されてい
る[28]。たとえば、上部にボタンが付いたおもちゃは、手で押すとい
う強いアフォーダンスをもつ。心理学の実験で、親や実験者が複数回、
手を使わず額を使って、このおもちゃのボタンを押すところを子ども
に示した。子どもは、1歳前には、アフォーダンスに逆らえず手など
でボタンを押して、模倣することができなかったが、生後15か月ごろ
から、アフォーダンスに逆らって額で押す模倣（額に近い口を使う
こともあった）が増えていった。加えて、このような抗アフォーダン
ス模倣行動の後に、子どもは親や実験者の顔を見るチェッキング行動
をすることが多かった。アフォーダンスに抵抗しながら他者の意図を
くみ取ったことを模倣で示しているのである（☞ 3-1）。

p.64

　アフォーダンスとは、人が環境やモノとの関わり方の可能性を知覚
する性質であるが、環境やモノが人を操って何か行為をさせるわけで
はない。子どもは、自分の意図や他者の意図に沿って、アフォーダン
スに従ったり、対抗したりして、環境やモノとの関わり方を選択する
ようになる。アフォーダンスの多様性に気づいたり、アフォーダンス
に反する扱い方を工夫して、モノに関わるちからをつけることも発達
である。

(3) 保育環境と子どもの育ち

　保育環境は、家庭環境と同様、子どもの育ちに影響を与える。都市部の園と、自然に囲まれた園では、子どもの日々の経験も異なってくる。たとえば、都市部の駅型保育所などはビルの中にあったり、園庭が小さかったりして、自ずと保育活動に制約が生まれるかもしれない。のびのびと走り回れるような場所を求めて、公園へ子どもを散歩させる機会を増やすことで、子どもの活動を補う園も多い。

　このような園で、子どもを守る立場にある保育者にとって、交通量の多い地域での園外活動にはより配慮を必要とする。車への注意喚起を日々促されているうちに、子どもたちは日常的に車の行き来に配慮することができるようになるかもしれない。一方、「森の幼稚園」などのように、保育に自然の活動を取り入れて、野山や森での活動を重視している園もある。自然の多いところであれば、子どもがのびのびと活動できるかといえばそうとは限らない。草や枝での擦り傷だけでなく、木からの落下、水での事故など、保育者は環境に合わせた配慮が必要となる。子どもたちも、自然の怖さを理解し、折り合いをつけて遊ぶちからを発達させるだろう。

　また、保育・幼児教育の形態によっても、子どもの経験は変わってくるだろう。たとえば、同年齢のみでクラス編成をする**同年齢保育**だけでなく、異なる年齢の子どもたちでクラス編成をする**異年齢保育**も見られるようになってきた。同年齢保育では、発達的に同程度の子どもたちが互いに協力しあい試行錯誤することを通して、発見的に学ぶことができるだろう。一方、異年齢保育では、自分より年長の子どもに憧れて模倣することで、自らの発達の道筋を見いだしたり、あるいは、年少の子どもの世話をすることを通して**養護性**を身につけたりするだろう。

ボク、おにいちゃんだよ。年下の子と一緒に (年少児)

　保育所や幼稚園、こども園の預かりの形態も多様化している。幼稚園での預かり保育や保育所での長

時間保育、さらに、夜間保育、病後児保育など、家庭と園とのあいだ
での子どもの養護や教育のあり方が変化してきているといえるかもし
れない。多様な預かりの形態は、子育てを支援するのに重要であるが、
一方で、保育時間が長くなることは、園の家庭的雰囲気や保育者との
愛着関係の形成の重要性も増しているといえる。

⏰ミニエピソード　お迎えに遅れる！

　子育てをしながら仕事をするのは、日々時間に追われ大変です。も
うだいぶ以前のことですが、仕事がなかなか片付かず、子どもの保育
園のお迎えに遅れそうになりました。職場を出る前に保育園に電話を
入れて、お迎えが予定時間より遅くなることを伝えてあやまりました。
私自身は、時間通りにことが進まず焦っていたのですが、電話を受け
た保育園の先生は落ち着いた声で、「大丈夫ですよ。ちゃんとハルナ
ちゃん（私の娘）と待っていますからね。お母さん、車でしたよね。
あわてず安全運転で来てくださいね。」と言ってもらい、本当に心強
く感じたことを覚えています。

　保育園に到着したのは閉園ぎりぎり。保育室には先生二人とハルナ
だけでした。他の園児は帰ってしまい、ハルナは最後のお迎えだった
のですが、ひとりの先生の膝の上を独占して、もうひとりの先生とも
会話をしながら、とても穏やかな表情で絵本を読んでもらっていまし
た。その様子は、日中の保育時間にみられるような賑やかさはありま
せんでしたが、ほんわかとした雰囲気で、ハルナもここぞとばかり、
先生にゆったり甘えているようでした。もちろん、寂しそうな様子は
みじんもありませんでした。我が子をこんなにも大事に見てくださる
先生方に、あらためて感謝の気持ちが湧いてきました。

　一方で、仕事のしかたも多様化しており、保育時間も長時間化して
います。親としては、仕事と子育てのバランスを自らコントロールし
たいと願いつつ、うまくいかないこともあります。そのようなとき、
信頼できる園の先生方の存在は大変大きいものだと感じました。

(4) メディアと子ども

　子どもの環境について考えるうえで、さまざまな**メディア**との接触が増していることも考慮する必要がある。メディアとは媒介という意味で、ヒトと世界をつなぐものであり、テレビ、ゲーム、スマートフォン、タブレットだけでなく、絵本なども子どもの生活に関わるメディアである。

　テレビやゲームなどのメディアについて、子どもが一方向的な情報に晒されることから、長時間の単独視聴についての危険が危惧されている[29]。また、モニター画面をもつメディアも多くあり、光刺激の強いモニターを視聴中に、けいれん発作、意識障害、不快気分などの症状を起こす光感受性発作が報告されている[30]だけでなく、モニター画面を長時間見つめることによる視力への影響も指摘されている。また、メディアから提供される内容によっては、暴力的なものやモラルに反するものもあり、観察学習としてのマイナスの影響も危惧されている（☞ 3-1）。

p.66

　一方で、絵本などは、世界を知るための間接経験のための媒介ともいえ、タブレットなどは情報内容を丁寧に吟味したり、インタラクティブな操作によって子どもの興味を維持しやすくしたりして、教育メディアとしての活用も進んでいる。居ながらにして多くの情報を効率的に得られることから、子どもとメディアとの関係については、一概に悪影響のみとはいえない。問題は、メディアとのつきあい方である。

大型絵本をみんなで一緒に
（小学生低学年児）

　内容が吟味されたメディアであったとしても、メディア＝媒介である以上、そこで提供される情報は間接経験である。屋外で、砂や水に触れ、走って頬に風を感じ、転ぶ経験から痛さを感じるといった直接経験から湧き起こる知的好奇心や学びと、間接経験から得られる情報は同じではないだろう。しかし、メディアで見た虫や植物の画像は、公園の脇にある草むらをかき分けるきっかけをつくるかもしれない。メディアから得た知識や興味が、現実世界と結びつ

絵本読みが始まると、最前列へ
(1歳児)

くことが、メディアの本来の意味である。メディアを活かすのは、子どもの、現実世界に対する知的好奇心であり、間接的に知り得た情報をいかに現実世界に結びつけて経験するかが重要である。親や保育者など大人は、子どもの身体的な影響を危惧するだけでなく、この観点からも、メディアとうまくつきあえるような支援が必要である。現在多様に発展しているメディアとのつきあい方は、親や保育者など大人に対して、新たな責任を課したといえるかもしれない。

グループワーク

- **GW** 子ども視点でアフォーダンスを探してみよう（巻末ワークシート「アフォーダンス1、2」参照）。

- **GW** 長時間保育の必要性と問題点を挙げてみよう。また、長時間保育が必要になる社会的背景について調べてみよう（巻末ワークシート「長時間保育」参照）。

- **GW** テレビ視聴、スマートフォンゲームについて話し合ってみよう。

- **GW** 絵本と児童書の読み聞かせの違いについて体験し話し合ってみよう。絵のある絵本と絵のない児童書では、どちらがストーリーを理解しやすかったか、どちらがより豊かな想像力を必要としたかを考えてみよう。

- **GW** 異年齢保育の遊びを考えてみよう。

- **GW** あなたの地域の夜間保育や病児（後）保育の具体例についてp.81のエピソード18「お熱の保育園⁉」を参考に調べてみよう。

【参考書】

外山紀子・安藤智子・本山方子（編）(2019)『生活のなかの発達──現場主義の発達心理学』新曜社

第 **3** 章

子ども同士の絆を育てる

園庭で砂遊び（1歳児）

仲間のちから

1. 他者とのやりとりと模倣

エピソード13　同じかたち・異なるサイズ

　朝、シュント（当時2歳2か月）を起こして、「お着替えするよぉ～」と声をかけると、のそのそ私の前に突っ立って、着替えさせてと言わんばかり。私が着替えを手伝いやすいように、シュントの背の高さに合わせて膝立ちで低くなると、あれれ？　シュントまで、膝をついてしゃがんでしまいました。これでは私のほうがまた高くなってしまうので、私はそのままお尻を下ろして正座になりました。ところが、またまたシュントも正座をしてしまいます。これじゃあ、着替えさせられません。「シュントは立ってて！」と言って、やっと着替えをすることができました。

　この時期、似たようなことがときどき起こりました。私が、悪いことをしたシュントを叱ろうとしたときです。私が、シュントの前に立ち、目の高さを合わせるためにしゃがむと、シュントまでしゃがんでしまったのです。これじゃあ目の高さが合わなくなってしまう…。叱るはずがつい吹き出してしまいました。シュントは決して、ふざけようとしたのではないのです。ただ、目の前に来たお母さんがしゃがんだので、つい自分も同じ姿勢をとってしまったのです。

　子どもは**模倣**（まねっこ）が大好きです。大好きというだけでなく、模倣を通して多くのことを学べるので、発達においても重要なはたらきをします。

　さて、この模倣について、おもしろいことをいった発達心理学者がいます。模倣が成立する前提として、模倣される人と模倣する人との**同型性**[1]があるというのです。つまり、真似される人と真似する人は、腕や足、顔などのかたちが基本的に同じになっていて、そのおかげで子どもは模倣ができるというのです。たとえば、子どもがゾウの真似っこ遊びをしても、これは実際のゾウを真似ているのではなく、ゾウの身振りをする大人を真似ているのです。本来であれば、長い鼻をもたない子どもがゾウの真似をするのは難しいはずですから。

　「バー」と言えば「バー」が返ってくるし、ほほえめばほほえみが返ってくるように、同型性は模倣を支え、さらに、乳幼児期のコミュニケーションをも支えています（たとえば、赤ちゃんをくすぐるとき、同じかたちなので、赤ちゃんの身体のどのあたりをくすぐればいいか、直感的にわかりますよね）。

　その一方、大人と子どもはサイズが異なります。そのため、私が背の高さを合わせるために違うかたちをとろうとしても、シュントのほうは同じかたちになろうとしてズレが生じたのです。同じかたちゆえ、コミュニケーションが可能になるのですが、異なるサイズゆえ、そのコミュニケーションにズレが生じて、そのズレを調整するためのさらなるコミュニケーションが必要になるのですね。

エピソード14　吹けなくっても・・・

　自主保育の活動にお邪魔したときのこと。その日は竹藪の近くにある見晴らしの
いい原っぱでお弁当を食べました。お弁当の後、年長の子どもが当番のお父さん
に「竹笛を作って」とねだります。「よーし」とお父さんが細い竹を適当な長さに切
り、割れ目を入れてゴムをつけたらできあがりです。ゴムのところをもって強く吹
くと「ピー」といい音がします。ひとりが始めると他の子も「私も」「私も」とせが
み、思い思いの音が重なって、原っぱでの合奏のような雰囲気になってきました。
　上の子たちが吹いているのを見た2歳のヒロトも、竹笛を作ってもらって吹き始
めます。いい音が出ているなあと思って聞いているとなんだか変です。ヒロトの笛
だけちょっと音が違います。ん？　よく見る（聴く）とヒロトは吹いているのではな
く、上の子たちの笛の音を真似て自分の声で音を出しているのです。気づいたお母
さんが「声を出すんじゃなくてフーって吹くんだよ」と言うのですが、ヒロトには
伝わらず「ピー」と声を出しています。ただヒロト自身は吹けないことをつまらな
く思っているのではなく、同じことができていると思っているのかとても楽しそう
です。2歳の子どもにとって笛を吹くのは難しいことです。ヒロトは吹けないこと
を気にしているようではありませんでした。むしろ、上の子たちと同じように〈音
を出す〉ことを楽しんでいるようでした。
　子どもたちの遊びを見ていると、ある子どもが始めたことにつられるように他の
子どもが同じことをすることがよくみられます。単なる真似ではなく、相手と同じ
動きをすることがとにかく楽しいという雰囲気が伝わってきます。その相手は仲良
しの○○だったり、大好きな△△だったりします。そのような姿を見ていると、真
似をすることが仲間であることを示しているようにも思えるのです。同じ動きをす
ることで互いの気持ちを確認していると同時に、周囲に対しては「私たち仲良しな
んだよ」ということをアピールしているようでもあります。同じ動きをするだけで
はなく、同じものをもつ（洋服やマークなど）ことでも仲間意識が高まります。〈同
じ〉であることが、仲間意識につながっているんですね。
　ヒロトの場合は、同じ音を出すことで楽しそうに遊んでいる上の子どもたちの仲
間入りをした気分になったのではないでしょうか。とりわけ2歳のヒロトにとって
年長の子どもたちは憧れの存在です。そんなヒロトからしたら吹ける吹けないは問
題ではなく、憧れのお兄さんお姉さんと同じことをする（かたちを作る）ことが重
要だったのだと思います。大人は吹けないことを気にしてしまいますが、ヒロトに
とって大事なことはもっと別にあったのですね。

第3章　子ども同士の絆を育てる —— 仲間のちから　　*63*

解説

　子どもは、誕生後の親子関係に始まり、祖父母などの親戚関係、先生との関係、子ども同士など、多くの人との関係のなかで発達する。子どもは多くの人との関わりから、多くのことを学ぶ。スプーンで食べさせてもらっていたのに、親が箸を使って食べるのを見ると、その箸を欲しがり、自分でも使ってみようとする。親や上のきょうだいが言ったりしたりすることとそっくりのことをしていたり、テレビを観ながら出演者の動きを真似て踊ってみたりもする。母親の口紅を使ってみたり、玄関に置かれた父親の靴を履いてみたりする。子どもの学びを支えているのが模倣である。**模倣**とは、他者を観察し、他者の行為や声を自身の身体や声で再現することである。模倣の対象となる行為をする他者をモデル、あるいは、例示者という[1,2]。

　模倣は、身体的かつ情緒的な同型性（あるいは類似性）に支えられており[2]、子どもはモデルの身体の部位に対して、自分の身体の部位を対応させて動かすだけでなく（手なら手、足なら足）、モデルが笑顔であれば同じ笑顔の表情をする。さらに、外からは見えない喜びという内的状態をも対応させて、情緒も含めて模倣する。

　大人と子どもの場合でも身体の対応する部位は同じなので模倣が生じるが、子ども同士であれば、サイズも同じなので模倣はさらに生じやすいといえるだろう。たとえば、園などの保育室で、クラス内のひとりの子どもがぴょんぴょんと跳ねていると、周囲にいる他の子どもも跳ねだし、さらに、跳ねることを通して、徐々に情緒も伝染し、子どもたちみんなが嬉々として楽しい雰囲気に包まれるといったことがよくある。また、子ども同士の直接交渉がまだ生じていないとされる平行遊び（☞ 2-1）においても、近くにいる子ども同士で遊びが影響しあう遊びの伝染がみられる。遊びの伝染の場合、行

おにいちゃんと妹、一緒に遊んで同じ動き、お互いにまねっこ（年中と年少児）

学生の手遊びをまねして（2歳児）

p.48

為として同じとは限らないが、遊びの内容やそれに伴う類似した意図や情緒の共有があるので、広い意味で模倣にもとづいた現象といえるだろう。

(1) 模倣の発達

模倣は誕生後の早い時期から報告されている。新生児模倣または原初的模倣と呼ばれ、たとえば、大人の開口、舌出し、唇の突き出しといった動作、あるいは、喜びや悲しみ、驚きといった表情を模倣することが知られている[3,4]。新生児模倣は、人に対して興味を向けるという新生児の性質（人指向性）を示している。誕生直後からの模倣による同じ動きのやりとりは社会的な関係を結ぶための準備的産物のひとつ[1]であり、他者とのコミュニケーションの基礎となる。

その後の模倣については、大きく、**形態模倣**（表層模倣）と**意図模倣**に分けられる。形態模倣とは、観察した行為や声をそのまま模倣するもので、生後3か月ごろには発声の模倣が観察され、生後6～9か月ごろにはモノを操作する模倣もみられるようになる[1]。さらに、生後14か月ごろには、子どもは他者が何らかの意図をもって、自分にはたらきかけてくるということに気づき始め[5]、そうした発達を背景に、他者の行為だけでなく、他者の意図を模倣する意図模倣もみられるようになる[6,7]。この月齢の乳児に、行為者の意図が実現した場面（「やった！」と言いながらある行為をする）と、行為者の意図通りではなかったという場面（「しまった！」と言いながら同じ行為をする）を見せると、行為者の意図通りの行為を観察したときのほうが多く模倣が生じた。このように、1歳半ごろの子どもは、他者の意図に沿った行動を模倣することで、他者の意図を共有していることを示そうとする。これを意図共有的模倣行動という[8]。

魚釣りゲームを楽しむお兄ちゃんみたいに、わたしも、まねっこ（年少児と0歳児）

腕時計の制作をお母さんと一緒に。おそろい、うれしいね（2歳児）

(2) 模倣の相互性

　　模倣は、真似るという一方的な行動と捉えられがちであるが、実際には、真似ることと真似られることは相互的で、〈真似る－真似られる〉という関係が反復的に生じることが多い。真似ることだけでなく、真似られることにも意味があり、このような関係づくりそのものが、相互のコミュニケーションの基盤となる[9]。

　　このような模倣の相互性は、表層的な行動の真似にとどまらない。他者との内面世界の共有に向けて意図模倣[1]が発達すると、親密な他者とのあいだで繰り返された行動レベルの相互交渉をもとに、意図の交渉が始まる。こうした模倣のやりとりには、模倣された子どもにとっても、①他者と関わることの端緒が得られる、②他者の行為に気づき、他者のイメージを認めて新たな行為が生まれる、③自己の行為のイメージに気づき、行為が自覚的になる、④自己の行為のイメージに気づき、他者との関わりが広がる、および、⑤自己が肯定され、他者に対しての直接的な行為が生まれる、といった機能がある。このように、模倣による相互性は他者とのやりとりの支えとなるのである。

(3) 模倣を超える

　　第2章1節で述べたように、バンデューラ[10]は社会的学習理論（☞ 2-1）を提唱した。ビデオで、人形を叩いたり蹴ったりする暴力シーンを視聴した子どもは、その直後、行動が攻撃的になった。これは、子どもは、攻撃的な行動を観察するだけで間接的に学習し、攻撃的行動が活性化されて模倣が起こることを示唆している。

　　一方、バンデューラは後の研究[11]において、子どもは目の前で起こったことをそのまま模倣するわけではないことも示し、子どもが実際に模倣するかどうかの鍵となる、4つの条件を指摘している。すなわち、①子ども

学生のグループ保育で手遊びを実演中、「よ〜く見ててね」

が行動のどの側面に焦点化するか、②子どもがその行動をどのくらい覚えていられるか、③子どもがその行動を身体的に実行できるか、④子どもが実際にその行動に動機づけられているか、である。つまり、子どもが乱暴なシーンを観たとしても、場面内の別のものに気をとられて、叩いたり蹴ったりする行動に着目していないと、模倣は生じない（①）。また、子どもが幼く、行動を覚えていなかったり（②）、あるいは、蹴り上げるなどの行動ができなかったり（③）すると、模倣は生じない。さらに、子どもが乱暴な行動をしたくないと思っていれば、模倣は生じないだろう（④）。乱暴な行動は好ましくないと、すでに知っていたり、あるいは、他の大人がいて自分の乱暴な行動を見られたくないと思っていれば、模倣は生じないのである。

　子どもは、ある行動を観察したことで自動的に模倣するわけではなく、模倣する行動と模倣しない行動を選ぶちからを身につけてゆく [11]。このような暴力シーンを観察するという状況においても、子どもは社会的規範を理解し、自らの期待に添って行動できるようになる。それは自分の行動をうまくコントロールできるという自信につながり、**自己効力感**を発達させる契機となりうるのである（☞ 1-3）。

p.28

🖉 ミニエピソード　4歳児の造形表現活動

　今日は4歳児の造形表現活動にお邪魔しました。描いていたのは人の顔です。「みんな、誰のお顔を描きたい？」先生のお手本をもとに（写真左）、それぞれのイメージを膨らませて描いていました。表現しようという思いが、同じ4歳児でも描き方の違いになって表れています。写真右は「頭足人」と呼ばれる形です（😊 5-9）。頭部を表す大きい円から手が水平に伸びています。写真真ん中は誰かを思い浮かべて描いた似顔絵のようですね。

😊 p.173

第3章　子ども同士の絆を育てる ── 仲間のちから

2. さまざまな区別に気づく

エピソード 15　初恋？？

　先日、シンくん（4歳）が通う保育園にお母さんと一緒にお迎えに行ったときのことです。道すがら車の中でお母さんが「どうやらうちのシンくん、恋してるみたいなんです」と言うではありませんか！　同じクラスのカエデちゃんという女の子に恋心を抱いているようなのです。

　事の起こりはある日のお帰りの会で、シンくんがカエデちゃんの隣の席をめぐって、お友だちとけんかになったことでした。けんかになったお友だちは、いつもシンくんが遊んでいる大の仲良しの男の子です。このとき担任の先生は、このお友だちとのあいだにはとりたててけんかになる理由が見当たらず、どうやってとりなしたらいいのか案じてしまったそうです。しかも、シンくんは隣に座っていたカエデちゃんと日頃から特別に仲良しというわけではありません。

　でも先生は、この夏のプールでの出来事をふと思い出しました。カエデちゃんは小さな妹がいるせいか、とても面倒見がよいお姉さんタイプで、プールのときも小さいクラスの子たちの面倒を率先してみていたそうです。そんなカエデちゃんの様子を、シンくんはずーっと見つめていました。その様子はさながら好きな女の子をうっとり見つめるといったふうで、まるで恋する男の子のようだったそうです。そこで先生がシンくんに「シンくん、カエデちゃんのこと好きなの？　だからお隣に座りたかったの？」と尋ねると、シンくんが「うん、好きなの」と答えました。それで先生がお友だちにとりなして、席を替わってもらうことになりました。

　子どもは3、4歳ごろには男の子と女の子の違いがわかるようになります。この違いは、外見（服装や髪型）、色の好み、遊びの内容など多様な領域に及んでいます。そしてちょうどこうした違いがわかるようになる時期に、シンくんは、特定の女の子を「好き」と表現しました。一見すると、自分は男の子なんだ、だから女の子のカエデちゃんを好きなんだと言ったように聞こえます。

　ですが、それだけではないようです。実は、シンくんには最近、妹ができました。小さい妹を毎日お世話するお母さんを見て、シンくんも一生懸命にお世話をしようとしています。もちろん、時には、お母さんを以前のように独り占めしたくなります。そんなとき、お母さんはシンくんの気持ちを受け止めながら、でも、お兄ちゃんとして妹に優しい気持ちで接してほしいという気持ちを伝えています。シンくんとカエデちゃん、それぞれお兄ちゃん、お姉ちゃんとして同じ立場なんですね。そんな姿に親近感を抱いて、もっと仲良くしたいと思ったのかもしれません。この日、カエデちゃんのおうちも小さい妹連れのお迎えでした。お姉ちゃん、お兄ちゃんとして、二人ともとても優しい表情をしていました。

解　説

　誰一人として同じ人はいない。私たちはみな「違って」いる。子ど
もたちはそのような「違い」をどのように知っていくのだろうか。子
どもが自分と他者の違いに気づき始めるのは、2、3歳ごろからであ
る。大人と子どもの違いや男女の身体の違いに気づきだす。この章で
は、男女の違い、障害、国籍（ルーツ）の観点からさまざまな区別へ
の気づきをみていく。

（1）男女の意識、男女の違い

　1、2歳のころはまだ自分の**性別**を意識しておらず、多くの子ども
は母親と過ごす時間が長いため、男の子も女の子も振る舞いが女らし
く見える。やがて2歳過ぎから自分の性別を知るようになり、3歳4
歳になると自分の性別は何かということと、それは大人になっても変
わらないということを理解するようになる。ある女の子は2歳半過ぎ
たころから、周囲の人を赤（女）と青（男）に分けるようになった
（😊 2-9）。

　入浴時などに、両親やきょうだいとの身体の違いから性別に気づく
こともあるが、日常生活のなかで私たちは、その人が醸し出す全体的
雰囲気から性別を感じとっている。つまり、私たちが普段気にするの
は社会文化的な性（ジェンダー）ということになる。そして気づき始
めたころからジェンダーを生きるようになる。男の子は男の子らしく
（「オレ」と言い始めたり）、女の子は女の子らしく（スカートをはきた
がったり）なっていく（😊 7-1）。

　ジェンダーは生物学的性別と区別された社会的・文化的性別として
定義されてきたが、近年はより広く、社会的・文化的に形成されてい
る性別についての「通念」や「知識」、あるいはそうした「通念」や
「知識」にもとづいてなされる言説実践や社会的実践[12]として定義さ
れることが多い。このようにジェンダーを捉えると、単なる社会通念
だけでなく、非科学的な思い込みや因習にとらわれた考え方、科学的
知識、学問的知識も含まれるし、無意識的、半意識的に獲得されてい
る「知識」、たとえば言語使用や身体の動かし方の習慣も含まれるこ

とになる。

　ある3歳の女の子は、ものを貸してくれない男の子に対して「あなた男じゃないわね」と言った。5歳の男の子は座り方を注意された際、「でも、このほうが男らしいでしょ」と答えた。幼児の段階ですでに、自分の性と、それぞれの性にふさわしいとされる振る舞いかたを理解していることがうかがえる。

　自分がどの性別に属するかという確信を**性自認**というが、性自認が身体の性と一致しない場合がある。**性同一性障害**と呼ばれ（LGBTのT：transgenderにあたる）、幼児のころにすでに違和感があるという。性同一性障害の子どもの約6割が、小学校に上がる前に自分の性別に違和感をもっているというデータがある[13]。

　みっちゃんという子どもは男の子として生まれたが、かわいいものが大好きでスカートがよく似合う。「みっちゃんは、男の子ですか？女の子ですか？」と聞くと、きっぱり「おんな！」と答える。将来一緒にキャッチボールをしたいと思っていたお父さんは、みっちゃんに男の子向けのおもちゃを買い続けた。ある日、みっちゃんの気持ちが爆発。「どの電車がいい？」と言った瞬間に泣き崩れて「もうわかってください。みっちゃんはかわいいのが好きだから！　お願いします！」と言ったのである。それは衝撃的であったが、両親はありのままのみっちゃんを受け入れることを決心する。そして、幼稚園の先生とも相談し、幼稚園でもみっちゃんが過ごしやすいように、「くん」ではなく「ちゃん」で呼ぶ、スカートの着用を認める、トイレも男子用を使うかどうか本人の判断に任せるなどの対応をとった。幼稚園教諭は「その子がその子らしく生きていくためにどうしてあげたらいいかなっていう、いちばん根っこのところをあらためて考えさせられるというか、きっかけになった」と語る[14]。周囲が一人ひとりの違いを意識し、思い込みを押しつけないことが重要だろう。

(2) 障害

　ほとんどの人にとって、どのような身体で生きるのかは選べない。気づいたら今の身体で生きている。障害がある場合も同様で、生まれ

つき目が見えない人にとってはそれが当たり前のことである。ほかの障害も同様だ。ただその当たり前は、周囲にとっての当たり前ではなく、〈障害〉とされる。絵本『さっちゃんのまほうのて』の作者のひとり野辺明子氏の娘マイちゃんは、生まれつき右手の指がなかった。そのマイちゃんが2歳半のとき、母と自分の手を見比べて「こっちのおててない」「ママはこっちのおててもこっちもある。マイちゃん、こっちのおててない ・・・」と言う [15]。親である野辺氏はついにその時が来たかと不憫に思うのだが、当のマイちゃんには欠落感はなく、自分の手と母の手の違いに気づいているだけである。自分にとっての当たり前の状態が、周囲にとっての当たり前ではないと気づくのは、小学校に入るころになってからである。お笑い芸人のホーキング青山氏は、先天性多発性関節拘縮症で、生まれたときから関節が固まって手も足も動かせない状態である。小学校に入ったときの衝撃を次のように語っている。

> 「障害者というものをまったく知らないまま小学校に入学し、入学した学校が養護学校だったということで、初めて障害者の存在を知った。入学式で初めて障害者を見て、『なんだ、こいつらは⁉』と驚いた衝撃は今もって忘れられない。でもその驚きはすぐに冷め、『ああオレは〈こっち系〉だったのか』と〈こっち系〉というのがどこなのか自分でもよくわからなかったが、何となくそう感じた。」（ホーキング青山，2009 [16]）

　ホーキング氏が障害者を見たとき感じた衝撃はすぐに冷めたというのは、それが自らに跳ね返ってきたからだろう。興味深いのは、小学生だったホーキング氏があちらとこちらという図式を直観的に感じとっている点である。その図式は単なる違いを示すものではなく、〈差別する者－される者〉という価値観の含まれた図式である。幼児期はまだそのような価値観にとらわれることなく、違いをただの違いとして見ている。ホーキング氏も小学校に入る前から、身体の動きにくい自分とほかの子どもの違いには気づいていたのだろうが、「あちらとこちら」という価値観で見てはいなかった。

第3章　子ども同士の絆を育てる ── 仲間のちから　　*71*

障害のある人を見る目も同様である。あるとき、大きな公園で子ど
もたちと遊んでいたとき、近くをおそらく小人症と思われる中年の男
性が通りかかった。子どもたちはその男性を見とがめると、「ちっちゃ
い！」と叫んだ。子どもたちからしたら、大人なのに小さいという驚
きを口にしただけなのだが、そばにいた著者は冷や冷やしてそのやり
とりを見守った。それを聞いた男性は笑顔で「ちっちぇえだろ！」と
子どもたちに返してきた。思わぬ反応に嬉しくなったのか子どもたち
は「ちっちゃい！　ちっちゃい！」と歓喜の声を上げ、男性も手を挙
げてそれに応えていた。

　ただ、いくら違いを違いとしてそのまま受け止めている幼児だとし
ても、周囲の反応によっては違いを単なる違いとして受け止められな
くなることもあるだろう。たとえば、先のエピソードで周囲の大人が
子どもの言うことを咎めたら、子どもはホーキング氏が感じたような
図式を何となく感じとってしまうかもしれない。

　障害のある子どもとない子どもがともに育つとき、障害やそれに伴
う配慮について説明が必要なときはある。そのときに気を付けなけれ
ばならないのは、障害を価値と切り離して伝えることだ[17]。障害が
あるからといって、その人の価値が損なわれるということはないとい
うことである。

（3）多文化保育

　近年、とりわけスポーツの世界で、さまざまなルーツをもつ日本
人の活躍が目立つ。法務省入国管理局（当時）の発表の外国人登録者
統計によると、2017年末の在留外国人数は256万1848人で、前年末
に比べ7.5％増加となり、過去最高だった。年代別に見ると20代、30
代という子育て世代の比率が高い。当然のことながら、保育の場面で
もさまざまなルーツをもつ子どもがともに育つ場面が増えてきた。

　ただ、全国的にどのくらい外国籍の子どもが幼稚園や保育所、こど
も園に通っているのかはよくわかっていない。2008年に日本保育協
会が行った調査で、全国103の地方自治体に、外国人児童が入所して
いる保育所について、その把握状況を尋ねたところ、把握していると

回答した自治体は全体の約半数の50件だった。残りは把握できていないということである。外国人の数には自治体による差がある。多い自治体は把握をし、さまざまな対応をとっているところも多い。たとえば大阪市では、外国人の保護者向けの保育所案内を5か国語で用意している。内容も工夫されていて、デイリープログラム、災害時の対応、保育時間等、健康診断等、年間行事、保育料、就学、日本の四季など多岐にわたっている。

　比較的多く外国人児童を受け入れている保育所の保育者にインタビューした研究[18]によると、子ども同士の関係について尋ねたところ、子どもの性格や日本語の習得状況によってクラスでの子ども同士の関わりに違いが見られることが明らかになっている。ことばがわからなくても明るくて何となくの勘で子ども同士の関係ができていく場合もあるし、なかなかなじめない場合もある。なかにはことばが通じないゆえに手が出てしまって、結果的に他の子どもから避けられてしまうケースもあるようだ。ことばや容姿の違いについて子どもが気づいたときに、周囲の大人、ここでは保育者がどう対応するかが重要だろう。

　さまざまなルーツをもつ子どもをともに保育することを、**多文化保育**と呼ぶことがある。そもそも多文化保育とは、アメリカの公民権運動に端を発する〈多文化教育〉にルーツがある[19]。多文化教育は、すべての社会階層、ジェンダー、人種、文化出身者に対して、平等に教育の機会を与えるという教育改革運動であり、違いが前提としてある。日本では、保育者が「どの国の子どもでも、子どもには違いがない」「子どもはみんな同じ」という認識を強くもっていることがあり、本来の意味での「違い」を意識する多文化保育が実践されているとはいいがたい現状がある（☞ 5-1）。これは障害についても同様で、本来同じ子ども（人間）でも一人ひとり違っているから、ともに過ごすために工夫がいるのであり、その点を周囲の大人が理解していくことが必要であろう（☞ 5-3）。

p.141

p.153

第3章　子ども同士の絆を育てる —— 仲間のちから　　73

3. 友だちとのいざこざの経験

エピソード16　いい？　わるい？　どっち？

　年長クラスの子どもたちがブランコで遊んでいると、ブランコの順番を待って並んでいたレイの泣き声が聞こえてきます。どうやらブランコの順番をめぐってマサトとトラブルになり、マサトがレイのことを叩いてしまったようです。レイが泣いてしまったことで気まずくなったマサトは、ブランコの列を離れ、砂場のほうに行ってしまいました。レイのそばでは同じクラスの女の子たちが頭をなでるなどして慰めています。マサトがレイを叩いたことを聞きつけたショウは「よしマサトを逮捕する」と言ってマサトを探しに行きます。砂場でマサトを見つけたショウは「レイちゃんにあやまれ」と迫ります。マサトが言い訳をはじめると「言い訳はするな」とたたみかけます。結局マサトはショウに連れられてレイのところに行き、「ごめんね」とあやまりました。

　すっかり悪者扱いのマサトですが、レイを叩いたのにはわけがありました。手を出してしまう前に、レイはマサトの悪口を口にしていたのです。子どもたちのトラブルはどちらかが一方的に悪いということはほとんどありません。今回のケースのようにどちらにも言い分があるのです。しかし周りの子はそうは見なかったようです。叩いたマサトが悪いと決めつけています。もちろん暴力はあってはならないものですが、マサトだけを責めても解決はしません。ただこのくらいの時期は、白黒をはっきりとつけたがることがあります。このときのショウもそうだったのでしょう。「逮捕する」なんてお巡りさんにでもなった気分で、マサトの行動を非難し、謝罪を要求しています。マサトも叩いてしまったことは事実ですので上述のやりとりになったのですが、なんだか腑に落ちないようでした。

人形の取り合い（2歳児）

　結局このときは、騒ぎを聞きつけた先生がやってきて、あらためて二人に事情を聴きました。そこはやはり先生、双方の言い分を聞いて、叩いてしまったマサトだけが悪いわけではないことを理解し、周りの子にも伝えました。そこできまりが悪くなったのは、お巡りさん役のショウです。マサトくんに「今度から気をつけろよ」と捨て台詞をはいて保育室に入っていきました。

　私たちが生きている世の中には、白黒はっきりつかないことも多くあります。そのグレーなところがわかるのは、もう少し先になりそうです。

エピソード17　けんかしても、また…

　息子のシュントが5歳のときです。夕食を食べながら、仲良しのたっちゃんの話になり、そこから時々けんかもするという話になりました。私がおもしろ半分に、「けんかしたら、どっちが勝つの？　どっちが負けるの？」とシュントに聞くと、「負けるのはたっちゃん！」と、えらそうに答えます。本当は五分五分といったところなのですが、まあそこはあえて言わず、「どうして負けってわかるの？」と聞いてみると、シュントは「泣くから」と自信満々に答えます。そこで私はもう一つ質問。「じゃあ、ごめんなさいって言わなきゃいけないのは勝ったほう？　負けたほう？」と聞くと、「勝ったほう！　だって、えらいからだよ！　そんなことで泣かないからだよ！」と、たたみかけるように答えます。相手を泣かしてしまうことはいけないことだからあやまるのだということを、本当はシュントもわかっているのでしょう。たたみかけるように答えたのは、それをごまかすためだったように思います。内心、子どもっぽい発言にクフッと笑いそうになりながらも、親として「そうじゃないでしょう」と言い聞かせ、仲良くするように話をしました。

　さて、お友だちと仲良く過ごしてくれるにこしたことはないのですが、一方子どもたちは、けんかやもめごとからも多くのことを学びます。このようなお友だちとのネガティブなやりとり全般を〈いざこざ〉といいます。乳幼児期のいざこざの原因は、物をめぐる争いや、明らかな攻撃や妨害、偶発的な身体接触などさまざまですが、年長になってくると、遊びのイメージの不一致やルール違反もいざこざの原因となります。

　たとえば、ごっこ遊び中、どの役の子がどのような発言をするかでイメージがずれて言い争いになったり、かくれんぼの鬼がこっそり目を開けていたと抗議したりといったことなどです。そんなことでもめなくてもいいのに、大人は思いますが、子どもたちがいざこざを起こしてまでイメージやルールを共有しようとするのは、お友だちと共に遊びたいという強い思いがあるからです。ですから、年長の子どもほど生じてしまったいざこざを一生懸命解決しようともします。自分の意図や気持ちを主張したり、感情をコントロールしたり、相手の意図や気持ちを考えたり、社会の約束事やルールに自分を当てはめたりして、精一杯試行錯誤しながら、自分たちでいざこざを収め、また一緒に遊ぼうとします。

　上のシュントの発言からも、相手が泣いたらもうそれ以上はやめよう（相手の気持ちを考える）、あやまるときはちゃんとあやまらなくてはいけない（社会のルールに自分を当てはめる）という、いざこざの収束のしかたを理解しているようにも思えます。だから、何度けんかをしても、またすぐたっちゃんと遊び始めるのでしょう。

第3章　子ども同士の絆を育てる ── 仲間のちから　　75

解 説

（1）コミュニケーションとしてのいざこざ

　幼児期は自分の思いが先に出てしまって友だちとトラブルになることも多い。本章では遊びのなかのトラブルを**いざこざ**として考えていく。ここでいざこざとは、けんかより広い意味での意見の対立を指す。

　大人は子どものいざこざを困ったこととして捉えがちで、できれば避けたいと思うが、複数の人が生活していれば、思いがぶつかりあうことは当然である。いざこざは、他者がいて初めて成り立つものである。その意味でいざこざも、ひとつのコミュニケーションであるといえる[20]。最初は自分の思いをぶつけるだけであっても、相手の反応を見て手加減をするようになっていく。自分の思いを主張するだけでは何も変わらないことに気づき、相手の言い分に耳を傾けるようになる。子どもはいざこざを通して人間関係を学んでいるのである。

　幼児期のいざこざは双方に言い分があり、どちらかが一方的に悪いということはない。Ａくんが座ろうと思って用意した椅子にそれを知らないＢくんが座ってしまった。Ａくんは椅子をとられたと思い、Ｂくんを押して椅子からどかそうと強く押すが、Ｂくんも押し返して、バランスを崩したＡくんは床に転がり泣いてしまった。結果だけを見るとＢくんがＡくんを泣かしたように見えるが、それだけで判断はできない。関わる大人は双方の言い分を聞くことが重要である。一番避けなければならないのは、とにかくその場を収めるために「ごめんね－いいよ」のやりとりを大人主導でさせることである。表面的には解決したかのように見えても、子どもにはやりきれない気持ちだけが残ってしまう。

　幼児期の子どもは手加減なしで互いの思いをぶつけあう。時には取っ組み合いになることもある。興味深いのは、いざこざからの立ち直りの早さである。午前中取っ組み合いのけんかをしていた子どもたちがお昼には仲良く並んでお弁当を食べているということはよくあることである。子どもは加減せずに思いをぶつけあうので、終わったあとは案外あっさり仲直りができるのである。幼児期のいざこざには後腐れがない。大人が途中でやめさせたりすると、もやもやとした気持

ちが残ってしまうかもしれない。

(2) いざこざの発達

　いざこざも発達する。いざこざの原因として、幼児期前期には、ものの所有や使用をめぐるもの、不快なはたらきかけ（嫌なことを言われた、ぶたれた）などが多いが、幼児期後半になると、ものの所有や使用をめぐるものに加え、遊びのイメージの不一致や、生活上のルール違反をめぐるものが加わってくる[21]。

　ものをめぐるトラブルが多いのには、子どものものの認識のしかたが関係している。ひとつは先に使っている人に優先権があるという先取りルールである[22]。ものをめぐる子どものいざこざを見ていると、たいていどちらが先に使っていたかでもめている。木の枝をめぐるいざこざのなかで、一方の当事者の子どもは相手に「一週間前から使っていたんだよ」と主張していた。どちらが先に見つけて使っていたかが重要なのである。もう一つはものの所有についての認識である。大人はものをめぐるトラブルに遭遇したとき、「貸して」と言わせることがあるが、この「貸す」ということの理解が子どもには難しい。「貸す」ということは一時的に使用者が変わることで、所有者が変わることではない。しかし子どもは使用と所有が分化していないために、使用者＝所有者という理解になってしまい、自分のものを誰かが使っているととられたと思ってしまうのである。所有についての認識は、3歳から5歳にかけて理解されるようになる[23]。

　いざこざで使用される方略も、年齢によって変化する。3歳以前は、身体的攻撃（押す、叩くなど）や泣きによって自分の主張を通すことが多いが、3歳以降になるとことばを用いた方略を用いるようになる。相手への非難や自分の主張をことばで伝えたり、幼児期の後半になると「独り占めしちゃいけないんだよ」というルールを持ち出してきたり、「もう一緒に遊ばない」などの心理的圧迫を用いるようになる。（☺2-6）

☺p.61

第3章　子ども同士の絆を育てる —— 仲間のちから　　77

（3）いざこざが多い子少ない子

　　幼児期にはいざこざはつきものと述べたが、集団生活を送っていると、すぐトラブルになってしまう子もいれば、互いにやりたいことが食い違っても大事にならない子どももいる。倉持は、このような子どもの個人差には、〈わたし〉の形成が関係しているのではないかという。自分が今したいことが何かがはっきりわかっている子どもは、対立に巻き込まれることなく、自分のやりたいことを実現するためのアイデアを出すことができるが、他者のなかでしっかりと自分を保つことができないと、折り合いをつけることができずトラブルになってしまう。何をしたいかがはっきりしていないので、どうしたらいいかというアイデアも出てこない。次は、いざこざの多いけいこの事例である[24]。

　　　年長5月。けいこが一緒に遊んでいたグループから「やーめた」と言っていなくなったあと、それまで一緒に遊んでいたみかたちが、けいこの使っていたお金を他の子に分けてあげた。それをけいこが咎めている場面。

　　　　けいこ：まだなんにもいっていないのに、なんでかってにあげるの
　　　　　　　　よ、もう、ひとがいってからあげてくんない、よくものご
　　　　　　　　とかんがえてやってくんない、あたまつかってくんない。
　　　　みよ　：あたまつかってるわよ。
　　　　けいこ：じゃあ、何のためにあたまがあるの、あたまおかしいん
　　　　　　　　じゃないの、ばーか。
　　　　さおり：ばかっていったらじぶんがばか。
　　　　けいこ：ばかっていったらじぶんがばか。
　　　　みか　：さいしょにあなたがばかっていったもん。
　　　　さおり：そういうじぶんがばかなんだもん。

　　このあと結局けいこの手が出てしまい、保育者の介入となる。けい

この攻撃的な行動は、周りの子どもたちに否定的に捉えられてしまう。たとえけいこの言い分が正しくても、けいこの攻撃的な行動によって理解されなくなってしまうのである。だからこそ、保育者がどのように関わるかが重要である。保育者は、手が出てしまうことの多いけいこに、あきらめないで自分のことばで伝えるようにと促していた。そのような対応によって、けいこが素直にあやまれることも出てきた。

　一方、次に挙げるのはトラブルの少ないとこの事例である[24]。とこがやりたいことは「くじや」であるので、ゆりにダメと言われても、別のところに移動してくじやをすることができる。

　　　　年長9月：とことみかが二人でくじやを始めようとしている場面。

　　　とこ　：くじやさん二人でやろう。
　　　みか　：テーブルだそう。
　　　とこ　：いいよ。
　　　みか　：ゆりあの横につけようか。
　　　ゆり　：だめ（ゆりはゆりあと一緒に遊んでいる）
　　　みか　：くっついてやる、縁日はくっついてやっているの。
　　　ゆりあ：縁日はくっついているけど、大きいところは離れている。
　　　とこ　：いいとこみつけた。
　　　みか　：どこ？
　　　とこ　：（黒板の前に椅子を持っていく）

　とこは、自分のやりたいことは何かわかっているのでトラブルにならずにすんでいる。けいこのように何をしたいかわからない場合には、保育者がそこをくみ、どう伝えたらいいか考えるよう促すことが必要である。

（4）いざこざといじめ

　大人のなかには、幼児期のいざこざがいじめに発展するのでは、と考える人もいるかもしれないが、両者は似て非なるものである。まず、

いざこざは基本一対一である。互いの思いをぶつけあう双方向的なものであり、自分がしたことの結果（たとえば相手が泣いたり）が直に伝わる。一方いじめは、一対多の構造で起こる。たいてい多数で一人の子どもを一方的に攻撃する。いじめているほうは多数であるがゆえに、加害の意識をもちにくく（自分だけではないから）、相手のダメージも受け取りにくくなる。「一」の反応を「多」のなかで笑ったりするから、「一」のほうはコミュニケーションの輪から完全に外されている。先にいざこざはコミュニケーションのひとつであると述べたが、いじめはコミュニケーションの可能性が遮断されている[20]。

　もうひとつの違いは、いざこざは一時的だが、いじめは継続的なものであるということだ。互いの思いをぶつけあったら、ケロリと仲直りとなるいざこざと違って、いじめはいつ終わるかわからない。

　幼児でもいじめのように、同じ子どもに対して、複数の子どもが攻撃的な言動を向けることがあるが、悪意があるものではなく遊びの一環として行われており、児童期後半に見られるような悪質なものではないことが多く、したがって、過剰に反応することではない。むしろ、攻撃的な言動が相手をどのように傷つけるかを学ぶ機会として保育者が話をするなど、丁寧な対応をこころがけることが、児童期の子ども同士のやりとりのあり方につながっていくだろう。

4. 大人を巻き込んだ関係づくり

エピソード 18　お熱の保育園 !?

　休日に家でのんびりしていると、いつのまにか、ハルナ（当時小３）とシュント（当時４歳）がごっこ遊びをしていました。どんなごっこ遊びなのか詳しくはわかりませんでしたが、「お熱だから、お熱の保育園に行く〜」とシュントが言い出し、遊びに展開を加えようとしました。

　この「お熱の保育園」というのは、病児保育室（病児を預かる小児科併設の託児所）のことで、私は仕事をもっているので、シュントを連れて見学に行ったことがありました。シュント相手に遊ぶときは、お姉ちゃんとしてごっこ遊びのストーリー展開を考えるなど、遊びをリードしたいハルナ。ところが、ハルナはこの病児保育室に行ったことがありません。自分の知らない話題をシュントが持ち出したことで、ハルナの表情に焦りの色が見えました。シュントは調子づいて、台詞を続けようとするのですが、それを遮るように、ハルナは「じゃ、お姉ちゃんがお熱の保育園に電話してあげるね」と、おもちゃの携帯電話を取りだして、リーダーシップを取り戻そうとします。しかし、「お熱の保育園」についてはシュントも譲れません。別の携帯電話を出してきて、「もしもしー、お姉ちゃんが電話するの、おかしいよね〜」と受話器に向かって話し、それから、ハルナに向き直って、「お姉ちゃんが電話するの、おかしいって!!」と言い放ちました。シュントは単にお姉ちゃんに反発したかったのと、電話するなら自分がという思いで、このように言ったのでしょう。おもしろかったのは、言われたハルナです。そもそも、ごっこ遊びの保育園におもちゃの携帯電話。電話の相手なんていないことを知っているはずなのに、ぐぐっとことばに詰まってしまいました。歯ぎしりしそうに悔しそうな表情です。

　幼児期の子どもは、「ママが○○って言ってたもん」というように、誰か他の人のことばを引き合いに出して、自己主張することがあります。このような言い方を〈発話引用〉[25] といいますが、引き合いに出す誰かの権威を借りて、相手を説得しようとすることがあるのです。このときも、シュントが自分のことばとして「お姉ちゃん、電話しないで」などと言ったら、年上の姉にはかなわなかったかもしれません。ハルナのほうも、シュントが知っていて自分は知らない他者（お熱の保育園の誰か）を引き合いに出され、ぐうの音も出なくなってしまったのです。

　悔し紛れにやっと「じゃ、お熱の保育園に連れて行ってあげなーい！」とか「お熱なのに、保育園に行けるわけないもん！」と理屈で返しますが、優位に立っているシュントは「道、わかるもーん」、「行けるもーん」と軽くかわします。ごっこ遊びは、ここで空中分解です。もちろん、数分後にはもう別の遊びを始め、別のきょうだいげんかを始めるのですが ･･･。

エピソード19　大人への挑戦状？

　幼児から小学校低学年の子どもたちを対象にした活動に参加したときのことです。持参したカメラで子どもたちの様子を撮っていると、小2のナオトが「ちょっとカメラ貸して」とやってきました。「ちょっとだけだよ」と言って手渡すと喜んで持って行きました。なかなか返しに来ないので、様子を見に行くと年長のヒロトと二人で笑い転げながら保育当番で来ていたお父さん（Ｉさん）のお尻の写真を撮っているようです。撮られまいと逃げるＩさんを追いかけてお尻にカメラを向けています。二人ともとても興奮して笑いが止まりません。見兼ねてカメラを取り上げ、どんな写真を撮ったのやらと確認してみると、本当にお尻のオンパレード（もちろん服を着た状態です）。二人とも自分たちの撮った写真を見てよだれが出そうなくらい笑っていました。お尻ひとつでなぜそんなに笑えるのでしょうか。

　3歳くらいから子どもたちは、性器や排泄物の名前を口にするようになります。大勢の人がいるところで大きな声で言ってみたり、何回も連呼したりします。大人にとっては困ることです。その頃は自分の性を認識し始める時期なので、そのようなものに興味をもっているということもありますが、わざとふざけるように言うのには別の理由もありそうです。性器や排泄物の名前は大人の世界では人前であまり口にするものではないタブーのことばです。子どもがそのようなことばを口にしていたら、恥ずかしいし、やめさせたいと思うのは当然の心理です。子どもたちはそんな大人の様子を見て、大人が困ることをわざとしていると考えられるのです。

　3歳を過ぎるといろいろなことを一人でできるようになりますが、まだまだ大人の手を借りるところは多いですし、自分のやりたいことがいつもできるわけではなく大人に制限されたりします。子どもがタブーのことばを口にするのは、いつもは敵わない大人に対する挑戦のようなものといえるでしょう。大人の嫌がることをわざとして、大人が困っている様子を楽しんでいるのです。年長くらいになるまでのあいだにタブーの意味を知っていくため、人前で大声で言うことは見られなくなっていきますが、今回のエピソードのように大人をからかうように使う様子は、小学校低学年くらいまでみられます。

　Ｉさんはこのグループのリーダー的存在で、子どもたちから一番慕われていますが、悪さをすると容赦なく怒る人です。ナオトとヒロトは、他の大人ではなく、Ｉさんのお尻にこだわっていました。いつもは敵わない人の隠したい部分をあらわにすることで、一時的にでも優位に立った気分になったのではないでしょうか。その興奮が、よだれが出るほどの笑いにつながったのではないかと思います。

解　説

　子どもの関係性の発達は、子ども同士の横の関係だけではない。大人との縦の関係は、発達的には早く、誕生直後（捉え方によっては、誕生前）から始まり、子ども同士の横の関係が始まってからも直接および間接的に、子どもを支えるはたらきをもつ。ここでは、子どもと大人の関係について、子どもの発達に直接関わる大人、および、子ども同士の関係を調整する大人という2つの視点から捉える。

(1) 子どもの発達を支える大人

　エリクソンが、乳児期の発達課題として親など最も身近な他者との**基本的信頼**をあげたように、赤ちゃんは自分を愛し、世話をしたり話しかけたりしてくれる大人との関係を通して社会性をスタートさせる[26]（😊1-2）。養育者による子育ては、授乳や食事の援助、おむつ替えやトイレットトレーニング、寝かしつけ（入眠の援助）や着替えなどといった、子どもの生命や発育を維持するための世話（ケア）という側面だけでない。子どもに話しかけたり、ふざけあったりするなど、コミュニケーションに支えられた親子のやりとりの側面もある[27]。子どもは世話される経験を通して保護され守られていることを知り、安定した情緒を形成する。同時に、養育者とのコミュニケーションによって、人と通じ合い、伝え−伝えられることの喜びを知るだろう。このような発達初期の養育者との関係によって、子どもは、養育者以外の他者をも受け入れ、より広い世界において関係を構築するための基盤を形成することができる。

　さらに、保育・幼児教育の現場における保育者も、子どもにとって重要な人的環境のひとつであり、保育者もまた、子どもの心身の安定を支える養護的側面と、子どもの知的好奇心を満たす機会を保障する教育的側面を併せ持つ。家庭外の環境においても、養護と教育の両側面が保障されることによって、子どもの探索意欲が保障される。つまり、子どもは心身に安定しているからこそ、外界に目を向け、知的好奇心をもって挑戦することができ、同時に、探索活動において失敗しそうになったり不安になったりしたときにも、身体の安全が保障され、

😊p.12

第3章　子ども同士の絆を育てる —— 仲間のちから　　*83*

情緒の安定を得られる大人に見守られているのである。

　ロゴフ[28] は、**導かれた参加**という概念を用いて子どもの発達について述べているが、養育者や保育者といった大人からの意図的な指導がなくても、子どもは大人のそばにおり、距離をおいて関わることで、コミュニティの実践や価値観、技能を学ぶ機会を得ている。たとえば、友だちが使っているおもちゃを勝手に使ったり、大人の机の上のノートに絵を描いたりすると、大人があわてて介入する。この介入は、言語的であったり、非言語的な表情であったりするが、直接間接にその行動が好ましくないことが伝わる。子どもは、他の子どもが使っているときには「貸して」と言う、大人の机の上のモノは勝手に触ってはいけないなど、徐々に行動や事物の意味を理解するようになる。つまり、子どもは、大人との言語的および非言語的コミュニケーションを通して、あるいは、大人のそばにいて大人の行動を観察したりすることを通して、子どもが生きていこうとするコミュニティにおける行動や事物の文化的意味を獲得する。大人は、子どもを世話し養護して守るだけでなく、その社会で生きていけるような価値観や技能を導いている存在といえる。

(2) 子ども同士の関係を調整する大人

　養育者や保育者としての大人は、子どもとの関係において直接影響を与えるだけの存在ではない。子どもが、大人との関係を超えて、子ども同士の仲間関係を構築するとき、大人は、子どもの集団づくりを支援する機能をもつ。

　幼児の生活実態に関する継続的な調査[29] では、平日に保育所・幼稚園以外で遊ぶときの遊び相手が友だちという回答は、1995 年に56.1%だったものが、2015 年には 27.3%と、20 年間で半分以下となった（図 3-1 を参照）。20 年間のこの変化の背景はさまざまであるが、たとえば、保育時間が長くなったことや、子どもだけで降園後に外出することが難しくなってきたことなどが考えられる。保育所では延長保育の時間が長くなり、幼稚園においても通常保育時間後の預かり保育を実施している園が増えてきた。文部科学省の調査[30] によると、

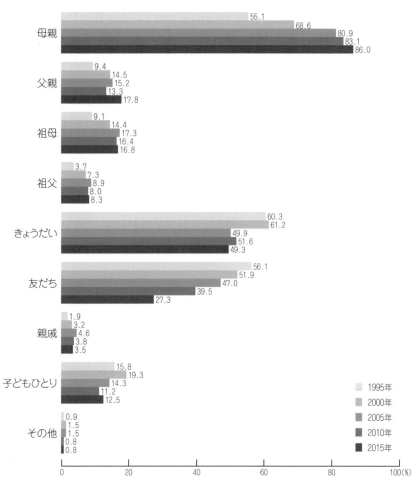

図3-1　平日、幼稚園・保育所以外で一緒に遊ぶ相手（経年比較）（ベネッセ，2016 [29], p.29 より。一部修正）　注）複数回答

　預かり保育を実施している幼稚園は、2014年時点で82.5％という結果もある。さらに、習い事をしている子どもは、文科省の同調査において5歳児で71.4％と多く、保育時間の長さと習い事から降園後の自由な時間も短くなっていることが推測される。また、住宅地を走り抜ける車の心配や不審者への不安[31]などから地域で安全に子どもだけで遊ぶことも難しくなり、降園後に子どもが外出するときには、親が同伴することが前提となっている。

第3章　子ども同士の絆を育てる ── 仲間のちから　　85

一方、子ども同士の関わりが保障されている保育所や幼稚園に就園する子どもの割合は、3歳児で86.1％、5歳児で98.5％であり[32]、ほとんどの子どもが就園していることを思い起こせば、子ども同士で遊ぶ機会そのものが減っているわけではない。むしろ、子ども同士の関わりがこのような保育の場に限定されていることを表している。つまり、保育者による、子どもの集団づくりや子ども同士の仲間関係の調整が、より重要になっているといえるだろう。

　保育者による子ども同士の関係の調整とは、①集団での遊びを提案し、仲間との関わりに導く、②子どもが自分で子ども同士の関係を組織化し、維持できるよう見守る、③子ども同士でいざこざが生じたり、子ども集団が興奮して過激になったりするなど望まない方向へ展開しそうなときは、大人として介入する、などがある[29]。

①仲間との関わりに導く

　保育者は、子どものひとり遊びを尊重しつつも、子どもが仲間と協力したり、分けあったりして楽しむことを学んでほしいと願っている。クラスという子ども集団に対して、一斉活動（設定活動）として遊びを提案するなど、保育者は子どもの一人ひとりが楽しめるように、雰囲気を盛り上げたりする。また、子どもが他の子どもに興味を示したときには、子どもを仲間集団へと誘導することがある。集団に慣れていない子どもにとっては、**傍観的行動**（☞ 2-1）をとるなかで、他の子ども同士のやりとりを見て学び、仲間入りのタイミングをはかっているのかもしれない。子どもにとって、他の子ども同士を観察することも重要な時間なので、他の子どもに興味をもっていそうだからと早急な仲間入りを強いたりせず、その子どものペースを大事にした支援が必要である。

　保育者による集団づくりとして、遊び以外の場面においても、グループ活動、当番活動や話し合いなどを設定することもある。これによって、仲間関係の広がりを目指すだけでなく、子どもの**責任ある依存関係の形成**[33]の構築を支援することも重要である。同年齢の友だちとの関わりを通して楽しいと思える経験を積み重ねつつ、他児とのあいだで生じる責任を意識できるようになると同時に、他児を頼るこ

とによって、仲間への信頼感が育つといえるだろう。

　たとえば、パーテンの遊びの分類（☞2-1）のうち、集団遊びと　p.49
されている連合遊びと共同遊びにおける保育者の関わりについて、鬼
ごっこを例に考えてみよう。同じ活動を楽しむ連合遊びのときには、
保育者が鬼役を務め、子どもたち全員は逃げる役を担う。子ども同士
が同じ活動を楽しむことができる。子どもたちが役割分業をして遊べ
るようになると、共同遊びに移行し、子どもたちは自ら鬼役と逃げる
役を交代しながら楽しめるようになるだろう。そうなると、保育者の
役割は見守る側面が大きくなり、子どもたちが興奮しすぎて遊びが過
激になりそうになったり、タッチのタイミングなどで意見の齟齬が生
じそうになったりしたときに介入の度合いを大きくすればよいという
ことになる（😊2-4）。　　　　　　　　　　　　　　　　　　😊p.54

　②子ども同士の関係を見守る

　保育や幼児教育における**見守り**、あるいは、**見守る保育**とは、子ど
もの主体的な活動に温かい心を寄せながら、保育者の指示を最小限に
とどめる[34]保育をいう。子ども同士の関わりが始まると、楽しいばか
りではなく、やりたいことが違ったり、遊びのなかで共有しようと
するイメージがずれることもある。子どもは、主体的に仲間と関わる
ことで、子ども自らが集団を組織化したり、いざこざなどが生じたと
きには、自ら関係を調整しようとすることも学ぶ（☞3-3）。保育者　p.76
は、遊びに発展しそうな活動を予想して環境設定し、子どもたちの活
動が、自発性が発揮され充実した活動になっているかどうかを、刻々
と判断し、その判断に応じた環境設定を更新する必要がある[35]。

　見守る保育は、保育者の消極性や放任と誤解されることがあるが、
子どもの活動の展開やいざこざの解決をただ待つということではない。
保育者自身が子どもの行動や心情に興味をもち、子どもの目線を推測
しながら見守ることによって、いざというときの介入の準備ができる。
このように見守られているので、子どもは安心して挑戦することがで
きるのである。むしろ、見守りと介入のバランスについて保育者の積
極的な判断が求められるのである。

第3章　子ども同士の絆を育てる ── 仲間のちから　　*87*

③望まない方向へ展開しそうなときは大人として介入する

　子ども同士で平和的に遊びが展開するときには、保育者は見守りを中心とした関わりとなるが、子ども同士の遊びが興奮して過激になったり、いざこざが生じたりしたときには、保育者が介入することになる。介入といっても、いざこざにいきなり割って入り、どちらが悪いかを指摘して終了させてしまうのではない。手が出るなど危険な場面でなければ、子どもたちが自発的に解決できるかどうか見守る。

　表3-1は、いざこざに対する保育者の関わりのリストである。保育者は、いざこざでの経緯を受けて興奮している子どもを、まずは落ち着かせ、状況を確認する。落ち着かせるために、たとえば関わった子ども同士を引き離したり、場所を変えたりする。いざこざに関わっている子どもたちや周囲にいた子どもに、言語的な報告を求めることになるが、このとき、子どもの言語的な発達差によって保育者の状況理解が影響されることがあるので、注意を要する。状況を確認しながら、子どもたちが自分たちで解決を導き出せるかを探ることも重要である。子ども同士のいざこざに対する保育者の介入は、その場を解決させるだけではなく、子どもたちに解決のモデルが提示されることにより、後にそのような状況が発生した際に自分たちで解決する方略を学習する機会をつくることにもなる [36]。

表3-1　いざこざに対する保育者の関わり（白石ら, 2007 [37]を一部改変）

大項目	小項目	概要	例
落ち着かせる	身体的制止・移動	とめる、引き離す、移動する	Mの体を止めながら〜
	気持ちを受けとめる	その子の気持ちをことばで確かめたり、気持ちが静まるのを待つ	泣いているMaをなだめながら「痛かったんだね」とRの気持ちをもう一度受け止めてから
保育者が状況をとらえる	状況の確認	保育者が状況を理解する	どうやら病院ごっこの時に使うグッズを別の人が使っているらしい
	子どもに理由を聞く	当事者や周囲の子どもに理由を聞く	どうしてけんかになっちゃったの？どうしてたたいたの？
	要求・気持ちの確認	本人に確認する	一緒に遊びたかったんだね
気持ちや欲求の代弁	状況の説明	トラブルの状況を子どもにわかるように説明する	赤いのは、Miちゃんが先に乗っちゃったのよ
	気持ちの代弁（一方）	一方（特に問題を抱えた方）の気持ちを相手に伝える	さわってきたりしたらお弁当食べられなくなっちゃうから嫌だったんだよね
	気持ちの代弁（双方）	双方の気持ちを双方に伝える	M君もS君もかっこいい棒がほしくてつい取ってしまったんよ
	欲求の代弁	自分または相手の主張を確認し、知らせる	Kちゃんも仲間に入りたいんじゃないの？
解決の相談	話し合いの提案		Iちゃん、もう1回ちゃんと話してみてよ
	交渉方法の提案	交渉のしかたを教える	たたかなくても口で言ったらわかるよ
	子どもに相談		そういうときはどうしたらいいんだろう？
解決策の提案	解決策の提案	保育者が解決策を考えて、それを子どもが受け入れるように促す	みんなのものだから順番に使おう。今日は先生と遊んで、明日は4人で楽しく遊ぼうか
	謝罪の提案	謝るように言う、保育者と一緒に謝る、保育者が代わりに謝る	ごめんねって言うといいかもね、一緒に謝りに行こう、先生が謝ってあげようか
	仲直りの提案		また仲良しになったらスッキリするんじゃない
保育者が解決する	説得（一方）	相手の主張を取り入れるように求める	Kちゃんもどうしても片付けたいんだって。だから、これはKちゃんに渡そう
	説得（双方）	双方の主張を取り入れるように求める	（Aに）サッカーは中央から始めるんよ。（Bに）キーパーから始めてもいいんじゃない
指導	説諭	やっていることはよくないことだと言う、諭す	パンチをしたらいけんよ。そんなこと言ってはいけないよ
	認める・励ます		Cちゃんはやさしいね
子どもが解決	子どもが解決	当事者や周囲の子が解決策を提案し、受け入れる	F「いっぱいだけど、しょうがないか。」4人で再び座る
その他			気分を変える、違うことに誘うなど

第3章　子ども同士の絆を育てる —— 仲間のちから　　*89*

5. 非認知的能力と対人関係づくり

エピソード20　私も登りたい！

　3歳のミズキは、お姉ちゃんのユウキ（5歳）がスイスイと木に登る姿をいつもうらやましそうに見ていました。怖いもの知らずのミズキは、自分も登れると思ったのか、靴を脱ぎ木に足をかけて登ろうとしました。しかし足が滑ってしまうし、手の力もまだついていなかったのですぐにずり落ちてきてしまいます。すぐまた足をかけて登りますが、やはり滑ってしまいます。

　そこからミズキは、来る日も来る日も木登りに挑戦しました。落ちては登り落ちては登りを繰り返していました。だんだん登れる高さは増えていきますが、やはり最初の枝には届きません。半年くらい経ったころでしょうか、やっとの思いで一番低い枝に手が届いたのですが、身体を持ち上げることができず、降りてきてしまいました。またしばらく経ってから、なんとか身体を上げて一番低い枝までたどりつくことができました。そのときのミズキの笑顔の輝かしいこと。何かを成し遂げたあとの達成感に満ち溢れていました。周りの大人が気づいて、「やったね！」と声をかけると、照れくさそうにはにかみます。ミズキはしばらく木の上からの眺めを堪能していました。木の上から見る風景は、さぞかしよい眺めだったに違いありません。

　ミズキがあきらめずに木登りにチャレンジし続けられた背景には、登ってみたい！　という強い動機がありました。自分の中から湧き起こった「やってみたい」という気持ちに支えられて努力できたのです。人から強制されたらそこまで努力はできないでしょう。この「やってみたい」という気持ちは、子どもの遊びの原動力です。子どもが、他の子どもが遊んでいるのをじーっと見て、そのあと自分も同じことをしてみようとすることがあります。それは他の子が遊んでいる雰囲気から「おもしろい」「楽しい」という感情が伝わって[38]、それが「やってみたい」につながるのです。一人でいる子どもを他の子どもの遊びに加わるよう促しても、それがその子のやってみたいものでなければ、あまり意味がありません。逆にいうと、自分のやってみたいことであったら、寝食を忘れて没頭します。やりたいことだからこそ、うまくいかなくても、根気よく取り組み続けられるのです。

　お姉ちゃんのように登ってみたいといって、粘り強くチャレンジし続けたミズキですが、年長になった今では木登りはお手の物。靴を脱いで、スルスルっと登っていきます。それを年少の子どもがうらやましそうに見ています。今度はミズキが憧れられる番になったのです。

幼児たちの遠足で大きな木に出会う

解 説

(1) 非認知的能力とは

非認知的能力とは、IQ に代表されるような測って数値化できる認知能力ではなく、目標に向かって努力するちから、他者とうまく関わるちから、感情をコントロールするちからなどのことを指す。ノーベル経済学賞を受賞したヘックマンが着目したことから、にわかに注目されるようになった。ヘックマンは、就学前の教育に投資することが経済効果をもたらすこと（社会階層による格差の解消）を主張したが、彼は認知能力だけではなく、社会・情動的スキルを向上させることが重要であると指摘した。幼少期に非認知的能力を身につけることが、成人してからの幸福度や経済的安定につながると指摘したのである。

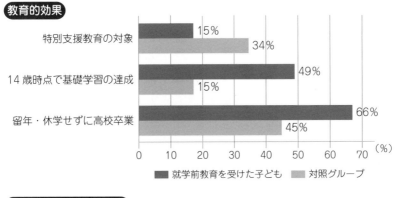

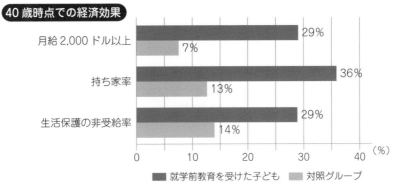

図3-2　ペリー就学前プロジェクトの効果 (ヘックマン著／大竹解説／古草訳, 2015 **39**, p.30)

第3章　子ども同士の絆を育てる —— 仲間のちから　　91

彼の有名な研究に、ペリー就学前プロジェクトがある。このプロジェクトは、1962 年から 1967 年にアメリカミシガン州で行われた。対象となったのは、低所得でアフリカ系の 57 世帯の子どもである。プロジェクトでは、対象の子どもたちに毎日 2 時間半プリスクールに通って授業を受けてもらい、さらに週に 1 度、教師が家庭訪問をして 90 分間の指導をした。指導内容は、非認知的特質を育てることに重点をおいて構成され、子どもの自発的な活動を中心としていた。2 年間通ったあと、プリスクールに通わなかった子どもと比較しながら 40 歳になるまで追跡調査を行った。40 歳の時点での調査では、プリスクールに通った子どもは通わなかった子どもよりも、学力検査の成績が良く、学歴が高く、特別支援教育の対象者が少なく、収入が多く、持ち家率が高く、生活保護受給率や逮捕者率が低かった。

（2）非認知的能力を育てる遊び（遊びのなかで育まれる非認知的能力）

　ヘックマンの研究で明らかになった 40 歳時点での差は、何からくるものなのだろうか。プリスクールで学んだのだから、知的なちからが高くなったのは当然ではないかと思う人もいるだろう。しかし、プリスクールに通った子どもは当初は IQ が高くなったが、その効果は次第に薄れて、9 歳の時点では通わなかった子とあまり変わらなくなったのである。ただ効果が消えないものがあり、それが非認知能力であった。そこから彼は、非認知能力の重要さを知るのである。

　ではプリスクールで何を学んでいたのだろうか。教師がプリスクールで子どもたちに促していたのは、以下の 2 点である。

- 子どもたちに遊びを計画してもらい、その遊びを実行してもらう
- さらにその遊びをよりよくするためにどうすればいいか考えてもらう

　知識を与えるのではなく、自分で考えるちからを身につけるための機会を提供していたのである。ここで注目したいのは、「遊び」を軸にしていたということである。

園庭で砂遊び（年中児）

　遊びは、自発的になされる活動である。遊びは誰かに強制されるものではなく、やりたいという気持ちがあって成り立つものだ。もう一つ重要なのは、遊びには「楽しい」という快の感情が伴うということである。自発的であり、かつ快の感情を伴うということは、遊びは主観的な体験であるということである。「遊んでいる」ように見えても、本人がそう思っていなければ、「遊んでいない」ことになるし、「遊んでいる」ように見えなくても、本人が「遊んでいる」と思っていれば、それは「遊び」となる。ある幼稚園教諭は、クラスの子どもたちと鬼ごっこをしていて、ひと段落したあと、子どもたちに「先生、もう遊びに行っていい？」と聞かれた。その先生は子どもたちと「遊んでいる」つもりだったが、子どもたちにとっては「遊び」ではなかったのである。（☞ 2-1） p.44

　天野は「遊ぶ行為には自分で自分を育てるちからがあふれている」として、このちからを〈教育〉と対比させて〈遊育〉と名付けている[40]。〈教育〉の主体は大人であるが、〈遊育〉の主体は子どもである。自分にとって意味があること、「やりたい」と思うことをやっていくなかで、子どもは育っていく。「やりたい」と思うことはみんな違う。虫取りに懸命になる子どももいれば、絵を描くことに熱中する子どももいる。うまくいかないこともあるかもしれないが、自分がやりたいと思ったことであれば、粘り強く続けていくことができる。冒頭のエピソードのミズキがあきらめずに木登りにチャレンジしたのは、「やってみたい」という思いがあったからである。何かを一緒にしているときに、友だちとぶつかることがあったとしても、ぶつかりあうことで、互いのやりたいことをするためにはどうすればいいのかを学ぶことができる。友だちと遊ぶことは、ひとりでは味わえない喜びや感動、発見を味わうことにもつながる。砂場で山を作って両側からトンネルを掘って、つながったときの感動はひとりでは決して味わうことができない。自分ひとりではできない世界が広がって、そこに楽しいという感情が生まれれば、人と交わることのおもしろさや喜びが体

験される。それはまた、新たな人とつながるちからになる。

　非認知的能力とは、人が人と生きることの原動力になるものである。それを子どもは遊びを通して学んでいる。

(3)「○○力」の落とし穴

　幼児期の子どもに関わる機会があって、遊びの重要性をよく知っていれば、遊びを通して培われる社会・情動スキルの重要さは、ヘックマンに指摘されるまでもなく、現場感覚的にも、理論的にも十分認識しているだろう。ヘックマンの著作によって非認知的能力に焦点が当てられるようになったことで、遊びの重要性に光があたることはよいことだが、一方では懸念もある。○○力と名前づけることによって、本来測ることのできないものが、あたかも測定可能な能力であるかのように錯覚してしまわないかということである。人との関わりは正解がないものであるのに、何か正しい能力があると考えたり評価してしまったら、本末転倒である。

　また○○力となってしまうと、個人で完結するちからのように思われてしまうかもしれない。この非認知的能力は、きわめて対人的要素が強いものであり、相手との関係で発揮されるものである。自分とは異なる多様な他者との関わりあいのなかで培われるものであり、個人でそれを伸ばそうと思って伸びるものではない。

グループワーク

GW 子ども同士のいざこざについて、実習体験（や子どもと関わるボランティア体験）を通して、保育者や大人の対応を話し合ってみよう（巻末ワークシート「いざこざ説明といざこざ用紙」参照）。

GW 男の子らしい遊びや女の子らしい遊び、男女の違いのない遊びを考えてみよう。

GW いざこざが多い子、少ない子、ことばでの自己主張の強い子、しにくい子が一緒に遊べるような活動を考えてみよう（例：おしくらまんじゅう）。

GW p.82 のエピソード 19「大人への挑戦状？」のように、子どもが好ましくないこ
と（性器や排泄物の名前を連呼する、お尻を出してふざけるなど）をしていた
とき、どのように対応するか考えよう。

【参考書】

岡本夏木・麻生武（編）(2000)『年齢の心理学』ミネルヴァ書房

黒田美保（編）(2015)『これからの発達障害のアセスメント』金子書房

第**4**章

知的好奇心を育てる

泣かないで（1歳児同士）

世界と他者を認識する

1. 他者の役割・立場に気づく

エピソード21　甘えん坊の〜おか〜ぁさんっ

　娘のハルナ（当時 3 歳 11 か月）と一緒に、ソファでテレビを観ているときでした。私は、ソファに寝そべってもっと楽な姿勢でテレビを観たくなり、隣に座っているハルナを押しのけようと、ハルナにもたれかかりました。ハルナはムッとして「お母さん、なんでハルナにのっかるの?!」と即抗議。私は、あまり深い考えもなく「お母さん、甘えん坊なの」と答えてみました。すると、イヤそうな顔が一変し、嬉しそうに私に膝枕を申し出てくれました。そして、私の頭をなでたり、肩をタンタンしたり、あげくに「♪甘えん坊の〜おか〜ぁさんっ ‥‥」と即興の歌を得意げに歌い始め、夫にまで「お母さん、甘えん坊なんだって〜」と報告です。でも少しすると、ハルナの小さな膝には私の頭が重そうです。それで私は、ハルナの膝から頭を外そうとしたのですが、ハルナは「お母さん、甘えん坊なんでしょ」と、また私の頭の下に自分の膝を入れ、膝枕に逆戻りです。私にしたらちょっとしつこいなと感じ始めていたのですが、いつもは甘えるばかりのハルナなので、たまには甘えられる役もやってみたかったのでしょう。もう少し膝を借りることにしました。

　さて今回は、「甘えられる役」といったときの〈役〉の話です。〈役〉というとその場だけの一時的なものが浮かびますが、発達心理学では**役割**という用語を用いて、もう少し広い意味で研究されています。ふり遊びやごっこ遊びで他者の役を演じることを通して、自分と他者の違いを理解し、他者から自分がどのように振る舞うことが期待されているか、つまり自分が担うべき役割（一時的であれ長期的であれ）というものを理解するようになるのです。また、お母さん役がいるから赤ちゃん役が成り立つというような役割の相互依存性や、お母さんの役は交代してもいいのだという役割の交代可能性なども学んでいきます。ハルナの表情が一変したのは、甘える役と甘えられる役が入れ替わってもいいことや、甘える役は甘えられる役を担う人がいることで成り立つということに気がついたせいかもしれません。

　また、他者の役割を一時的に自分の身体を使って演じてみることは、自分の未来を描くときにも役に立ちます。パパの靴を履いてみたり、ママの口紅をいたずらしてみたりするのは、憧れの気持ちをもって自分と親を重ね合わせ、自分がどのような人（どのような役割を担う人）になっていくのか想像しているのかもしれないですね。子どもが自分で自分の発達の場を準備する行為といえるでしょう。実はこのころ、私のお腹には赤ちゃんがいて、ハルナはお姉ちゃんになる直前でした。ハルナ自身が、甘えられる役を担っていく可能性を感じ始めていたのかもしれません。

エピソード22　はじめての人だけど…

　保育園の2歳児クラスにお邪魔したときのことです。
　クラスに入るなり、数名の女の子が私のところに寄ってきて、「○○ちゃんだよ」と次々に自己紹介をはじめ、家族やクラスのお友だちのことを話し始めました。今日はお母さんの誕生日なのだとか、今日の給食は誰と隣で食べるのだとか、クラスで飼っている生き物のことなど話は止まりません。いろいろお話ししてくれるのは嬉しいのですが、初めて会った子の家族の話は聞いてもちんぷんかんぷん。お母さんのこと大好きなんだろうな、いつもその友だちと給食を食べているのかななどと、想像を一生懸命ふくらませながら聞いていました。
　年長クラスに入ると勝手が違います。入っても知らんぷり（遊びに没頭しているためと思われます）か、「だれ？」「だれのママ？」と質問されます。知らない人が来たとはっきり認識しているようです。誰のママでもなく、私が保育園に初めて来たのだということがわかると、あれこれ保育園の案内をしてくれたりします。
　2歳児クラスの子たちも、知らない人が来たということは理解できているのでしょうが、その人が自分たちのことをよく知らないということまで理解できているかは不明です。自分たちや保育園のことを何も知らない相手の立場に立って会話することはまだ難しいようです。その点、年長の子どもは相手の立場になって話すことができています。
　相手の立場になるためには、自分の立場と相手の立場が異なることを理解することが必要です。自分と他者の立場の違いは1歳台の後半から徐々に理解できるようになりますが、心の内面に関すること、たとえば自分が思ったり考えたりすることと、相手が思ったり考えたりすることは異なるということを理解するようになるのは4歳以降と考えられています。そのようなことを理解できるようになると、表面的な行動だけではなく、内面についても思いを馳せるようになります。たとえば、ぶつかってきた友だちに対して、2、3歳くらいの子どもですと、ぶつかってきたことに対して怒ったりしますが、4歳を過ぎるころになると、ぶつかってきたけれど「わざとじゃなかった」とか「うっかりだったんだ」というように、相手の心の内を察するようになります。
　一見すると2歳の子どもたちのほうが初めての人に対して親和的に見えますが、年長の子どもも、相手の立場に立って初めての人に関わろうとしているのですね。

保育参観中の学生に、「これ、なーんだ」とコップを見せる様子（年長児）

第4章　知的好奇心を育てる ── 世界と他者を認識する

解 説

(1) 役割の理解・取得

　　役割取得とは、他者との関係において自分の役割をとることであり、他者の立場から、他者の視点、思考および感情を認識し、自己と他者の視点との相違[1]を捉える必要がある。つまり、認知能力の発達を基礎としつつ、他者との相互作用を通した社会的経験が積み重なるのに伴って、役割の理解や状況に合った役割の取得が発達する（😊 2-8）。

　　子どもたちは、**模倣**（☞ 3-1）を通して仲間の存在に気づき、仲間としての意識を発達させる。模倣は、子ども同士の関係形成にとって重要であるが、子どもたちは模倣という同型的なやりとり（たとえば、笑顔に対して笑顔を返す、あるいは、「おはよう」に対して「おはよう」と返すといった同型性）にとどまるわけではない。モノを差し出されたときにはそれを受け取る、質問に対しては答えを返すというように、相手の行為に対応した異なる行為でやりとりを成り立たせるという、相補的な役割を体験する。

　　幼児期前半には、**ふり遊び**（☞ 2-1）を通して相手の役割や自分の役割を理解するようになる[2,3,4]。発達初期には、親などの大人を相手にふり遊びをするが、大人は、「食べるふり」をするとき、ふりであることを誇張するように、子どもの顔を見たり、笑顔を見せたりする。これを**ふりシグナル**[5]というが、子どもは、1歳半〜2歳ごろには、シグナルの提示によって、これは本当に食べようとしているのではなく、遊びであるということを理解し、自分に求められていることはふりであると、他者の期待に即した役割を取得できるようになる。

　　そして、発達に伴い、年齢の近い仲間との関わりが増えるようになる。仲間との接触機会は自分とは異なる他者の立場に気づく機会であり、多くの仲間と遊んだり、いざこざを経験することが役割取得の発達を進める[6]。

　　子ども同士でお互いの期待される役割の違いに気がつくようになると、関係はさらに向社会的となり、協力関係、援助関係、分配行動など多様な関係を発達させることができるようになる。協力関係とは、

自分と他児との役割を分業することによってひとつのものごとを成し遂げることである。さらに、役割分業を経験することで他児の困っている立場を自分とは区別して理解することができるようになり、援助関係が成立したりする。また、自分が持っているお菓子を他児に分けるなどの分配関係が成り立つのも、他児との立場の違いを前提にしているといえる。

(2) クラス内の役割

　保育所、幼稚園、こども園では、担任保育者を中心として、同年齢や異年齢のクラス集団を形成して、クラスごとに日々の活動の多くを行っている。保育者自身がイニシアチブをとり、クラスの子どもたちを活動に導くこともあれば、子どもたちの主体性に任せて、流動的な活動を支えることもある。また、子どもは、保育者との関係において自分の期待される役割（たとえば、今は座って話を聴くなど）をとることもあれば、子ども同士の集団の中で、リーダーシップをとったりフォロアーに回ったりといった役割を担う。

　保育者がイニシアチブをとるときには、子どもが何を期待されているかを言語化して示すことがある。たとえば、「今は、話を聴く時間です」「先生がお話をしています」という保育者の発言は、子どもにわかりやすく、期待される役割を提示するものといえる。

　また、子どもの主体性を重視し、子ども同士の集団を子ども自らが自治的に維持・調整するために、保育者は見守りの姿勢をとって、子ども同士の話し合い活動や当番活動を導入することもある。子ども同士で話し合いをするときには、議事進行をする役割と挙手して当てられてから意見を述べる役割など、他児と異なる自分の役割を意識しながら、集団に関わることになる。当番活動では、他の子どもたちの前に出て、「先生、おはよ

年長児に見守られて年少児が給食配膳のお当番

第4章　知的好奇心を育てる ―― 世界と他者を認識する

連れだって同じことばかりします（4歳児）

うございます。みなさん、おはようございます。」「みなさん、ご一緒に、いただきます。」といったルーチン化したフレーズを用いて、他児のあいさつを促したり、昼食時にはエプロンとマスクを付けて、食事を配膳したりするなど、あいさつを先導する役割とそれに対して応じる役割、配膳をする役割と配膳を待つ役割といった、他児と異なる役割を理解する機会となる。こういった活動を通して、子どもたちは順番に、進行役や当番を経験し、リーダーシップを学ぶ。そして、子ども同士のより流動的な場面においても、他児と自身を相対化して役割を意識する経験をする。

　さらに、保育者は、子ども同士が互いに真似しあう同調関係や助け合う援助関係を用いて、ある子どもの行為を促すために、他児や子ども集団を活用することもある。

　たとえば、活動の切り替わり時などに園庭から保育室へと子どもを誘導するとき、園外散歩に出る前に子どもたちの排泄を済ませておきたいときなど、子ども集団全体に向けて「さあ、保育室に入りますよ」「トイレに行きましょう」などと声をかけることがある。数名の子どもたちが先生の言葉がけに気づいて、自ら保育室やトイレに移動を始めると、他の子どもたちも同調して、保育室やトイレへの移動を始めることがよくある。保育者が一人一人に指示をしなくても、子ども同士の同調関係を保育に活用することができる。他にも、ハサミをなかなか片付けない子どもに直接教示するだけでなく、すでに片付けが終わっている別の子どもに対して、「たっちゃん、さっちゃんがハサミを片付けるのを、手伝ってくれる？」と、子ども同士での助け合いを促進し、援助関係を通して子どもの活動を促すこともある。つまり、保育者は、子ども一人ひとりに指示をして集団を維持・調整するだけでなく、子ども同士の役割を明示することで子ども同士の自治的な集団を維持・調整することもある。

　一方で、保育者が配慮しなくてはいけないのは、**リーダー**と**フォロアー**といった役割が集団内で固定化されることである。保育者を特に

必要とせず、子ども同士で遊んでいるときにも、いわゆる強い子ども
と弱い子どものヒエラルキーには配慮を必要とする。ときに、保育者
自身が、おそらく無自覚に、子ども同士のヒエラルキーをつくって
いることもある。保育者は、活動の目標に向けて、できた子どもに対し
てできていない子どもの援助を、保育者の指示に従っている子どもに
対して従っていない子どもの援助を依頼することがある。発達が早い
子ども、器用であったり、言語的な指示の伝わりやすい子どもに、他
児の援助を依頼することが増えてしまうこともある。たとえば、幼児
期には、年齢別クラス編成であっても、月齢による差が大きく、4月
生まれなどの特定の子どもが、他児を援助する役割を担い、3月生ま
れの子どもがいつも援助される役割を担ってしまうこともある。子ど
も同士で援助しあうこと自体は、援助する側であれ、される側であれ、
発達的な意味がある。しかし、この関係性が固定してしまうと、いわ
ゆる、〈4月生まれプレッシャー〉といわれるようなリーダーシップ
役割を負担に感じてしまう子どもや、主体性を発揮できず依存性を強
める子どもも出てくる。聞き分けのよい同じ子どもに、保育者自身が
依存していないかどうか、同じ子どもにいつも援助を受け入れさせて
いないか自問しながら、子ども同士のリーダーとフォロアーの関係が
流動的であるように配慮する必要がある。

第4章　知的好奇心を育てる —— 世界と他者を認識する　　*103*

2. 他者の心の状態を想像する

エピソード23　はんぶんこだったらいいけど・・・

　ある日の夕食。その日は特別に、サラダにエビのトッピングをしたのですが、シュント（当時4歳半）が気に入って、パクパクパク。他のおかずには見向きもせず、サラダの上のエビだけを狙います。一方、4歳年上の姉のハルナは、のんびり自分のおかずから食べています。そして、シュントが最後のひとつに手を伸ばしたとき、「あ。私、ひとつも食べてない・・・」とハルナが言い出しました。私も、シュントがそんな勢いよく食べていたとは気づかず、あわてて「シュント、お姉ちゃん食べてないって。それ、お姉ちゃんにあげて」と頼みました。文句を言うかと思ったら、にっこり笑ったシュント。「うん、いいよ。はんぶんこね。」

　ああ、そうじゃなくて・・・。「お姉ちゃん、ひとつも食べてなくて、シュントはたくさん食べたでしょう？ だから、それ、1個全部あげて」と、私はもう一度説得を試みました。シュントの表情が急に曇り、「1個はやだ・・・。はんぶんこ・・・。」と言い出します。そして、う〜んと考え始め、あれこれ言いながら悩んで、悩んで・・・。そして、とうとう最後には、1個丸ごと、お姉ちゃんにあげることができました。おお〜、えらい、えらいっ！

　ちょっと話はそれますが、ベテランの保育士さんなどは、子どもの年齢によってことばかけを変えることがあります。2歳児には「お友だちのことは叩かないんだよ。お口で言ってごらん」や「貸してって言われたら、どうぞって貸してあげようね」と言うところを、4歳児に対しては「叩くとお友だちが痛いでしょう？」「そんなふうに言ったら、お友だちはどう思うかな？」と言ったりします。低年齢児には単純なルールを提示し、高年齢児には他者の心の推察を促すと伝わりやすいのでしょう。

　4歳というのは、発達心理学的には**心の理論**の仕上げの時期なのです。〈心の理論〉とは、自分と他者の心の中を混同せず、自分が知っていることと他者が知っているだろうことを切り離して理解できるようになるということで、他者の心についての理論を構築できることから、心の理論といわれています。「あげて」に対して、初めは「はんぶんこ」というルールに自動的に従うという反応をしたシュントでした。しかし、〈心の理論〉仕上げ期へ移行中のシュントは、お姉ちゃんの状況を一生懸命思い描き、最後にはあげるという決心ができたのでしょう。でも、本当は最後のエビを食べたかったよね。また今度、作ってあげるね、と思ったのでした。

エピソード24　恥ずかしいのは・・・

　自主保育の活動にお邪魔するため、集合場所の公園に向かって歩道を歩いていたとき、後ろから私を呼ぶ声がします。振り向くと後ろのほうに親子連れが見えます。遠目でわかりづらかったのですが、マユ（5歳）とパパかなと思い、その場で待つことにしました。親子の姿がはっきり見えるようになると、やはりマユ親子でした。私が「おはよう！」と声をかけると、マユはパパの陰に隠れてこちらをうかがっています。遠くから声をかけてくれたので待望の対面と思いきや、なんだか肩透かしをくらったようです。一緒に歩き始めても、照れくさそうにして、私のほうをちゃんと見てくれません。

　その様子を私は会うのが久しぶりだから照れくさいのかなと単純に考えていました。あまりのマユの照れくさがりように、パパが「何恥ずかしがってるんだよ」と言うと、マユは「パパがいるから恥ずかしいんだよ」と答えました。パパは「なんだよそれー」と納得がいかないようでしたが、そのことばに私はハッとしました。マユが照れくさがっていたのは、久々だからの反応ではなく、私と遊んでいるところをパパに見られるのが恥ずかしいということだったようなのです。つまりこのときマユはパパといるときの自分と、私といるときの自分は異なるということを認識しているということになります。

　そのような認識ができるということは、パパといるときの自分や、私といるときの自分を眺めるもうひとりの自分がいるということです。このような認識のしかたを、心理学では**メタ認知**と呼んでおり、およそ4歳から5歳ごろに可能になると考えられています。メタ認知ができるようになると、子どもたちの認識に大きな変化が起こります。たとえば〈思う〉〈考える〉といった心の状態に関することばを使うことができるようになります。それらのことばを使うためには、〈思っている〉〈考えている〉自分をモニターすることが必要です。さらに、自分の行動がモニターできるということは、何か新しい状況に直面したときに、自分にそれが可能か、可能にするためにはどうしたらいいかということが考えられるということです。大人の私たちには当たり前のことですが、子どもたちにとっては大きな変化なのです。

　さてマユ、普段ならあまり一緒にいることのないパパと私がいることで（そのうえほかの母たちもいたので）、居心地が悪かったのでしょうね。最後まで納得のいかない様子のパパを先に行かせて私と話しながら歩き、公園に着くころには照れくさがる様子は消えて、いつものマユになっていました。

第4章　知的好奇心を育てる ―― 世界と他者を認識する　　*105*

解 説

（1）共感と思いやり

　　子どもは小さい赤ちゃんをお世話するのが大好きである。赤ちゃんがいるとみなで取り囲み、あれこれ世話を焼こうとする。ただ抱っこするときに力が入りすぎたり、無理やり哺乳瓶を口に押し込みミルクを飲ませようとしたりなど、見ているほうもハラハラするし、当の赤ちゃんが迷惑そうにすることもしばしばである。かわいがりたい気持ちが先に出て、結果的に相手が不快な思いをしてしまうのだ。このように相手のために良かれと思ってしたことが、相手のためにならないことはよくあることである。

　　自分より小さい人、弱い人、困っている人を助けたい、世話をしたい、役に立ちたいと思うのは、人間の共同性の表れである。他者に対する思いやりの原動力となるのは、他者の感情や状況を共有する**共感**である。派手に転んでいる人を見て思わず「痛っ」と自分も顔をしかめてしまったり、感極まって涙を流してインタビューを受けている人を見て図らずも自分も涙ぐんでしまったりということはよく経験されることである。興味深いのは自分は転んでいないから痛くないはずなのに、「痛い」と感じてしまったり、人の涙を見て自分の感情も高ぶってしまうことである。

　　本当の意味で共感するには、相手の意図や目的、おかれている状況などを理解して、その人の思いをともにしようとすること[7]が必要である。その前提には、自分とは異なる状況におかれている他者のことを想像すること、つまり相手と自分との違いの認識がある。先に述べたように、人間には相手の状況に対して思わず反応してしまうという共同性がある反面、一人ひとり違うという個別的な側面もある[8,9]。相手が感じているのとまったく同じように感じることはできないのである。

（2）共感的行動の発達

　　相手を思いやる行動は、1歳過ぎから見ることができる。1歳3か

いいこ、いいこ（0歳児と1歳児）

月の男の子は、年下の子どもをわざとではなく打って泣かしてしまったときに、その子の顔をのぞき込んで大丈夫？ と心配そうに声をかけたり、抱きしめたりして慰めようとしたが、泣き止まなかったため、その子の哺乳瓶をもってきた。1歳8か月の女の子は、お母さんが行ってしまって大泣きしている子どもに、自分が大事にしているくまのぬいぐるみを差し出した。いずれも相手の状況を察して、なんとかしようとする行動である。ただこれらの行動は、表情など相手の目に見える行動に対して反応して生じるもので、表面的な行動と内面が一致しないことがあることは理解できていない。テレビドラマに感動して涙を流している母を何か悲しいことがあったのかと心配そうにのぞき込んだりすることがある。

3歳になると、役割取得能力（☞ 4-1）が発達し、「困っている人を助けたい」というはっきりとした行動を示すようになる。ブロックでロボットを作っている友だちのブロックが足りなくなったら自分の分を分けてあげたり、一人で椅子を運んでいる友だちを手伝ってあげたりするようになる（😊 4-3）。

p.100

😊 p.123

4歳になると、直接目に見えない他者の状態に対しても想像力をはたらかせて振る舞うことができるようになる。ただ4歳ごろだと想像力のはたらかせ方が自分からの視点になってしまい、結果的にトラブルになってしまうこともある。次の事例から考えてみよう。

> Iちゃん（4歳）は仲良しの友だちのチューリップの鉢を保育室の奥の棚に隠し、みんなに責められてしまった。よくよく話を聞いてみると、朝お母さんが「今日は風が強い」と言っていたので飛ばされないように隠したと泣きながら話す。（若林, 2008 [10]）

> 折り紙で兜を作っている友だちを見ているSくん（4歳）。友だちがうまく折れないのを見て、横から折り紙を取り上げる。折り紙の取り合いになった二人はけんかになり、先生が仲裁に入る。Sくんはじっ

と黙っていたが、「できないから代わりに折ってあげようと思った」
と話し始める。（若林，2008 [10]）

　いずれも、相手のためになると思ってしたことが、相手のためにな
らなかった例である。チューリップの鉢が見当たらなくなったらどう
思うか、突然折り紙を取り上げられたらどう思うかという、相手の気
持ちに思いを馳せることができずに、なんとかしてあげたい！とい
う自分の思いを先走らせてしまっている。ただ結果的に相手のために
ならなかったにせよ、相手のことを思う気持ちは大切である。このよ
うな経験を通して、相手の思いを知り、どうしたらいいか学ぶことが
できるからである。
　5歳になると、相手にとってためになるかどうか考えた上で、行動
することができるようになる。困っている人は常に助けなければなら
ないのではなく、状況によっては助けないことも必要であることを理
解する。ある研究者はそれを〈助けない力〉と呼んでいる [10]。〈助け
ない力〉とは、転んでいる友だちを見つけてもすぐに駆け寄らず、自
分で立ち上がれるかどうかを見守っていたり、という行動である。〈助
けない力〉は、相手と自分の思いは異なることを理解してこそ成り立
つものである。自分は助けたいけれど、相手は助けてほしいと思って
いるとは限らないかもしれないと思うことで、助けずに待つことがで
きる。「助けない力」の現れの背景には、表面的な行動の理解ではな
く、より深い段階の共感が生まれていると考えられる。

（3）共感の背景にあること

　共感的行動の発達の背景にはどのようなことがあるのだろうか。ま
ず重要なのは、自分に（と）共感してくれる他者の存在である。人と
の交流が活発になるころから、大人とのやりとりのなかで子どもはい
ろいろな気持ちを共有する。おむつ替えひとつにしても、「たくさん
うんちしてすっきりしたねえ。でもこのままだと気持ち悪いから、き
れいにしようね〜」とたくさんの気持ちが大人のことばで表現される。
ご飯をあげているとき、「アーン」と子どもにスプーンを差し出した

大人の口も大きく開いていることがある。子どもの口に食べ物が入ると自分ももぐもぐと食べるふりをして「おいしいねえ」と言ったりする。自分は食べていないのにである。これも思わずしてしまう共感的行動のひとつだが、このように他者と心とからだをともにするということが、共感の出発点となる（☺2-2）。養育者の共感の高さが、子どもの共感の高さに影響するともいわれている。 ☺p.42

　共感してくれる他者とのやりとりを通して、子どもは他者の行動の背景には目に見えない「心」があることに気づく。その他者の心の状態は、自分の心の状態とは異なる。自分とは異なる他者の感情や状況を理解するちからは、3歳から5歳にかけて発達すると考えられている。4歳くらいだと、自分と他者の心の状態がごっちゃになってしまい、自分事として考えてしまうのである。

　図4-1を見てみよう。男の子は、どこにチョコレートがあると思っているだろうか。男の子はお母さんが食器棚に移したことを知らないので、自分が入れたところ（居間の引き出し）にあると思っている。だが、4歳より前の子どもに「男の子はどこを探す？」尋ねると、男の子は食器棚を探すと答える。自分が知っていることと、男の子が知っていることがごっちゃになってしまい、自分と同じように男の子も考えているだろうと思ってしまうのである。4歳を過ぎると、両者を混同せず、男の子は居間の引き出しを探すと答えられるようになる。

　これは、過去の自分と現在の自分の状態にも当てはめられる。子どもにチョコレート菓子の箱を渡して、開けてもらう。なかにはチョコレートではなく、鉛筆が入っている。そこで子どもに「開ける前は何が入っていると思った？」と聞くと、4歳より前の子どもは、初めから鉛筆が入っていると思ったと答える。初めはチョコレートが入っていると思っていたはずだが、現在の自分が知っていることと、過去の自分が知っていることをごっちゃにしてしまうのだ。先ほど述べたように、4歳の子が思わず助けてしまったことが相手のためにならないのは、自分と他者の思いの違いに気づき始めている最中であるために起こると考えることができる。違いにはっきり気づく5歳になると、相手がどう思っているかを考慮して振る舞うことができるのである。

　自分と他者の心の状態が違うということを理解できる背景には、メ

第4章　知的好奇心を育てる —— 世界と他者を認識する　　*109*

男の子がチョコレートを居間の引き出しにしまって、遊びに出かける。その間に、お母さんがチョコレートを台所の食器棚に移す。それから男の子が帰ってきて、チョコレートを食べようとする。男の子は、まだチョコレートをどこに置いたか覚えている。
子どもに、「男の子は、どこを探すだろうか」と質問する。

図4-1　誤信念の課題(アスティントン著／松村暢隆訳, 1995 [11]、岡本ら, 2004 [12], p.149より)(😊 5-4)

😊 p.149

タ認知が関わっている。「メタ」とは「高次の」という意味で、メタ認知とは、高次の認知のことをいい、思考、記憶、学習などの認知活動を、より高い視点で捉える（認知する）ことである。考えることを考えたり、知っていることを知ったりということである。メタ認知の獲得は、脳の前頭前野の成熟と関連しているといわれている。前頭前野は、脳の中でも思考や創造性をつかさどる最高中枢であると考えられている。前頭前野は進化のプロセスのなかで、ヒトがとりわけ発達させてきた脳部位であるといわれているが、ひとりの人間の育ちを考えると、最も遅く成熟する脳部位となる。メタ認知は、小学校以上の教科学習において重要な役割を果たしているといわれ注目されているが、幼児期の人間関係やものごとの複雑性の理解にも重要な役割を果たしている。

3. 目に見えない対象を想像する

エピソード25　子どもはスリルがお好き

　ある自主保育グループにお邪魔したときのことです。

　この日はあいにくの雨のため、地域の子ども文化センターで一日過ごしました。何度も訪れている年長のイツキとカズキは勝手知ったる我が家のように、さっそくブロック遊びを始めました。二人は息のあった連携プレーで、ブロックをタワーのように細く高く積み上げていきます。

　あっという間に自分たちの身長を追い越す高さになり、その後も台を使ったり大人に手助けしてもらったりして、倒れないように慎重に少しずつ積み上げていきます。いよいよ大人の背丈に近づこうという高さになると、さすがにゆらゆらして今にも倒れそうです。そこまでくると二人はもう積み上げるのはやめて、今度はブロックのタワーが揺れるのを楽しみます。タワーに近寄ってちょっと触っては、きゃーっといって離れることを繰り返しています。彼らには倒れるか倒れないかの微妙なスリル感がたまらないらしく、本当に楽しそうです。

　倒れることを期待しつつ、一方では倒れたときの衝撃への恐怖や倒れずに持ちこたえられるかどうかの不安を感じている緊張感が伝わってきます。そのような緊張感が遊びをよりおもしろくさせるのでしょう。

　同様のことはかくれんぼや鬼ごっこなどおなじみの遊びにも見られます。見つかるか見つからないか、つかまるかつかまらないかのドキドキがこれらの遊びには欠かせません。すぐに見つかってしまったり、まったくつかまる気配がないのはおもしろみを半減させます。

　このような緊張感を味わうためには、想像力が必要です。想像力は1歳過ぎから徐々に発達していきますが、想像した結果を期待して楽しめるのは5歳くらいと考えられます。

　二人がキャーキャー言っているところに、イツキの弟のアツシ（年少）がお兄ちゃんたちの楽しそうな様子を見てやってきました。アツシもお兄ちゃんたちの真似をしてタワーに近づきますが、微妙な感覚がつかめないらしくかなり大胆に触れるため、タワーが大きく揺れます。うわーついに倒れると、見ている大人も思わず目をつぶってしまいましたが、なんとか持ちこたえ倒れずにすみました。危うく倒しそうになったアツシはすかさずお兄ちゃんたちに叱られていましたが、アツシが緊張感を味わうのはもう少し先になりそうです。

積み上げたタワーが突然に倒れた瞬間

第4章　知的好奇心を育てる ―― 世界と他者を認識する

エピソード 26　鬼は外

　まだ寒さの厳しかった2月、自主保育グループ合同の豆まきが行われました。毎年恒例のこの行事、拠点の公園に鬼がやってきて、子どもたちは豆でなく、事前に拾っておいたドングリを投げつけて追い払います。鬼には保護者などの大人が扮します。

　その日も子どもたちがドングリを拾い終わって普段のように遊びだしたころ、斜面になっている公園の奥のほうから鬼がゆっくり下りてきました。鬼に気づいた子どもたちはいっせいに母たちのいるところに戻ってみなで鬼に立ち向かおうとしています。いよいよ鬼が子どもたちに近づくと、いっせいにドングリを投げつけます。ただ多くの子はあまり近づくのは怖いのか遠巻きにしています。鬼の登場におびえて母にしがみついて泣いている子もいます。そんななかいつも強気のツヨシ（6歳）は「オレが退治してやるー」と意気込んでひとりで鬼に向かっていきます。ツヨシがドングリを思いっきり鬼に投げつけると鬼がツヨシに向かってきました。普段は少々のことでは怖じ気づかないツヨシですが、鬼が自分に向かってくると、一瞬ひるんで後ずさりをします。鬼が別の子のほうにいくとまたドングリを投げていましたが、さすがのツヨシも怖かったと見えます。

　鬼に対する反応はさまざまですが、子どもたちは鬼のような想像物をどう捉えているのでしょうか。お化けやサンタクロースのような日常的な想像物を幼児期の子どもたちがどのように捉えているのか調べた研究[13]によると、多くの子どもたちは日常的な想像物が実在すると考えているとわかりました。ただ年齢によってその判断のしかたが違っていました。4歳の子どもは実際の経験にもとづいて判断していた（たとえば豆まきに鬼が来たから鬼はいるとする）のに対して、5歳になると、実際の経験ではなく想像や推測にもとづいて判断していた（公園に来た鬼は偽物だけど、どこかに鬼はいる）のです。ツヨシは6歳ですからおそらく鬼は偽物だと感づいていたでしょう。偽物なのだと思いつつ、ひるんでしまったのには、どこかに本物が存在すると思っているからでしょう。

節分行事を参観中の幼児たち

　さて豆まきの顛末。子どもたちからのドングリ攻撃を受け続けた鬼はだんだん弱っていき、最後は力なく公園の奥のほうに帰って行きました。鬼を追いかけて行こうとする子どもたちに母たちが「鬼のところに連れて行かれちゃうよー」と声をかけます。連れて行かれては大変だと思ったのか、子どもたちは一目散に母たちのところに戻り、再び遊び始めました。

エピソード27　イマダキくん!?

　先日、ふと見ると、ロフトの柵のところにミニカーが並んでいました。ロフトの柵は、物が下に落ちると危ないので、物を置かない約束をしています。そこで、息子のシュント（4歳半）を呼んで、「ここは、物を置いちゃダメだったでしょう？」と言いました。ハッと思い出したような顔をしたものの、それをすぐ認めたくなかったのか、シュントはわけのわからない言い訳をします。

　「そこはね、イマダキくんのおうちの駐車場なの」

　は？　イマダキくん？　と思って、「イマダキくんって誰？」と聞くと、「会社の人！」とのこと。実は、シュントには、シュントだけの想像の世界があります。3歳半ごろから、「シュント、会社に行ったことがあるよ」とか「シュントの会社には、お友だちがいるんだよ」などと話すことが増え、シュントの想像の世界の中心に、「会社」という想像の居場所がありました。なぜ「会社」だったのかというと、保育園ではよく聞くことばなのに自分の知らない大人の世界のことなので、想像するしかなかったからでしょう。シュントに限らず、3～4歳ごろの子どもは、自分だけの想像の居場所や想像のお友だちをもつことがあります（すべての子どもではありません）。ひとり遊びをしているのかと思って、親が声をかけると、「今ね、ユウトくんと遊んでるの」など、親からすると一瞬びっくりするようなことを言ったりすることもありますが、子どもにとっては、想像力を鍛えている最中なのです。

　シュントの想像の世界を垣間見ることは、私にとって楽しみのひとつです。さっそく、「会社のイマダキくんって、どんな人？」と聞いてみました。すると、「キュウボシシホちゃんと似てるよ」とこともなげに言うシュント。え？　キュウボシシホ？「キュウボシシホちゃんって誰？」と聞くと、やはり「会社の人」と答えるシュント。さらに私が、「どんな人？」と聞くと、ちょっと考えて、「保育園のタッちゃんと似てる人。お母さん、タッちゃんだったら、知ってるでしょ？」なんて言われてしまいました。

　正直、やられた！　と感じました。私がしつこく聞くので、答えるのが面倒になったのでしょう。保育園という現実世界を意図的に持ち込んで、話を終わらせてしまったのです。それにしても、今まで、現実と想像を区別していないかのように話してくれていたのに …。4歳半という年齢を考えても、そろそろ、現実と想像の世界の境界線がはっきりしてくるころです。もうすぐ、シュントは、想像の世界のことを、今までのように生き生きと話してくれなくなるかもしれません。自分だけの胸にしまってしまうのでしょうか。子どもの発達を見つけるのは嬉しいことですが、ちょっと寂しいような気もします。

第4章　知的好奇心を育てる ── 世界と他者を認識する　　113

エピソード28　本当においしそう

　自主保育の子どもたちと電車で出かけた帰り道。電車は空いている時間だったので、子どもたちは横一列に並んで座っていました。今日はたくさん動いたからすぐにうとうとしてしまうかなと思いきや、まだまだ元気そうです。電車が出発するまでのあいだ、ケイ（6歳）がはじめた食べ物屋さんごっこで盛り上がりました。

　ケイは年少の子どもたちに「何がいい？」と聞いています。くたびれているのか「プリン」「チーズケーキ」「ソフトクリーム」など、甘い物の注文が続きます。ケイは空気でできた甘い物を子どもたちに渡し、もらった子から食べ始めます。身体を動かしてお腹が空いているのもあるのか、みな本当においしそうに食べています。もちろん〈ごっこ〉なので食べるふりなのですが、プリンをすくって大きな口に入れたり、ソフトクリームをぺろりとなめたり、それぞれが食べているものが見えてくるような見事な食べっぷりです。電車が動きだすとき食べ物屋さんごっこは終わりにしたのですが、トンネルに入るとケイが「夜だ！」といい、みんないっせいに寝るふりをします。トンネルを出ると「朝だ」というケイの声で、みんないっせいに起き上がる遊びがはじまりました。

　ごっこ遊びやふり遊びのことは何度か触れましたが、この遊びが成立するためには現実とうそ（虚構）の区別が必要になります。夜だからといって本当に寝てしまっては遊びにならないからです。ただし、現実とうそ（虚構）の区別をどれだけ意識しているかということは、年齢によって違いがあるようです。遊びを楽しんでいる子どもたちにはちょっと意地悪な実験[14]なのですが、砂でおだんごを作っている子どもに「これ何？」と尋ねます。すると子どもは「おだんご」（遊び上の名前）と答えます。「でも砂でしょ？」と現実の名前を問いかけると、3歳ごろの子どもたちは黙ってしまったり、「だっておだんごだもん」と遊び上の名前を繰り返すばかりです。4歳くらいになると「いいの、うそっこだもん」と答えられるようになります。さらに5、6歳になると「おだんご屋さんのふりをしている」と、役割についても現実とうそを区別した回答をするようになります。年齢の小さい子ほど、うその自覚は結構あいまいだということがわかります。逆に、あいまいだからこそ、あんなにおいしそうに食べられるのかもしれません。

　さて、帰りの電車はいくつかトンネルがあったのですが、2つめのトンネルを抜けたあと、年少のアンは起き上がってきません。どうやら本当に寝てしまったようです。もちろんこれは、現実とうその区別がついていないのではなく、くたびれていただけなのですが。

解説

(1) サンタクロースを信じる心

　　　　子どもたちの周りには日常的な想像物があふれている。鬼、お化け、代表といえるのがサンタクロースである。短大生110名に「子どものころサンタクロースの存在を信じていたか」「何歳ごろまで信じていたか」と尋ねた調査[15]では、97名（88.2％）の学生が「信じていた」と回答している。また何歳まで信じていたかについては、7歳以降に信じる者の割合が急激に落ち込み、10歳には22％まで落ち込んでいる。

　　　信じているといっても、その信じ方には年齢によって差がある。サンタクロースをはじめとする日常的想像物をどのように信じているのかを保育所の年中と年長の子どもを対象に調べた調査[13]がある。まず「サンタクロースに会ったことがあるか」を尋ねた。「ある」と答えた子どもには「いつどこで会ったのか」尋ねた。「ない」と答えた子どもには、「会うことができると思うか」を尋ね、「できる」という子には「どこで」と尋ねた。「できない」と答えた子どもには「なぜできないのか」を尋ねた。その結果、年中の子どもは「会ったことがある」と答えた子どもが多く、どこでと聞くと、「クリスマス会に来た」と言う。年中の子どもはクリスマス会に来たサンタクロースを本物であると考え、自分の経験にもとづいてサンタクロースは存在すると考えているのである。一方年長の子どもは、クリスマス会に来たサンタクロースは偽物であると考えている。では年長の子どもはサンタクロースの存在を信じていないかというと、そうではなく、会ったこともないし、会うことはできないけれど、本物のサンタクロースはどこかに存在すると考えていたのである。彼らは、目に見えないものを信じることができているといえるだろう。

小さなサンタさん（1歳児）

初めてのクリスマス会（0歳児）

第4章　知的好奇心を育てる ―― 世界と他者を認識する　　115

（2）ごっこ遊びができなくなるわけ

　　目に見えないものを信じるためには、イメージや想像力が必要となる。想像とは、「いま・ここ」の世界を超え、新たなイメージや考えを作り出すプロセスのことをいう。想像力は遊びのなかで育まれる。1歳を過ぎるころから子どもは見立て遊びを始める。スリッパを耳に当てて「もしもしー」と電話に見立ててみたり、ブロックを「ガタンゴトン」と言いながら床を移動させて電車に見立ててみたりする。見立てとは、目の前にないものを、目の前にある適当なものを使って、そのものがあるかのように振る舞うことである。このとき、目の前にないものと目の前にあるものを結びつける役割を果たしているのがイメージである。過去の経験から頭の中に取り込まれた電話や電車のイメージが、スリッパやブロックを電話や電車と結びつけているのである（😊5-8）。

　　ここで、スリッパを電話に見立てるとき、スリッパを耳に当てるという自分の身体も利用されている。電話をかけるふりをしているわけである。自分の身体を見立ての道具として利用する遊びを、ふり遊びという（☞2-1）。ふり遊びがある設定のなかで役割分担がなされ、展開されるようになるのが、ごっこ遊びである。ごっこ遊びは、ある設定を共有し、それぞれが役割を演じながら進む遊びである（☞2-1）。たとえば家族ごっこをしていてお母さん役をしている子どもは、お母さんになったつもりになっているのであって、本当にお母さんになったわけではない。また朝ごはんの味噌汁として出された泥水を本当に飲んだりすることはない。子どもたちは、このうそと本当についてどのくらい自覚的なのだろうか。

　　このことを調べた実験がある[14]。ごっこ遊びをしている子どもに、「何してるの？」「何作ってるの？」と尋ね、泥だんごを示して「ハンバーグを作っている」と答えた子どもには「でもこれ砂だよね」と現実の意味を示し、子どもの反応を確かめたのである。その結果、4歳未満の子どもは現実の意味を示されると、だまりこんだり、唖然として実験者を見上げたり、「だってハンバーグだもん」と弱々しく反論

したりした。4歳過ぎの子どもは「いいんだよ、うそっこだから」と、うそと本当を区別した回答をした。ただ、家族ごっこをしてお母さん役をしている子どもに「だってあなた○○（実名）ちゃんでしょ」と尋ねると、4歳過ぎの子どもでも答えに窮することがあった。子どもはごっこ遊びの最中に、常にこれはうそであると自覚し続けているわけではなく、現実と想像の境はあいまいなのではないかと思われる。

　実際お化けになって周囲を怖がらせていた子どもが、本当にお化けが来るかもしれないと思って自分が怖がって泣きだしたりということがある。ある幼稚園で怪我をした女の子をみんなで先生のところに連れて行くあいだに、救急車ごっこになってしまったこともある。子どもたちは、想像と現実の区別はしているものの、その境目はあいまいであり、あいまいだからこそごっこ遊びに入り込めるのだろう。ごっこ遊びのなかで、子どもはそのものが見えているかのように振る舞う。見えない玄関から入り、見えないベッドに入って休み、見えないコンロの上でいろんなものを料理するのである。やがて現実と想像の区別がはっきりとしてきたり、自分はもうそんなことをする年齢ではないという自意識が出てくるようになると、ごっこ遊びはしなくなる、というよりできなくなる。学生にいつまでごっこ遊びをしていたかを尋ねると、小学校の低学年くらいまでと答える者が多い。これはサンタクロースをいつまで信じていたかということとも重なる。サンタクロースをはじめとする日常的想像物を信じることができるのも、現実と想像の境目にいるからなのではないだろうか。

(3) 見かけと本当の区別

　現実と想像を混同してしまうというのは、ピアジェが指摘したように幼児期の子どもの世界の捉え方の特徴である（☞ 2-1）。有名な保存の実験では、キャンディーを2列同じ数だけ並べ、子どもにどちらが多いか尋ねる。子どもは同じと答える。次に子どもの目の前で一方の列の間隔を空けてもう一度同じ質問をすると、間隔を空けた列のほうがキャンディーが多いと答えるのである。見かけの長さにだまされてしまうのである（😊 5-2）。

p.40

p.136

第4章　知的好奇心を育てる ── 世界と他者を認識する　　*117*

「見かけ」を「本当」と考えてしまうことを、麻生は〈一元的〉思想と呼んでいる[16]。「見かけA」と「本当B」のあいだを行き来できずに、「見かけA」を信じる（見かけがAだから本当もA）か「本当B」を信じる（本当はBだからと見かけの違いを認めない）かの二者択一になってしまうのだ。他方、見かけと本当を区別できる発想を、一元的思想を超えた「多元的」思想であると麻生は言う。

　いつ頃、見かけと本当の区別がつくようになるのだろうか。ある研究者[17]は、よく訓練したメナードという名の猫に、どう猛な犬のお面をつけさせて「この動物は何？」と子どもたちに問うた。3歳と4歳の子どもたちは、犬のお面を付けた猫のメナードを「犬」とみなし、キャットフードとドッグフードどちらを食べさせるかを尋ねると、ドッグフードを選んだ。5歳と6歳の子どもは、犬のお面をつけているが、メナードは猫であることを理解していた。4歳から5歳にかけて、見かけと本当の区別がつくようになり、多元的な思想をもつようになるのである。先に紹介したクリスマス会に来たサンタクロースは見かけはサンタクロースだが、偽物で、本当のサンタクロースはどこかにいると考えるようになる子どもは、多元的思想を生きているといえるだろう。

　一元的思想から多元的思想に変わっていく背景にも、メタ認知能力の発達がある（☞ 4-2）。ただ多元的思想をもつようになったからといって、すぐに完全に移行してしまうわけではない。見かけと本当のあいだを行ったり来たりしながら（あいまいな世界を生きながら）、小学校高学年になるまでのあいだに、はっきりと区別するようになる。

4. ことばの意味を知る・考える

エピソード29　これ、なあに？

　野外での活動を中心としている自主保育グループに参加していたときのことです。私は２歳のサエと一緒に歩いていました。その日は春先で、私たちが歩いていた道端には竹の新芽が地面からたくさん生えていました。サエはその新芽が気になったらしく、立ち止まって私に「これ何？」と尋ねます。私が「竹の赤ちゃんだよ」と答えると、「竹の赤ちゃん…」と不思議そうに新芽を見つめながら繰り返します。しばらく歩いたとき、また新芽を見つけたサエは「これ何？」と聞いてきます。私が「竹の赤ちゃんだよ」と同じように答えると、今度はわりとすんなり「竹の赤ちゃん」と納得してまた歩きだします。このようなやりとりが、その日の目的地に着くまでのあいだ、何回も続きました。

　子どもたちがことばを獲得していくプロセスのなかで、サエのように、「これ何？」という質問を繰り返すということはよく見られることです。その時期は命名期と呼ばれ、子どもたちは何度も何度も同じ質問を繰り返します。あるお子さんは駅付設の自転車置き場に並んでいる自転車一つひとつを「これ何？」と問い続けたそうです。大人からすると何度も同じ質問をされるので、だんだんくたびれてきたりするのですが、「これ何？」「○○だよ」というやりとりを通して、子どもたちはことばを自分のものにしていくのだと考えられています。実際その時期子どもたちの語彙は、爆発的に増加するといわれます（☞ 1-1）。

p.8

　その日の私も、４、５回めにはだんだん答えることがしんどくなってきたのですが、とにかくつきあってみようとやりとりを続けました。目的地に着いてからは、サエは別の遊びに没頭して、「竹の赤ちゃん」のことはすっかり頭から離れているようで、私の頭からもそのやりとりのことは抜けていきました。目一杯遊んだあと、来た道をのんびり歩いて戻っていました。すると私の前を歩いていたサエが突然振り向いて「竹の赤ちゃん！」と言ったのです。見るとサエのすぐ脇に竹の新芽が顔を出しています。行きの道では何度も私に問いかけていたのに、今度は私に質問することなく、サエ自らが「竹の赤ちゃん！」と言ったのです。そのときのサエの顔は満面の笑みで、なんとも誇らしげでした。「竹の赤ちゃん」いうことばが、サエ自身のことばになった瞬間でした。私は、突然のことに驚きつつも、その場に立ち合えたことに感動を覚え、やりとりを続けてよかったなあとしみじみ感じたのでした。

2歳児のおままごと中に「これ、なーに？」「たけのこだね！」

エピソード30 「うそ！　ほんとー!?」ってどんな意味？

　息子のシュント（当時4歳11か月）が保育園から帰ってきて、こんなことを言い出しました。「『うそ！　ほんとー?!』っていうのは、〈うそ〉ってことじゃないんだよね？」と納得がいかないような、それでいて少し心配そうな表情です。唐突すぎて何のことかわからず、聞き直してみると、「シュントが、『うそ！　ほんとー?!』って言ったら、マナトが『うそじゃないよ！』って言うんだよ」と説明してくれました。つまり、マナトが何か言ったことに対して、シャントが『うそ！　ほんとー?!』と言って、マナトが怒ってしまったようです。どうもシュントは、自分が言った『うそ！　ほんとー?!』ということばがマナトにうそを指摘したように受け取られてしまい、そういうつもりではなかったと言いたいようです。『うそ！　ほんとー?!』という部分だけ、大げさな抑揚と表現を付けて私に話してくれる様子から、なんとかこのことばの意味を伝えたいというシュントの思いが感じられました。私が、「じゃあ、『うそ！　ほんとー?!』ってどういう意味？」と聞いてみると、「〈知らなかった〉ってことだよ」ですって。ああ、なるほど、確かにそういう文脈で使うこともあります。

　私たちは誰かと話をするとき、字義通りの意味だけをやりとりしているのではなく、その状況に応じたその場限りの意味もやりとりしています。たとえば、「暑いですね」ということばは、街角で出くわした人に言われると、あいさつとして「そうですね」と返せばいいかもしれません。しかし、家に遊びに来た人に言われると、「もう少し涼しくしてほしい」という相手の依頼として受け止め、「では、窓を開けましょう」と窓を開けるために立ち上がるかもしれません。このように、ことばが字義通りの意味だけでなく、あいさつや依頼といった何かの機能を担って用いられることを**語用論**といいます。発話するときの語用論は、その状況に応じた話し手の意図と聞き手の解釈で成り立つものなので、マナトとシュントのように年中児同士であれば、文脈を共有しているようで、できていなかったのでしょう。しかし、家族同士の慣れたやりとりばかりでなく、保育園で、いろいろな友だちといろいろな状況でやりとりする経験を積むことで、徐々に状況に応じたその場限りの意味をつかめるようになるのです。

　そういえば、ちょうどこのころです。私は何か悪いことをしたシュントを叱るとき、「何回言ったらわかるの？」と聞くのですが、それに対してシュントが「3回だったかな …。（私がさらにムッとするのを見て）あ、5回くらいだった？」と返してきたことがありました。私としては、「ごめんなさい」を促しているつもりでも、シュントの方は字義通りに受け止めていたのでしょう。

エピソード 31　おトイレのスリッパは・・・

　幼稚園の年中児クラスを訪問したときのことです。登園直後の訪問でしたので、ちょうど朝の会をしていました。朝の会には、お当番の二人の子どもによる、お休み調べがあります。お休み調べは、お当番がお友だちの名前を一人ずつ呼びます。呼ばれた子どもは手を挙げて元気よく返事をします。

　その日は一人お休みでした。その後、お当番は休みのお友だちの名前を園長先生に伝えに行きました。お当番が帰ってきたところで、先生が「園長先生からみんなに伝えることはありますか？」と尋ねました。お当番は「はい」と返事をしてみんなのほうを向きました。そしてお当番のひとりが何かを言いかけました。が、急に目をギュッとつむって口をとがらせます。何かを言いたげですがなかなかことばが出てきません。だんだん元気がなくなって、とうとううつむいてしまいました。そこで先生が小声で「おトイレのお話じゃなかった？」や「スリッパは仲良しさんだよね」と両手でそろえる仕草をして助け舟を出しました。それを見て、その子はハッとした様子になり、先生に小さな声でお話を始めました。先生がうんうんとうなずいて「そうそう、おトイレのスリッパは ・・・」と促すと、ようやくみんなのほうを向いて「おトイレのスリッパはそろえてぬぎましょう」と言うことができました。

　ちょっと前まで覚えていたのに、いざとなると忘れてしまうことは大人でもよくあることです。覚えるべき文言を忘れないために、繰り返し文言を唱えることを**リハーサル**といいます。ただし、このリハーサルは就学以降にならないと上手にできません。それは記憶容量が増えて、新しい単語を繰り返しながら、長期記憶に送るという情報処理ができるようになるからです。その一方で、3歳を過ぎたころから、子どもは日常よく経験することや特別な出来事を覚えていて、後日話してくれることがあります。その背景には、周囲の大人とその出来事について会話をすることが関連しています。特に大人が質問のしかたをさまざまに変えたり、子どもにとってなじみ深い表現を使うことで、子どもの記憶が引き出されてくるのです。つまり、経験した出来事について子どもが考えたり話したりする機会になるような大人の質問やことばかけが思い出すことの助けになるのです。このような大人のはたらきかけを**足場づくり**（☞ 2-1）といいます。

　冒頭のお当番の子も先生の問いかけやスリッパをそろえるような仕草を見て、思い出すことができたのでしょうね。

p.43

第4章　知的好奇心を育てる —— 世界と他者を認識する　　*121*

解 説

　乳幼児は、他者とのコミュニケーションを通して、他者との関係を築き、他者と関わることの喜びを知り、また、他者を通して世界の多くのことを学ぶ。コミュニケーションは、身振りや表情といった非言語的コミュニケーションと、ことばを用いた言語的コミュニケーションに大別されるが、これらは相補的に機能する。ここでは、他者とのコミュニケーションの道具のひとつとして、言語の発達について述べる。

(1) ことばの発達

　言語とは、たとえば、実際の車を「クルマ」や「car」という音の組み合わせで代用することで表すしくみに支えられている。この関係をソシュールは、「意味するもの - 意味されるもの」と捉えた。つまり、「クルマ」や「car」が意味するもので、実際の車が意味されるものである。意味するものの側は、実は恣意的であり、「クルマ」でも「car」でも、「ブーブー」でも、意味されるものとしての車を表すことができる。さらに、このようなしくみで成り立つ言語は、他者と共有することができる（他者とのあいだで使うとき、話し手が言うクルマと受け手が受け取るクルマは、ある程度同じモノを想定している）という、社会的協約性をもつ。子どもは、初めからこの言語システムを理解しているわけではなく、ブロックで車を見立てる遊びを通して、さらに、ブロックが「クルマ」という音の組み合わせに入れ替わり、見立てのしくみを理解することでことばを使えるようになると考えられている[15]（😊 6-1、😊 5-2)。

p.182
p.112

　さらに、言語を支える社会的協約性は、他者とのコミュニケーションに支えられている。他者とのコミュニケーションについて、表4-1のように整理することができる[18]。

　初めは、親や保育者などに解釈されることによって、自身の未分化な行為が他者によって意味づけられ、他者からはたらきかけられることを心地よく感じるようになる。そして、徐々に、自ら何かを伝えるために、自身の発声や身振りが機能する（使える）ことを理解し、他

表4-1 コミュニケーションの発達（荻野, 2002 [19]を改変）

水準1　解釈者依存のコミュニケーション　　　　　　　　　　　　　誕生後〜
　　　意図を読み取る解釈者に依存したコミュニケーション。言語獲得以前にみられる
　　　声と声、表情と表情、身体運動と声などの相互的なパターンにもとづく前言語的
　　　コミュニケーションである。子ども側の何らかの能動的な反応と大人側の解釈に
　　　よって成り立っている。

水準2　道具的コミュニケーション　　　　　　　　　　　　　　　　生後8, 9ヶ月〜
　　　発声や身振りといった手段を用いて誰かに何かを伝えるコミュニケーション。他
　　　者と同じものに注意を向ける共同注意や、他者の表情を情報として利用する社会
　　　的参照、他者とやりとりをしようとする子どもの意図（意図的コミュニケーショ
　　　ン）などを基礎として発達する。

水準3　他者表象を伴うコミュニケーション　　　　　　　　　　　　2, 3歳〜
　　　伝える相手の受け止め方を意識するようなコミュニケーション。相手の意図を予
　　　測しながらコミュニケーションをするので、ふりをしたり、冗談を言ったり、嘘
　　　をつくこともできるようになる。

者とのコミュニケーションをより楽しむようになる。そのなかで、他者と自分とは異なる意図をもっていることに気づき、伝える相手がどのように受け止めるかを意識し、意図的コミュニケーションへと移行する。

　このようなプロセスのなかで、子どもは、他者とのコミュニケーションに巻き込まれ、コミュニケーションが音声を用いることで容易に成り立っていることに気づく。それがことばであり、他者と共通のことばを使うことによって、他者に自身の意図を伝え、他者の意図を理解することができるのである。

　さらに、子どもは、ことばの辞書的な意味だけでなく、文脈に応じたことばの意味の違い、つまり**語用論**も理解するようになる。たとえば、「その席、空いていますか」という質問は、yes/noでの返答を求める発話形式であるが、実際には座ってよいかという許可を求めるはたらきがあり、尋ねられた相手は「どうぞ」と答えるだろう。「かわいい」と言うときにも、吹き出すかのように笑いながら「かわいい、かわいい」と言うと、皮肉を込めた反対の意味が伝わるかもしれない。このように、発話は相手や状況によって、異なる意味をもちうる複雑な行為なのである。エピソード30の例のように、筆者は、保育園児の息子に「何回言ったらわかるの？」と叱っているつもりでも、息子

p.120

第4章　知的好奇心を育てる —— 世界と他者を認識する　　*123*

はまずきょとんとして少し考えてから、回数で答えたのだった。筆者は幼い子どもに、皮肉を含んだ間接的な叱りことばを多用していると、子どもはものごとの善し悪しそのものについて考えるのではなく、大人の考えを読み取って繕おうとするようになってしまうかもしれないとも感じた。

いずれにせよ、子どもは、文脈によって異なる言外の意味を経験することで、ことばの多層的な意味を理解し、社会的な文脈においてより適切にことばを用いてやりとりができるようになるのである。

(2) ことばを支えるやりとりや遊び

子どもは、生後1歳ごろに初語が出て、その後、単語ひとつで他者に何かを伝えようとする一語発話の時期を経て、単語連鎖が進み、基本的な文法も身につけ、3歳ごろがことばの完成期といわれている。子どもは、このプロセスをひとりで歩むのではなく、大人とのやりとりに支えられて、ことばを獲得し、さらにそのことばを使って、豊かなコミュニケーションの担い手となる。大人は、子どもとのやりとりや遊びを通して、子どものことばをどのように支えることができるだろうか。ここでは、発達と結びついた日常的で自然発生的なことば遊びを紹介する。

たとえば、初語が出る前後には、**ジャルゴン**（あるいはジャーゴン）といわれる、センテンスを話しているように聞こえるが意味不明の発話[20] が見られるようになる。子どもは、まだ、有意味語で話すには不十分であるが、まるでわかって話しているかのように、あだだ、むにゃむにゃと話しかけてくる。このとき、子どもは、大人を触って振り向かせてから話し始めたり、大人をしっかり見つめながら話したりして、ジャルゴンは明確に他者に向かっている。つまり、ことばや伝えようとする内容は不明瞭であったとしても、「私はあなたに向かってコミュニケートしようとしている」というコミュニケーションの意図が背景にある。

⏳ミニエピソード　ん？　なんて言ってるの？

　1歳児のクラスで実習中の学生と話をしたときのことです。「ある女の子が一生懸命、話しかけてくれるんですが、私にはその子が何を言っているか聞き取れないんです。何度も、これかな？　あれかな？　って聞き返すんですが、わからないんです。」と、表情を曇らせます。さらに、担任の先生は「うん、そうね」と返事をしていて、聞き取れているのだと思うと、自分だけ聞き取れないように感じて落ち込むと言うのです。私は、すぐ何が起こっているかわかりました。「授業でジャルゴンって話さなかったっけ？」と言うと、その学生は少し考えて、あっと言いました。

　実習後。その学生が報告に来ました。「ジャルゴンだと思い出したら、その女の子が〈何か〉を伝えるために話しかけてくれたのではなく、私とやりとりをしたいのだと思い出しました。だから、うん、うんって返事をしながら向き合うことを意識したら、その子はニコニコしてもっとおしゃべりしてくれました。」と。その学生は、実習を終えて、保育者になるためにもっと勉強するとも言っていました。

　親などは我が子のジャルゴンを、子どもの名前に語をつけて○○語、あるいは、〈宇宙語〉など親しみを込めて呼ぶこともある。ジャルゴンは、確かに有意味語ではないが、コミュニケーションの意図に応えるように、（子どもが何を言いたいかわからなくても）「うん、そうね」と返答をしたり、「へぇ、そうなの？」と聞き返したりすると、子どもはまるで、音声でのやりとり遊びを楽しむかのように、ジャルゴンで話し続けることがある。子どもが不明瞭にしゃべっていると、正確なことばを教えたくなるときもあるが、子どもがことばを話したいと思う気持ちの背景には、他者とのやりとりへの動機がある。このような、やりとりへの要求をまずは満たすことも、発達にとっては重要である。そして、ジャルゴンでのやりとりを楽しんでいるうちに、ジャルゴンに「○○○○ねぇ～」や「○○○○でしょう？」など語尾が付くようになってきたり、大人がジャルゴン風に真似て話しかけると「ちわう！（違う）」と遮ったりするようになってくる。これは、子ど

第4章　知的好奇心を育てる ―― 世界と他者を認識する　　*125*

もがボキャブラリーとは別に、会話でよく使われる語尾があることに気づき始めたり、あるいは、大人が話しているのは有意味語であり（具体的に伝える情報がある）、一方、自分が有意味語を話していないことに気づき始めている証であり、ジャルゴン期の終盤である。意味のないことばを具体的な他者に向けて話すことにより、子どもは人とやりとりをする楽しさを経験し、人に向かう動機付けそのものを育てているといえるだろう。

　また、乳幼児期にわたって、大人は、子どもとのやりとりを円滑にしたり、維持したりするために**オノマトペ**を用いることがある。「シー、静かにしようね」「コトンって、倒れちゃったね」「ピッって背筋を伸ばせるかな」などと言うときの、音や状態を表す「シー」「コトン」「ピッ」という表現がオノマトペである。オノマトペには、音として聞きうるかどうかで分けられる擬音オノマトペと、事物の状態・動作・痛みの感覚・人間の心理状態などを象徴的に表した擬態オノマトペがあり、擬音オノマトペには動物の鳴き声などを模写してつくられた擬声語も含まれる[21, 22]。また、オノマトペには、オノマトペ辞典や擬態語辞典などに収録されているような慣用的なオノマトペと、その場で作り出されるような臨時のオノマトペがある。

　乳幼児とのやりとりにおいて、オノマトペが多用されるのはなぜだろうか。オノマトペは、簡潔な形式でありながら、ものごとを写実的にありありと微細に、主観的感覚を感情を込めて言い表すことができるという特徴をもっている[23]。他者とのやりとりにおいてオノマトペを用いることによって、簡単な表現ながらも臨場感をもって伝えることができる。言語獲得途上でボキャブラリーも不十分な乳幼児に対しても、全体的な印象が伝わりやすいといえるだろう。また、オノマトペの特徴として、一見類似したオノマトペであっても、清音と濁音、半濁音の違い、あるいは、長音や促音、撥音の有無などによって、印象が異なってくるものがある[21, 24, 25]。たとえば、「コロコロ」と「ゴロゴロ」、「ピリピリ」と「ビリビリ」を比べると、清音や半濁音は濁音に比べ、〈丸い、小さい、はやい、やわらかい〉という印象を与え、濁音は、〈角張った、大きい、遅い、硬い〉という印象を与える。「がたごと」「がーたごーと」「ガタッゴトッ」「ガタンゴトン」のように、

126

長音や促音・撥音によって、オノマトペが表す動きが小さいか大きいか、連続的か途切れ途切れかなどの印象が異なってくる。

子どもとのやりとりにおいても、たとえば、雨の様子を「ザーザー降ってるね」「しとしと降ってるね」などオノマトペを変化させることで、ことばの感覚を楽しみながら、相手に伝えたいことをより的確に伝えることができるようになるだろう。「ふわふわ探し」「ギザギザ探し」など、オノマトペにあったものを見つけてくる宝探しゲームなどもできる。また、動物の鳴き声などは、文化によって異なることも知られており（犬の鳴き声は日本語圏では「ワンワン」、英語圏では「バウワウ」など）、外国語の鳴き声を声に出して楽しむこともできるだろう（章末の「グループワーク」をしてみよう）。

p.136

そして、子どもがことばを獲得し、他者との会話が自由にできるようになってくる年長のころには、しりとり遊びに興じるようになる。しりとりとは、ひとりが任意の単語を言い、その単語の最後の文字が最初に来る単語を次々と言っていく定番のことば遊びである。しかし、自由にことばを操っているように見える幼児にとっても、いきなりしりとりに参加することは難しい。会話をする際には、状況に埋め込まれてことばを想起するが、しりとりをするためには、脱文脈化されたことばを想起する必要があるからだ。そこで、保育所や幼稚園、こども園などでは、しりとりの前に、ことば集めゲームなどに十分時間をかける。「〈あ〉ではじまることば」などのひとつめの文字を指定して、「アイスクリーム」「あめ」「あたま」など、ことばを集める遊びである。初めのころは、子どもが想起しやすいことばを導くようなひとつめの文字を指定するが、徐々に、非日常的なことばも想起できるような最初の文字にも挑戦する。そして最初の文字というヒントだけで、文脈なしにさまざまなことばを想起できるようになってくる。

ひらがなの文字と、そのひらがなから始まる事物を組み合わせた学生による手作り作品

このようなことば集めやしりとりといった遊びは、単語を文字に準ずる音で区切る必要があるので、聞いたことばを

第4章　知的好奇心を育てる —— 世界と他者を認識する　　127

家族にお手紙を書く(5歳児)

話すだけでなく、文字と音のしくみを理解し、読んだり書いたりすることばへの移行を促す遊びといえる。学童期に移行するにつれ、しりとり遊びの展開として、中とりや頭とり（単語の中央の文字が最初に来るような単語で続けたり、最初の文字が次の単語の最後に来るように続けたりすることば遊び）など、より難しい遊びに挑戦しながら、日常的な会話では使う機会が少ないような単語についても触れる機会を得る。

　子どもは、文脈に埋め込まれた状態で他者とやりとりしながら、ことばを豊かにするだけでなく、文脈から離れたところでも、ことばの世界を広げているのである。また、ことばは、さまざまな他者との外向きのコミュニケーションを支えるだけではなく、自身との対話のために用いられるようになる。これはヴィゴツキーが指摘した**外言**から**内言**への発達であり、ことばが内化して、思考の道具となるのである（☞ 2-1）。

5. 時間の流れを知る

エピソード32 「あとで」っていつのこと？

あるお母さんのつぶやきを2つ。ナミ（4歳）は4月から幼稚園に通い始めました。朝のあわただしい時間、ナミがなかなか着替えられずにいると、お母さんはどうしても「早く！」と急かしてしまいます。しかしナミの支度のスピードは一向に上がりません。そんなときナミのお母さんは「急いでいるときはもうちょっとスピードを上げてくれるといいんだけどなあ」と思います。3歳のケンタ、お母さんが台所で夕飯の支度をしていると、「これ読んでー」と絵本を持ってきたり、「ママ、遊ぼう」とおもちゃを持ってきたりします。手が離せないお母さんは「ちょっと待ってて、あとでね」と言うのですが、ケンタはお母さんの側を離れません。ケンタのお母さんは「5分でいいから待ってほしいんだけどなあ」と思います。

さて、私たちがごく当たり前に使っている「あとで」「早く」という表現、子どもたちにとっては理解しがたいことのようです。たとえば時間のないときについ言ってしまう「急いで」「早く」ということばは、短い時間で済ませてという意味で使いますよね。しかし5歳くらいまでの子どもは、「急げば短い時間でできる」ということを理解するのが難しいといわれています。この時期の子どもは速さと時間の関係を「遠いところに行くのには時間がかかる」のように比例的に捉えます。しかし速さと時間の関係は必ずしも比例的とは限りません。「急ぐとものごとが早くすむ」というのは、反比例の関係です。「時間がかかるところは遠い」といった正比例の関係を理解するのは比較的早く可能なのですが、「遠いところでもスピードを上げれば短い時間で着く」といった反比例の関係を理解するのは、この時期の子どもにとって難しいことなのです。

同様に「あとで」ということを理解することも、子どもたちにとっては難しいことです。よく考えると、「あとで」というのは、かなりあいまいな時間の表現です。同じ「あとで」でも、あるときは10分後のことだったり、あるときは2時間後だったりと、状況によってさまざまです。そんなあいまいな表現を当たり前に使いこなしていることが不思議に思えてきます。私たちはさまざまな経験を重ねていくなかで、今の「あとで」はこのくらいかなと推測するようになります。しかし経験を積み始めたばかりの子どもたちにとって、その理解が難しいことは明らかです。「待てない」のではなく、「あとで」がいつなのかわからないのです。

ナミの支度のスピードがなかなか上がらなかったり、ケンタがお母さんの側を離れられなかったりには、子どもの時間の認識のしかたが関わっていたんですね。

文字盤にイラストを添えた保育室内の時計

第4章　知的好奇心を育てる —— 世界と他者を認識する　　129

エピソード33　消えたポッキー

　その日、娘のハルナ（当時4歳）が保育園へ行っているあいだに、私は、娘が食べずに残していたイチゴのポッキーを食べてしまいました。お菓子なら他のものがあったので、欲しがれば別のものを出してやればいいと思ったのです。帰宅したハルナは、目ざとく、テーブルの上に置きっぱなしになっていたポッキーの箱を発見。そして、中身が空になっていると知ったとたん、いきなり、わぁーっと泣き始めました。「おとうさんが、ハルナのイチゴのおかし、たべちゃったぁ～ぁ～」と叫びながら泣くハルナ。前の日、夫がハルナから、このポッキーを数本もらって食べた経緯があったので、残りを食べてしまったのも夫だと思い込んだのでしょう。実は、前々日と前日、ハルナはこのポッキーを食べるとき、自分で一日に2本だけと決めたのでした。私としては、娘に箱ごとあげたつもりはなかったのですが、本人は、箱の中の残りを見て、これは明日の分と思っていたのでしょう。また、そのように思うことで、2本だけでガマンできたのかもしれません。

　このように、「明日」に思いを巡らせること、あるいは、「昨日」を振り返って話せること、過去や未来を現在と区別し、時間の流れとして理解できることを、**時間的展望**といいます。時間的展望については、3歳くらいまでは、時間の概念が混乱しやすく、たとえば、スーパーマーケットへ行く道すがら、「昨日、どこに行ったの？」と過去のことを尋ねても、「おかいもの！」と現在のことを答えてしまうことが少なくありません。ところが、4歳ともなれば、「今日、残したポッキーを、明日、食べよう」、あるいは、「昨日ポッキーを食べたのは、お父さんだから、今日もお父さんに違いない」というような時間的展望がもてるようになり、さらに、時間的展望によって、「現在の」自分の行動をコントロールできるようにもなります。過去の行動を参考にして現在の行動を決めたり、未来を予測して現在の行動を決めたりします。自分で立てた予定が崩れてしまったハルナのショックは、どんなに大きかったでしょう。

　あまりの泣きように、真犯人が私であることをどうやって娘に告げるべきか、このまま、夫のせいにしてしまおうかなどと考えてしまうほどでした。それでも、勇気を振り絞って、「本当はね、お母さんが食べちゃったの」と告白。大泣きが一瞬、沈黙に変わり、「おかあさんが、食べたの？」と、のぞき込むような娘の視線。私が「うん、ごめんね」と言ったとたん、「おかあさんがぁ～、食べちゃったぁ～」とまた大声で泣き始めたのでした。ハルナ、本当にごめんね。せめて、空き箱をちゃんと捨てておくべきだったと反省したのでした。

解 説

（1）心理的時間

　楽しい時間はあっという間に過ぎるのに、おもしろくない時間はなかなか過ぎない。同じ1時間でもあっという間のときもあれば、2、3時間に感じることもある。人間にとって時間は短く感じられたり長く感じられたりするものである。それは物理的時間とは異なる時間の流れがあるということであり、それを**心理的時間**と呼ぶ。

　心理的時間には身体の代謝や心の活性度が関係している。よく歳をとると時間が経つのが早くなるというが、それは加齢によって代謝のスピードが遅くなるのに、それよりも物理的時間が早いからである。基礎代謝基準値（1日あたりの体重1kgあたりの基礎代謝量）は1〜2歳の女児で59.6kcal、3〜5歳52.2kcalなのに対して、18〜29歳の女性は23.6kcalである。同じカロリーを代謝するのに、倍の時間がかかるということである。

　また「10歳の1年は50歳の1年の5倍長く感じる」ということもある。これは大人としての時間の流れを基準として、幼少時の時間の流れを振り返ったときに感じられる心理的時間である。

　心の活性度との関連でいうと、楽しい時間があっという間に過ぎるのは時間に注意を払っていないからである。その時間内に行う活動が魅力的で、適度に困難で、自我関与の高いものであるほど、時間経過には関心が向かないといわれる。反対に活動に興味をもてずに没頭できなければ、時間経過にばかり関心が行ってしまうために長く感じる。人を待っているのが長く感じるのは、「まだ来ない」と時間ばかり気にしているからである。

　心理的時間には個人差がある。目を閉じているあいだは心の中で数を数えないように。30秒経ったと思ったら目を開けてそのときの時間をメモしてみよう。これを授業で行うと最も早く目を開けるのは15秒くらいで、遅い者は60秒近くになってようやく目を開ける。

　心理的時間の個人差には性格やパーソナルテンポが関係していると考えられている。いつも忙しくあれこれやっている頑張り屋さんで、負け気が強く、自分に逆らう人にはムキになり、ぐずぐずしている

第4章　知的好奇心を育てる ── 世界と他者を認識する　　*131*

人には腹を立てて、急き立てるという特徴のある人は、行動テンポが速く、時間の主観的な経過が速い。人にはそれぞれ心地よいペースがあるため、自分のテンポと異なるテンポで行動することはストレスになる。子どもも同じで、同じことをするのにパッパと済ませてしまう子どもと、なかなか進まない子どもがいる。自分のテンポと子どものテンポが合わず、イライラしてしまうこともあるだろう。テンポにも個性があることを自覚して関わることが必要だろう。

(2) 時間の特徴

　私たちが感じる時間は長さや重さと違って、物理的世界に存在する物体の属性ではない。つまり視覚や聴覚、触覚のように直接知覚できるものではない。空間も同様に物体の属性ではないが、時間には空間と異なる特徴として、不可逆性と周期性がある [26]。

① 不可逆性
　対象の空間的順序は入れ替えることができるが、事象の時間的順序を入れ替えることは不可能である。物語のなかには時間移動をする（現在にいる者が過去や未来に行ったり、現在に誰かが過去や未来から来たりする）ものが多いが、それは現実には過去や未来に移動することはできないからだろう。過ぎてしまった過去を変えることはできないし、未来の自分に会うことはできないのである。

② 周期性
　時間は逆戻りできないが、一定の周期を繰り返している。まず、自然界の周期がある。満潮干潮、月の満ち欠け（月）、年周期（年；地球の公転）、日周性（日；地球の自転）などである。また生体内にも周期がある。脈拍や体内時計がそれにあたる。体内時計は、**サーカディアンリズム**と呼ばれる。サーカディアンリズムとは、約24時間のリズムのことで、私たちの生理現象のほとんどはこのリズムで変動している。これは生物が地球の自転による昼夜の環境変化に適応するために獲得したものであるといわれ、人間を含めすべての生物に存在する。

後述するが、生まれたばかりの赤ちゃんには体内時計ははたらいていない。地球で生きることによって体内時計ができてくる。またいわゆる時差ボケは、空間の移動によって体内時計が狂うことによって生じる。

(3) 時間概念の発達

① 不可逆性の理解

子どもは過去、現在、未来という時間の流れをどのように理解していくのであろうか。子どもの発話から見ていこう。現在、過去、未来を区別して語るためには、発話時刻、出来事時刻、基準時刻を理解する必要がある。たとえば、「昨日、授業を受けたあと映画を見た」と言ったとき、「授業を受けたあと」が基準時刻で、「映画を見た」のが出来事時刻となる。

2歳半ごろまでは、これらの時刻は区別されておらず、〈いま・ここ〉がすべてである。2歳半ごろに、出来事時刻と発話時刻が切り離され、すでに起こったこと、これから起こること、起こっていることを区別して話せるようになる。「いま・ここ」を離れることができるようになるのである。3歳ごろになると、発話時刻とは異なる基準時刻による発話が可能になり、昨日、今日、明日という表現が頻繁に出てくるようになる。ただ、今を基準にして過去か未来かというように語るので、過去のことは全部「昨日」、未来のことは全部「明日」となってしまう。子どもが「昨日おばあちゃんのうちに行った」と言ったとしても、実際に祖母宅に行ったのは半年前だったりする。4歳半を過ぎるころになると、発話時刻、出来事時刻、基準時刻を区別した発話、たとえば「昨日幼稚園に行ったあと(基準時刻)、おばあちゃんのうちに行ったよ(出来事時刻)」が可能となる。このことにより、子どもは過去や未来に移動できるようになり、赤ちゃんだったときの自分のことを語るようになる。「あとで」が未来のことだと理解できるようになるのもこの時期である。

時間に親しみを持てるように絵本形式にした学生による手作り作品

第4章 知的好奇心を育てる —— 世界と他者を認識する　　133

このことは子どもが時間的展望をもてるようになったということを示している。時間的展望をもつことによって、子どもは過去や将来の自分をイメージして、今の振る舞いを調整することができるようになる。

② 周期性の理解

　先述したように、生まれたばかりの子どもは体内時計がはたらいておらず、昼夜関係なく寝たり起きたりする。生後1、2か月で体内時計が動き出し（体内時計の中枢は脳の深層部にあるといわれる）、まず、サーカディアンリズムが現れる。ただし、そもそもサーカディアンリズムは24時間よりも少し長いので、毎日リセットしないと、少しずつ地球の自転周期とのあいだにズレが生じてしまう。ただこの時期の赤ちゃんはリセットすることができないために、毎日一時間程度遅れていき、夜に起きたり昼に寝たりする生活となる。ズレをリセットするためには、日中は太陽の光を浴びさせ、夜は暗いところにという自然の状態にしておくことが必要で、そうすると赤ちゃんは生後3か月くらいまでに夜長く寝て、昼は目が覚めていることが多くなる。時差ボケの解消法として、朝、日光を浴びる、食事をきちんととるということが勧められるが、これも体内時計をリセットする方法である。

　体内時計がはたらきだした赤ちゃんは、生活をするなかで、出来事の規則性、たとえば朝起きて身支度をして朝ごはんを食べてといったことに気づいていく。保育園に通う3、4、5歳児に、「保育園に『おはよう』と来てから、お家の人が迎えにくるまでいつもどんなことをするのか順番に教えてね」と尋ねた研究[27]では、3歳でも、遊ぶ → ご飯を食べる → 寝る → おやつを食べる → 遊ぶ → 帰るという一連の流れを理解していた。さらに4、5歳児は朝来たらすることを述べたり、寝る前にはパジャマに着替え、起きたら着替えることなど、細かいことも言えるようになることがわかった。その後、曜日などの理解が深まり、8歳くらいまでに季節、夏休みなど、1年の範囲に時間の意識が及ぶようになる。

手触りを楽しみつつ数字に親しみを持てるようにした学生による手作り作品

（4）子どもの心理的時間と大人の心理的時間

　　子どもと大人とでは時間の感じ方がどう異なるのか調べた研究[26]
がある。まず、呼び鈴の音で開始と終了を区切って、40秒の時間を
提示する。参加者は提示された時間と同じと思う時間キーを押すこ
とが求められる。提示のあいだの条件として、①何も聞こえない条件
と、②20個の日常名詞、③44個の日常名詞、④短い童話、⑤短い大
人向けの話が読み上げられる条件があり、小学1年生と大学生の再生
時間の比較がなされた。その結果明らかとなった子どもと大人の違い
は、次のようなものである。まず、何も聞こえないときに比べて何か
が聞こえてくるときは、短く感じる効果は子どものほうが大きかった。
子どものほうが、何もしないで待つことが長く感じられるということ
である。次に、子どもは単語が多く聞こえるほうが長く感じた。子ど
もは出来事がたくさんあると時間を長く感じているということである。
大人は単語の数による変化はなかった。子どもは、子ども向けでも大
人向けでも、物語が聞こえてくるときは時間を短く感じていた。物語
を理解するためには注意を物語に向ける必要があるので、時間に向け
る注意が分散される。つまり、子どもは経過時間中の出来事によって
時間を長く感じたり、短く感じたりすると考えられる。ちなみに、小
学校3年生になると、大人と同じ結果が表れるということである。

　　これらのことから、小学校3年生くらいまでの子どもは出来事時間
で生きていると指摘された[26]。実際遊びに集中すると、子どもは時の
経過も忘れて入り込む。大人はお昼の時間とか、お昼寝の時間といっ
て、時間を区切りたがるが、子どもにとっては意味のないものである。
ある公園に初めてきた2歳の子どもは、そこにあったウォータースラ
イダーがとても気に入ったようで、何度も何度も滑っては登っていた。
昼時になったので、母親が「もうお昼だから帰ろう」と声をかけても
気づかぬ様子。それでも母親は「おうちに帰ってオムライス食べよ
う」「おなか減ったでしょ」と根気強く声をかけていたが、子どもは
ハアハア息を上げながらウォータースライダーを滑り続けている。そ
のうち母親はあきらめたのか、子どもが遊ぶのを眺めていた。しばら

第4章　知的好奇心を育てる —— 世界と他者を認識する　　*135*

くして、ウォータースライダーから降りてきた子どもが母親に「おなか減った」と言った。「じゃあ、おうち帰ろう」と母親が言うと子どもは素直にうなずき、二人は帰っていった。母親があきらめてくれたおかげで子どもは思う存分ウォータースライダーをやりきることができたのだろう。子どもの時間にいつもつきあっていたら生活が成り立たないが、たまには大人の時間で区切らず、子どもの時間に合わせることができると、子どもも思う存分遊びに入り込むことができる。

グループワーク

GW 使い慣れたオノマトペの他，新しいオノマトペも作ってみよう（巻末ワークシート「いろいろなオノマトペ」参照）。

GW 大人になった今でも子どものときに感じた出来事時間を感じるかどうかを話し合ってみよう。

GW 年長児と一緒にできることばを支える遊び（例：しりとり、なぞなぞ）の指導案を考えてみよう。

【参考書】

麻生武 (1996)『ファンタジーと現実』金子書房

第5章

一人ひとりの育ちに応じて支援する

さまざまな文化的背景をこえて仲よし（アメリカの園、5歳児）

文化と個性

1. 文化的背景に応じて支援する

エピソード34　お熱があるとき、お風呂に入る？　入らない？

　日本在住のイスラエル出身の友人が日本で初めて出産したあと、産後うつ状態から徐々に育児ノイローゼにまで陥ってしまいました。彼女はもともととても快活で活動的です。数年前に日本人男性と日本で結婚するまでは、単身で世界中を旅していました。いくつもの言語を話し、さまざまな文化に適応できる彼女を私は憧れのまなざしで見ていました。その彼女が日本での子育てが始まったとたん、ひどく落ち込んでしまったのです。よくよく話を聞いてみると、彼女の子育てのしかたを夫が理解してくれないとのことでした。たとえば、お子さんが1歳を過ぎたころ、初めて38度を超す熱を出しました。彼女はこういうとき「イスラエル」では湯船にお湯を張って浴室を湿気で満たし、湯船に入れて温めるのがいいと言います。自分が子どものときにイスラエルでお母さんにそうしてもらったからだと主張します。しかし、夫は「日本」では子どもが熱を出したときにお風呂に入れてはいけないと親から教わったと主張します。結局、そのときは彼女の言い分が通り、お子さんを湯船に入れることになり、その後すぐに熱が下がって元気になりました。しかし、この一件以来、子育ての方法の違いが際立つようになりました。

　子育てに関わる日常的な対応は家庭によってさまざまですし、一概に「○○人だからこういうときはこうする」と言うことはできません。むしろ目下の彼女の混乱ぶりは、子育てのしかたの違いを通じて「母国イスラエルでの子育てのしかた」を意識したためのようです。その顕著な表れとして、あれほど日本になじんでいた彼女が、出産後はしきりに母国に帰国したいと口にするようになりました。このように他国で暮らすときなどに、母国の人たちとの集団としてのつながりが際立って感じられるという感覚を〈エスニック・アイデンティティ〉といいます。アイデンティティは自分とは何者かについての主観的な感覚です。とはいえ、私たちは個人という単位を超えて、ある民族集団に属しているという感覚も抱いています。そういった感覚は、その民族に固有な生活様式などを意識することと関連しています。それが、自分の属する民族に固有な生き方とは何かという問いをあらためてもたらし、〈エスニック・アイデンティティ〉の感覚を際立たせるのかもしれません。

　冒頭の一件は、イスラエルと日本の気候風土の違いを反映したものでした。イスラエルは乾燥した気候風土である一方、日本は比較的湿気が高い気候風土です。こういった違いが子育てのしかたに違いを生じさせていたことを知るにつれ、彼女はもともとの快活さを取り戻しました。その年のクリスマスにイスラエル流のクリスマス会を主催して、近隣の方々を招待し、とても楽しく過ごしました。

エピソード35　ボクはボク、わたしはわたし

　このエピソードは、仕事でアメリカの幼稚園を観に行ったときのことです。
　日本とアメリカの保育の違いでよく挙げられるのが、日本での**一斉保育**と、アメリカでの**コーナー保育**です。一斉保育というのは、今は絵を描く時間、今は自由遊びの時間というように、クラス全体で基本的に同じ活動をします。コーナー保育の場合には、部屋をいくつかに仕切って、絵を描くコーナー、ままごとのコーナーというように、コーナーごとに活動が分けられているのです。もちろん、日本でもアメリカでもいろいろな保育形態がありますので、一概にはいえませんが…。
　私がアメリカで見学した園も「コーナー保育」で、広い室内に、本を音読するコーナー、蝶の幼虫を観察するコーナー、単語のスペルを覚えるコーナー、レゴのコーナーなどがあり、子どもたちが順に回って、いろいろな活動に参加していました。このようなスタイルだと、人気のあるコーナーにばかり子どもが集まったり、子どもが自分の気に入ったコーナーに居座り続けたりしそうですが、子どもたちがいろいろなコーナーを回れるような工夫がされていました。たとえば、各コーナーに「定員」があって、「レゴは3人まで。今3人遊んでるから、あとにしよう」と別の空いているコーナーに行ったり、お友だちに「そろそろボクと代わってくれる？」と交渉して入れ替わったり、また、スタンプラリーのようなカードがあって、子どもは自分のカードを確認しながら回ったりしていました。このような活動が前提となっているせいでしょうか。アメリカの園の保育者は、「自分で自分の好きな活動を選ぶことが大事」と言っていました。日本であれば、好きなお友だちと遊ぶために、自分のやりたいことを後回しにするということはよくあることですし、私たち大人も、それをごく自然に受け入れます。

幼虫の観察コーナー

　日本の場合、自分のペースで自分の活動に専念することより、他の子と協力するという協調性が先に教えられる（「貸して」「どうぞ」のやりとりなど）ように感じますが、アメリカでは、自主性のほうが優先されているように感じました。どちらのやり方がいいかではなく、いろいろな子育てや考え方があるのだなと感じたのです。ボクはボク、わたしはわたし…。それもいいか。

スタンプラリーのようなカード

第5章　一人ひとりの育ちに応じて支援する　──　文化と個性　　139

エピソード36 お年玉は何に使う？

　子どものころ、お正月の楽しみのひとつはお年玉でした。最近はもっぱら提供する側で、最近憎まれ口をたたくようになったおい（小4）も、このときばかりは神妙な顔つきをしています。小学校高学年になったので昨年よりも〈値上げ〉したのですが、自分の予想よりも多い金額だったからでしょう。小躍りしながら「これで欲しかったゲームが買える！」と満足げでした。彼の母親によると、ゲームを買うために毎月のお小遣いを貯めていたものの、なかなか目標金額まで至らず、お正月（お年玉）を首を長くして待っていたとのことでした。子どもたちにとってお年玉は貴重な臨時収入ですが、小学校高学年になれば多くの子どもが毎月お小遣いをもらっているでしょう。私も毎月決まった金額をもらって、そのなかで自分の欲しいものを買ったりしてやりくりしていました。しかし、ある研究[1]では、お小遣いのもらい方や使い方にかなりの文化差があることが明らかとなっています。

　日本では、先ほど述べたように定期的に決まった金額をもらうお小遣いのかたちが一般的です。しかし中国では、定期的にお小遣いをもらう子どもはむしろ少数派で、必要なときにそのつどもらう方が多いそうです。違いはお小遣いの使い方にも現れていて、日本の子どもたちは、おもちゃや文房具を買うなど、自分のために使うことが多いのですが、中国の子どもたちは自分のために使うだけではなく、「母と夕食の買い物に行ったときに夕飯の食材をお小遣いで買ってあげる」「お菓子を友だちにおごる」というように、他者のために使うことも多いそうです。家族の生活に関わるお金を子どものお小遣いから出すということは日本では考えにくいですし、ましてや友だちにおごるという行為は多くの日本の親にとっては奨励されないものでしょう。しかし中国ではそのようなお小遣いの使い方はよい使い方として歓迎され、むしろ自分の楽しみだけに使うこと（たとえばおもちゃを買うなど）はあまり奨励されません。

　お小遣いをめぐる文化差は、子どもたちの学びにも影響します。定期定額制ではない中国の場合、子どもはお小遣いをもらうためにそのつど大人と交渉する必要があります。毎回自分の要求が通るかどうかはわからず、交渉次第で変わってくるため、調整は非常に重要です。時にはお互いの思いが衝突しながらも、その解決のしかたも学ぶことになります。一方定期定額制の日本の場合はそのような交渉は必要なく、むしろ子どもは決められた金額のなかでどうやりくりするかを学んでいくことになります。

　お金をめぐるやりとりも、所変わればまったく違うありようがあることは興味深いですね。

解 説

　平成27年国勢調査によると、外国人人口は175万人で、総人口の1.4%であったが、平成22年の調査と比べると、10万人（6.3%）増加している[2]。これに伴って、保育所、幼稚園やこども園に通園する異文化児も増えている。異文化児とは、外国籍をもつ親とともに移住してきた外国籍児や、実際の国籍にかかわらず親などが外国出身者である外国にルーツをもつ子どもや外国につながる子ども（外国籍児の他、国際結婚の子ども、帰国児などを含む）など、異なる文化的背景をもつ子どものことをいう。保育所保育指針解説、幼稚園教育要領解説、および、認定こども園教育・保育要領解説（いずれも平成30年）においても、外国籍家庭、海外から帰国した幼児や生活に必要な日本語の習得に困難のある幼児に対する特別な配慮や個別の支援を謳っている（☞ 5-3）。

p.154

　多文化や異文化に関わる用語は、明確な区分なく使われることもあるが、ここで、類似するいくつかの用語を整理しておきたい。まず、**多文化**と**異文化**という用語であるが、多文化とはさまざまな文化が同居している状態で、異文化とはある個人から見て異なる文化という意味である。したがって、異文化児というときには、ある集団で優位な文化に対して異なる文化的背景をもつ子どものことで、多文化児というときには国際結婚の子どもや異文化移行の結果、一人の子どもの中に多層な文化が形成されている状態をいう。また、多文化保育（☞ 3-2）というのは、さまざまな文化的背景をもつ子どもたちがいる集団への保育を意味し、多文化共生保育・教育というときには、異文化理解にもとづく多文化の共生を目指した保育や教育、すなわち、多文化共生をねらいとした実践を意味する。

p.72

(1) 異文化児の文化移行と適応

　人は移住や長期滞在で異なる文化に移行すると、カルチャーショックを含む異文化体験をするので、新しい文化への適応（異文化適応）が課題となる。就学前の幼児の異文化適応は、大人に比べて新しい言語の獲得が早いことや、あるいは、遊び中心の園生活によって学習面

第5章　一人ひとりの育ちに応じて支援する —— 文化と個性　　*141*

への影響が小さく見えるため、保育者や周囲の大人が「子どもは大丈夫」などと楽観視することがある。しかし、子どもによっては、**文化移行**に大変な困難を感じることもある。同一文化圏内であったとしても、転園などの環境移行は、ときに子どものストレスを高めることがある。文化移行では文化的な習慣が異なり、肌や髪の色、服装など見た目が異なる子どもの集団に自分が仲間入りする状況は、幼児には想像すらできないことだろう。さらに、幼児にとって、母語以外のことばの存在も知らなかったとしたら、聞いたことのないことばに囲まれ、ことばが伝わらないという経験はどんなに恐ろしく感じることだろう。文化移行における適応には、言語的な適応だけでなく、習慣といった文化的な適応や、アイデンティティの問題も含まれる。

　まず、言語面については、日本の園に通い始めたばかりの異文化児は、ことばが伝わらない経験をすることによって、登園最初の数日で声を出して話さなくなる子どもも多い。また、ことばが通じないことで暴力的になる異文化児もいる[3]。幼児なりに、自分のことばが伝わらないことを察知し、ことばで伝えることをあきらめ、他児を避けたり、あるいは、他児と関わろうとして、叩く、黙っておもちゃを取るなど、不適切でも確実に伝わる手段を用いるようになることもある。異文化児の体調が悪いときなどは、それが伝えられないために対応が遅れることもある。また、ある程度、日本語の獲得が進んでからも、発音の違いを気にして口数が少なくなってしまう場合もある。たとえば、日本語で言われていることは理解できるが、自分からはほとんど話さず、にこにこ笑って、首を縦に振るか横に振るかで友だちと遊ぶ異文化児もいる。

　文化面では、園生活に必要な**スクリプト**の獲得[4]も求められる。スクリプトとは、日常的に行われる活動の手順に関する知識[5]で、生活するうえで慣習化した台本のようなものであり、登園後の朝の支度としての手順や、友だちが使っているおもちゃを使いたいときの手順である。思わぬ習慣の違いに直面したり、日本の集合主義的な保育スタイルになじむことに困難を感じた異文化児の報告もある。たとえば、ブラジルから来たある3歳児は、午睡の習慣がなく保育所での午睡の時間が苦痛で、登園時にブラジル人の母親に訴えたが、母親も午睡

についてこの子どもに説明ができず、昼食後に迎えに来ることにして早退をしたという[6]。また、ペルー人の父、ドイツ人の母をもつある5歳児は、ドイツから日本に移住し、保育所に通い始めたころ、日本の集合主義的な保育になじめず、保育所のことを「刑務所みたい」と母親に語ったという[7]。他にも、屋内に入るときの靴の履き替えがなかなか定着せず、そのつど他児からいっせいに指摘を受けたり、母国の園で男女別トイレを使用しており、日本の男女共用のトイレの個室で排便ができず、葛藤した異文化男児の例などもある。特に、おにぎりと肉と野菜のバランスや色合いを考えて弁当箱に見栄えよく詰められた弁当は、日本文化のひとつといえ、外国出身の親を困惑させることがある。遠足の日に弁当を持たせずに登園したり、袋にクラッカーのみを入れて持ってきたり、なかには、日本文化なのだからと考え、スーパーマーケットの総菜コーナーで購入した寿司を詰め替えて子どもに持たせる（気がついた保育者が、暑い日に生ものは食べさせないほうがいいと判断するしかなかった）など、習慣の違いからくる誤解が生じることもある。異文化児は、自国にいたときには当たり前だったことが通用しない事態を経験し、日本人の他児に誤解されて仲間関係が難しくなったり、時に、自分が間違っているのではないかという思いから、自信をなくしたり不安になったりすることもある。

　もちろん、子どもは保育者や他児との関わりから、日本語を獲得し、新しい文化を身につける。しかし、ことばと文化が獲得されれば、文化移行における適応過程が完了するわけではない。子どもは年齢が上がるにつれ、アイデンティティの問題に直面する。異文化児が低年齢であればあるほど、日本のことばや文化に適応する過程で、自国語や自文化を喪失する。一方、アイデンティティと自分のルーツは関係が深く、自分のルーツを失いつつ日本人アイデンティティも形成できないと、自分は何者なのかという葛藤に陥ることもある。

　さらに、文化移行は、異文化児である子どもだけの課題ではない。外国出身の親が日本のことばや文化に適応できるとは限らない。たとえば、親の一方（たとえば父親）は職場に通い、子どもも園や学校に通うことで、日本語や日本文化に触れ、徐々に適応する。しかし、家に残されたもう一方の親（たとえば母親）は、ことばの問題から外出

が負担になり、子どもの保護者会などでも孤立して、ますます家に閉じこもるようになる。そのうち、子どもは自国語を話せなくなり、気がつくと地域で孤立するだけでなく、家庭内でも子どもと会話ができなくなるというようなことも起こる。異文化児の家族に対しても継続的な配慮が必要である。

(2) 多文化共生保育

　保育者は、時に自身の文化的な価値を保留にして、異文化児やその家族に寄り添い、これらの適応を支援する必要がある。一方で、保育者は、文化適応が、日本人幼児と同じように話せて行動できるという、異文化児の「日本人化」を目指していないか[6,8]、自問する必要がある。異文化児は、日本のことばや文化に触れつつも、自身のことばや文化をベースにして成長する。日本の文化を教え、それを押しつけるのでは、異文化を尊重していることにならない。宗教的な背景から自文化では食さないタブーの食材はもちろんのこと、子どもは見たことのない食べ物に抵抗を示すこともある。ここは日本だからと無理に食べさせるのではなく、食べないことを認めたり、慣れるまで時間をかけたりして、その子どもの文化を尊重する必要がある。そのために、まずは、互いの文化を知ることによる異文化理解にもとづき、異文化を尊重し、認めあう多文化共生保育が求められている。

　多文化共生保育として、普段からさまざまな文化の紹介をしたり、異文化圏から転入児が来るのに合わせて、その異文化児の文化やことばを紹介するなどの保育実践が工夫されている。その国の文化（食事や子どもの遊び、伝わる物語など）を紹介するときに、地球儀や世界地図で、外国を指さして見せることで、日本の子どもたちの想像力がはたらきだし、遠く離れたところに人の生活があることに、どんなところかという思いが湧くかもしれない。多文化の食を紹介する行事をFF（Food Festival）といい、生活に欠かせない食を切り口とした実践もある。ほ

いろいろな国からの子どもたちが一緒に

144

日本から来たゲストについて地球儀を使って説明（アメリカの園）

かにも、世界にはいろいろな文化があることを紹介した絵本や、音楽や数字を使って外国のことばを紹介する実践もある。子どもの歌には、「きらきら星」や「どれみの歌」など、メロディが同じで歌詞がそれぞれの言語で歌われているものがいくつかある。数字は、表記や個数など視覚的に確認しやすいので、それぞれの言語で言ってみるようにすると、子どもにもわかりやすい。

まずは、日本人の子どもたちに対して、異文化児のことばや文化を紹介することで、ことばが理解できないこと、振る舞いが異なることを受け入れる姿勢を導く。それによって、異文化に対する偏見をなくし、日本人の子どもたちもグローバルな感性を身につける準備ができるだろう。そもそも、日本人同士であったとしても、人と人の違いはあるので、その違いを尊重する姿勢を身につけることにつながるだろう。

また、外国籍保育士の配属を行っている園もある。（特定の）外国語が話せるうえ、保育の専門家でもある外国籍保育士は、異文化児やその家族と母国語でコミュニケーションがとれるため、気持ちにより添うことができ安心感が与えられる[5]。必要に応じて各園に通訳を派遣する自治体もある。しかし、さまざま文化的背景をもつ異文化児のことばすべてを補うような外国籍保育士や外国語が話せる保育士を各園に配置することは、現実的には困難であり、通訳も子どもの保育に関わるには限界がある。保育・幼児教育場面で使われがちなやりとりのリストをさまざまなことばで準備するなどの道具立てをしつつも、保育者がことばを超えて、粘り強くやりとりをすることが求められている。

以上に述べてきたように、さまざまな文化的背景をもつ子どもが同居する環境において、異文化児やその家庭への配慮をしながら保育する多文化保育から、日本文化の子どもを含めた一人ひとりの子どもが、異なる文化を理解し受け入れることを目指す多文化共生保育・教育へ移行することが望まれる。多文化共生保育・教育とは、それぞれの子どもたちが多文化児として成長し、グローバルな視点をもった国際人

になることを目指すものである。

> **ミニエピソード　世界を知るための教材**
>
> 　筆者は日本人で日本という国で暮らしています。ですが筆者の暮らしている地域には、外国籍だったり、一時的に海外から転勤で移り住んでいたり、さまざまなお国柄の方も大勢暮らしています。園を訪問すると、多い時には7～8か国を母国とする子どもたちに出会うことがあります。日常的な関わりを通して、あらためてそれぞれの生まれ育った国や文化によって、食べ物をはじめ衣食住の在り方や年中行事などが異なることを実感します。子どもたちは、どのようにして世界にはいろいろな暮らし方があるというイメージを抱くことができるのでしょうか。ある園では、たとえば国旗の色や形の違いをかるたで表現してみたり（写真左）、すごろくゲームで世界一周旅行を楽しんだり（写真真ん中）、美味しそうな食べ物や、その地域に特徴的な場所やお祭りなどの絵カードを保育の中で教材として用いていました（写真右）。
>
>

2. 就学に向けて支援する

エピソード37 「と」はどうやって書く？

　この春から小学校に入学するシホ。少し前から文字に興味をもち始めて、ひらがななら読み書きができるようになりました。シホは文字を書けるようになったことが楽しいようで、先日遊びに行ったときも、折った折り紙に文字を書き込んでそれを使って遊んだり、絵を描くとそれが何の絵なのかひらがなで示したり、自分の名前を書いたりしていました。シホがひらがなを書く様子を見ていると、書き順はめちゃくちゃですし、「ち」が「さ」になったり、「は」も右側の部分だけ反転していたりなど、鏡文字も多く見られます。

　シホに限らず多くの子どもたちは、小学校に入る前から、勉強というようなかたちで特に構えて教えられなくても、文字に自然と興味をもち学んでいきます。

　子どもたちの生活環境のなかには文字があふれており、生まれたときからさまざまな文字に触れ、周囲の人が文字に触れている（たとえば本や新聞を読んでいる）姿も目にします。そのなかで子どもは「世の中には文字というものがあり、そこには何か意味があるらしい」ということを理解します。模様のように感じられていた記号に意味があるということがわかるようになるのです。だからといって、すぐに文字が文字として捉えられるわけではなく、子どもたちにとって初め文字は、意味のある模様のようなものとして捉えられているようです。

　たとえば大人が文字を認識するときは、その文字がどのような線で構成されているか（直線と曲線の組み合わせのあり方）からそこに書かれている文字が何なのか判断しますが、子どもたちはそうではありません。ある子どもは「と」という字を書くとき、まず上部のアルファベットのvのようになっているところを書き、そのあと、それに続けるように下部を書きました。このような書き方は大人には考えられないことです。しかし、文字をひとつの模様のようなものとして捉えている子どもにとっては「と」というかたちを成すことが大事なので、書き順はある意味どうでもいいことかもしれません。同様に鏡文字になってしまうのも、この時期の子どもにとって左右を理解するのはとても難しいことであり、だいたい同じような感じになっているということのほうが大事だからといえます。

運筆にチャレンジ（年長児）

　シホのお母さんは、でたらめな書き順で書いたり鏡文字を書く様子を見て心配したそうですが、シホが文字を読んだり書けたりする自分をとても誇らしく感じている様子を見て、まずは文字を書くことが楽しいという気持ちを大事にしていけばいいと思われたそうです。

第5章　一人ひとりの育ちに応じて支援する ── 文化と個性

解 説

(1) 子どもにとって学校とは

　小学校に入学するということは大きな環境の変化である。保育・幼児教育と小学校教育のあいだには大きな段差があるといわれるほど、さまざまな面で異なっている。日本の小学校の場合、クラスが割り振られ、自分の座席が与えられる。授業のあいだはその席に座って先生の話を聞かなければならない。一日の流れも大きく変わる。時間割の登場である。時間割は一日が時間によって厳密に分割される。チャイムの合図をもとに、すばやく行動を切り替えることが求められる。友だち関係も大きく変わる。これまでの仲間とは別れて、新たな仲間との出会いがある。行動範囲も広がり、関わる人の幅も増える。小学校への移行は、子どもが小学校の環境に入っていくということだけに注目したのでは不十分であり、子どもを中心とした家庭、教師、仲間、近隣の全体が変化することに注意する必要がある（図5-1）。

1年生になったよ（小学校入学式）

　就学とは、インフォーマルな学習からフォーマルな学習への移行であるとロゴフ[9]は言う。学校文化という制度的に保障された文化活動システムへの移行、参入なのである。教師により組織された意図的な教授を行うコミュニティへの参入ともいえる。教師により組織されるのは学習の内容だけではない。何のために学ぶのかということについても、教師の意図が組み込まれている。日本の学校は未来を中心とした時間意識が強いとされる。大人に何のために勉強するのかと問わ

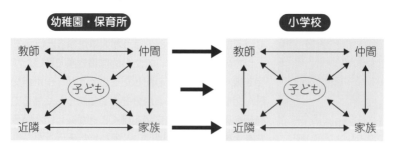

図5-1　幼稚園・保育所から小学校への移行 (Pianta et al., 1999 [10])

れて「将来のため」と答える人は多いのではないだろうか。

　未来を中心とした時間意識がよく表れているエピソードを、吉田[11]が自身のメキシコでの教師経験から紹介している。その学校は、メキシコの学校と日本人学校が合同してできた学校で、日本人コースとメキシコ人コースがあった。両コース合同の行事として運動会があり、その競技のひとつ、騎馬戦の練習時間のことである。指導するのは、日本人の先生だった。先生は騎馬戦のやり方を説明したあと、「今日は本番ではなく練習なので、相手の帽子に軽く触れるだけでいいです」と指示した。練習が始まると、メキシコ人コースの生徒は本番さながらに帽子を奪い合い始めた。日本人コースの生徒は、先生の指示通り相手の帽子に軽く触れるだけだったが、メキシコ人の生徒に追いかけられてあたふたしている。

　吉田は両者のあいだにある時間意識の違いを、現在中心の生き方と未来中心の生き方と指摘する。今日は本番ではなく練習という発想は、未来のために現在を使うという発想である。一方本番さながらに「練習」したメキシコ人コースの生徒たちの時間は、現在中心だ。未来を中心とした時間意識によって危惧されるのは、子どもたちは学んでいることが、今のこの生活のなかで生かされるというより、あくまで将来どこかで使われるはずのちからとして、生活から浮いたかたちで取り扱われてしまうということである。

　さらに、小学校では同じことをみなでいっせいに行うことが多いために、他の子どもとの比較が常に意識させられる。「○○さんは算数がよくできるけど、自分はできない」「○○さんはあまり運動が得意でないけど、自分はできる」といった比較によって、他の子どもと比べて自分はどのくらいの位置にいるのかを知るのである。それが如実に表れるのがテストの点数や通知表である。学校では教えたことがどのくらい身についたかをチェックするためにテストを行う。学んだことをテストで発揮することのみが目的となって、その目的を達成しさえすれば、そのあとは問わなくてもいいかのような思いをもってしまう。つまり学ぶことは実質的に生活のなかで使うという意味を失って、もっぱら学校教育制度のはしごをどれだけ効率的に、またどれだけ高く上がるかという意味にすり替えられてしまうのである[12]。

第5章　一人ひとりの育ちに応じて支援する —— 文化と個性　　*149*

(2) 一次的ことばと二次的ことば

　小学校に入ると使われることばも変わってくる。岡本夏木[13]は、幼児期の親しい相手とのことばのやりとりのなかで機能することばを、児童期以降、不特定多数の聞き手を想定して一方的に語ることばと区別して、**一次的ことば**と呼んでいる（対比して、後者は**二次的ことば**としている）。一次的ことばと二次的ことばの特徴を表5-1に示す。

　一次的なことばは、相手との一対一のやりとりのなかで機能する。聞き手と話し手が役割を交代しながら、テーマが展開する。二次的なことばは、話し手と聞き手の役割が固定し、前者が後者に向けて一方的に話すものである。一次的なことばでは、やりとりのなかでテーマが展開され深まるが、二次的ことばでは話し手がひとりで自分の話を構成する必要がある。

　一次的ことばは、話の相手が自分をよく知っている親しい人であることが多い。自分の生活状況などをわかってくれているからこそ、多少文脈の説明が足りなくとも理解してもらえる。二次的ことばの場合、聞き手は不特定多数であるために、自分のことを知らない人が聞いてもわかるように話すことが求められる。話のテー

もうすぐ1年生。絵本をベッドに持ち込んだものの眠ってしまいました

表5-1　一次的ことばと二次的ことばの特徴(岡本夏木, 1985[13], p.52を改変)

コミュニケーションの形態	一次的ことば	二次的ことば
状況とその成立条件	具体的状況における文脈に支えられてことばの意味を相手に伝えることができる	現実の場面を離れ、ことばの文脈によって相手に伝える（具体的な状況もことばで説明しなければならない）
対象	比較的限られた自分をよく知っているひと	未知の不特定多数者　抽象化された一般者
展開の仕方	自分と相手との会話での共同作業によってテーマが掘り下げられる	自分の側からの一方的伝達行為で、話の展開を自分で設計する
媒体	話しことば	話しことば　書きことば

マに関して、一次的ことばは、テーマが具体的で、今ここで一緒に見ている光景や昨日の出来事について話す。一方、二次的ことばでは、テーマは抽象的で、今ここの文脈を離れたことを話す。

さらに、一次的ことばでは、やりとりの内容がことばの文脈だけではなく、状況の支えによって伝わる。たとえば、子どもが給食のハンバーグを食べながら「オイシイ」と言えば、主語がなくても、修飾語の「とても」がなくても、その声や表情をその場で見ている大人には、すべてが伝わるだろう。一方、二次的ことばでは、状況を共有しているわけではないので、おかれている状況も含めてすべてことばで説明する必要がある。

もう一つ、一次的ことばは話しことばが中心だが、二次的ことばでは話しことばに加えて、書きことばが加わる。一次的ことばは生活のなかのことばであり、必然的にその子の育った土地のことば（方言）になる。一方、二次的ことばは学校で習得する標準語が主体となる。

対比してみるとわかるように、二次的ことばは主に学校での学習というかたちで、大人から意図的に教育されるものであって、一次的ことばの世界に暮らしていた子どもにとってはなじみのないものであり、その獲得には困難が伴うことがある。(😊6-4)　　　　　　😊p.195

（3）幼児期に準備すべきか

ある保育園に勤める保育士は、年長児の後半の保育が小学校の準備的なものに割かれていくことに違和感をもち、「小学校のために今の年長の時間があるわけではないのに」と嘆いていた。幼児期は小学校に入るためにあるわけではない。豊かな幼児期の上に学校生活がある。

たとえば、小学校に上がる前にどれだけ文字を習得すればいいのかは、保護者の関心ごとのひとつであるが、文字に対する興味もそれぞれである。自分が好きな電車の名前や駅名を読みたいがために、早くから興味をもつ子どももいれば、まったく興味を示さない子どももいる。小学校に入る前にひらがなくらい読めたほうがいいかと思って、大人が強制しても興味がないとかえって逆効果になるので、子どもの興味に合わせるのが一番である。

第5章　一人ひとりの育ちに応じて支援する —— 文化と個性　　*151*

3. 配慮を要する子どもを支援する

エピソード38　みんな違っていいよね

　ある園の園長先生から、こんな話を聞いたことがあります。来春、学区の小学校
1年生の担任になる先生から「来春入学するお子さんのなかに特別に配慮を要する
お子さんはいますか」と問い合わせがあったそうです。先生は即座に「特別に配慮
のいらない子どももはいません！　どの子もみんな特別に配慮をしていただきたい子ど
もです」と答えられたそうです。もちろん、特別な配慮とは、発達障害の特性が見
られる子どもへの配慮という意味であることはご承知だったことでしょう。ですが
一人ひとりにその子らしさという個性があって、その子なりの育ちがあります。そ
の子に合った育ちへの支援があります。その意味で、唯一無二の存在としてみんな
が特別であるとおっしゃりたかったのに違いありません。

　園生活のなかでは集団生活ゆえに、一人ひとりその子に合った支援方法を見つけ
ることはたやすいことではありませんが、園生活に関わる第三者のちょっとしたは
たらきかけが時に功を奏すときがあります。エルは年長の2学期から幼稚園に入園
してきました。もともと集団生活がかなり苦手なようで、毎日の園生活でクラス活
動に入ることを難しく感じています。先生たちも、エルに合う配慮が必要だと感じ
ておられて、日々丁寧に関わっておられます。2学期は、何といっても行事が多い
時期です。秋の運動会や遠足、音楽会など、クラスのみんなと心を合わせて活動す
ることを楽しむことで、クラスの絆が深まっていきます。エルも一緒に楽しい気持
ちになってくれるといいのですが、ポツンと一人でいる姿を見ると、私はなんとも
落ち着かない気持ちになっていました。

　その日は運動会の前日で、朝からリハーサルでした。私は学生と一緒にボランティ
アとして手伝いをしていましたが、エルは築山のところでやっぱりひとりで遊んで
います。一方で、年長児たちが、玉入れをしたり綱引きをしたりリレーの練習に励
んだりしていました。ふと思いついて、学生二人にエルに声をかけてもらいました。
時折、その後の様子を遠目に見ていると、学生二人と何やら楽しそうに遊んでいま
す。何回めかに見ると、なんと3人で横に並んで座り、こっちに向かって手を振っ
ているではありませんか！　私も「おーい」と手を振りかえして、笑顔になりました。
そしてリハーサルが終わるころには、エルがちょっとのあいだ、クラスの中に混ざっ
て座っていました。学生たちに「どうやって話しかけたの？」と尋ねると、エルは
ひとりでいたいけれども、お友だちと一緒に遊びたい気持ちもすごくあるというこ
とを感じたそうです。だからエルのペースに合わせながら、少しずつお友だちのほ
うに注意が向くようにしていったというのです。学生二人は上手にエルが納得する
ようなかたちで橋渡しをしたようですね。

解 説

（1）みんな違って当たり前という認識へ

　　幼稚園や保育所、こども園などは、子どもたちの集団生活の場である。集団生活で他者（児）と一緒に暮らすためには、社会的規範やルールが必要である。それらの規範やルールへの適応の程度を視座に大人が子どもの振る舞いを捉えるとき、**気になる振る舞い**をする子どもに気づくときがある。たとえば保育者が気になると感じる理由には、①発達障害が背景にある場合、②養育環境の悪化が背景にある場合、③園環境が子どもの実態に合っていないことが背景にある場合、があると考えられる[14]。

　　気になるという感じを抱く背景には多様な要因があり、気になる子＝発達障害がある子と一様に捉えることはできない。むしろ幅が広い概念であると捉え、気になると感じる場合、「なぜ気になるのか」という視点から自らの子ども観や保育観を振り返る必要があるといえるだろう。気になるという現象が生じた場合、何より大切にしたいのは、その子ども自身がどのような困り感を抱いているのか、その困り感をいかに受け止め、支えていくかにあると考えられる。すなわち、子ども一人ひとりの生活背景や育つ過程に多様性があることを当たり前のこととして認識し、みんな違って当たり前という前提のもとに子育て・保育することを、あらためて確認する必要がある。

　　以下では、集団適応に困難さが生じている子どもを、**配慮が必要な子ども**と称する。そうした子どもの行動とその支援について述べる。

（2）集団生活において配慮が必要な子どもの姿のさまざま

　　子育てや保育は、子どもと直接的に関わる当事者だけの問題ではなく、その周辺を取り巻くようにして何重にも子育てを支援する輪がつくられている。普段は外側の輪にいるような第三者が、時に、子どもを中心とした当事者に寄り添いながら状況の整理を行うなど支援体制づくりに携わることがある。たとえばカウンセラーなどの心理職や福祉職などは、保育者以外の立場で、保育の場において一人ひとりの子

第5章　一人ひとりの育ちに応じて支援する ── 文化と個性　　*153*

どもを全人的存在として尊重して、成長を支えるための支援を担当する。子どもたちが生きやすくなるために、子ども自身と、子どもを育てている保護者・保育者・関係者に寄与することを目指す立場にある[15]（☞ 6-3）。

　以下に一例として、保育者から見て配慮が必要な子どもの行動特徴を見てみる。集団生活への適応という点から見ると、概ね表5-2の3つが挙げられる。

　また、近年では、外国で生まれ育った子どもや、外国にルーツをもつ子どもが、日本の幼稚園・保育所やこども園での集団生活で安心して生活するための支援体制づくりが急務となっている。さまざまなことばや文化背景をもち、日本文化と家庭文化との差異が大きく、他の子どもたちに比べて保育所・幼稚園やこども園への適応において多くの課題に直面しなければならない[16]（☞ 5-1）。

　就学前の保育・教育分野では、20年以上前に保育現場の国際化をめぐっての問題提起がなされたものの[17]、その知見が現場や行政と必ずしもうまく共有できていないことが指摘されている。しかし今後は、多様な背景をもつ人々と共に暮らしているという認識をもち、ボーダーレス化しつつある社会においての生活を豊かにするために、互いの違いを認めあい、互いに理解を深めあいながら協力していくことが一層求められている。

表5-2　保育者による子どもの「気になる行動」の分類（加藤, 2015[18], p.81-83を参考に筆者が作成）

1	ことばの問題	ことばの出始めが遅い。ことばが出てきたが、その後、ことばの数がなかなか増えない。大人の言うことがわからないことがある（言語理解力の問題）。大人の言うことは理解しているようだが、ことばでうまく表現できない（言語理解と表出にアンバランスがある）など。
2	運動・感覚の問題（粗大運動・微細運動機能・感覚統合系の問題）	歩き方がぎこちない。抱っこされても異様に体を固くする。あるいはしがみついてこない。爪先立ちで歩くことが多い。高いところが異様に好きで、すぐ上がってしまうなど。
3	対人関係／社会性の問題	視線が合いにくい。一人遊びが多く、他児と遊べない。幼稚園・保育所などに行きたがらない。集団への参加が難しいなど。

（3）配慮が必要な子どもへの支援体制づくりのために

　配慮が必要な特徴が見られる場合、その支援において大事なポイントは、以下の3つにまとめられる。

① 子どもの現状の捉え方の多様性を検討する

　大人の側に気になるという心持ちや困り感が生じてしまうと、どうしてもその子どものネガティブな側面ばかりに注目しがちになる。しかし、どの子どもにも、子どもならではのかわいらしい肯定的な側面がある。

　にもかかわらず、たとえば保育という集団生活の場でクラス集団を取りまとめるとなると、日々の困り感が積もり積もって不満や不安感を抱いたり、担任としての自己肯定感（☞ 1-3）が著しく低下したりする。そうなると、一層ネガティブな側面に注目してしまうという負の連鎖に陥ることは想像に難くない。その連鎖を少しでも避けるために、ボク・わたしの得意技などと称して、子ども一人ひとりの得意技が発揮できるような活動を取り入れて、みんなにそれを披露できる機会をつくったりすることがある。その姿を認めてもらうことは成功体験になる。逆に、負の連鎖のなかで失敗体験が積み重なると、「また○○ちゃんが、叩いてきた」というように負のレッテルが張られたり、全体の雰囲気にネガティブなトーンが漂ってしまったりすることになりかねない。大人の注意の向け方や対応は、すぐさま子どもたちに伝染する。それ次第で、子どもたちの気持ちのもちようが変わってくることを念頭においておきたい。

p.21

② 長い目で見守り、具体的な見通しを立てて、育ちを待つ

　クラスのような集団に配慮が必要な子どもがいると、大人の注意がその子に向きがちになる。しかし実際はその子どもの対応だけでなく、すべての子どもたちに配慮が必要である。〈個〉と〈集団〉の両方を考えることは、配慮が必要な子どもがいてもいなくても並大抵なことではない。

たとえば、幼稚園や保育所、こども園などでは、現状から卒園まで
という長いスパンでの大まかな見通しを立てて、その見通しに沿って
学期単位、月単位、週単位、1日単位とスモールステップの目標を設
定し、今日の保育のねらいを明確にするとよいだろう。しかし、計画
を立てるということはそれに縛られてしまう可能性があるので、焦ら
ず、長い目で見ることを忘れずに心がけたい。

③ 集合体として捉える

　配慮が必要な子どもがいる集団の場合、単なる集団の運営ではな
く、「配慮の必要な子どもがいる集団の運営」として考える必要があ
る。図5-2は**支援の三角形**といわれるものである。これは、保育の
場でクラス運営を考える際に、通常の子どもへの保育が一番下となり、
その上にやや配慮を必要とする子ども、さらにその上に特別な配慮を
必要とする子どもが位置している[14]。

　この図では、通常の保育が土台となり、その上に配慮が必要な子ど
もたちの保育が展開されることを表している。クラスの雰囲気を醸成
しているのは、一番下の多数の子どもたちである。友だちとうまく関
われない子どもがクラスにいる場合、子ども同士のトラブルが生じや
すくなる。その子どもに叩かれて嫌な思いをしたりガマンしたりして
しまう子どももいるだろう。友だち同士のトラブルは他者の心への気
づきを促す貴重な機会となるが、実際の保育現場でその場面に遭遇す
れば、保育者であれ子どもであれ、不快な気持ちになることがほと
んどである。しかし、支援の三角形の一番下
に位置づく通常の保育で対応可能な子どもは、
おそらく十分に生きるちからが育まれた子ど
もと考えてよい。たとえ不快な思いが生じた
としても、それを保育者に受け止めて慰めて
もらい、気持ちを立て直すことができる子ど
もであれば、「保育者から手厚い関わりが必
要な○○ちゃん」のことを、クラスのひとり
として受け止めることができるはずである。

③ 特別な配慮を
　必要とする子ども

② やや配慮を必要
　とする子ども

① 通常の保育で対応
　可能な子ども

図5-2　支援の三角形（守，2017[14]，
p.33より）

　配慮が必要な子も、他のみんなと同じよう

にクラスの大事なひとりである。そのように意識することで、子ど
もたちの行動が変化するのではないだろうか。たとえば、○○ちゃ
んに嫌なことをされて困ったとき、「保育士のそばに来て助けを求め
る」「その場を離れて気分を変える」「きちんと、やめてと伝える」な
ど、クラスの一員としての関わりを保育者と一緒に子ども自身も考え
る。そうすることで、やがて、その子はどうしてそういうことをする
のかなど、他児の気持ちを考える機会になる。周囲のみんなが他児の
気持ちを考えることは、他者を思いやる心を育む機会になるはずであ
る。配慮が必要な子どもとの関わりによって、周囲の子どもたちの他
者を思う気持ちが育つ機会になるということを、保育者が意識しなが
らクラス運営をすることが望まれる（☞ 4-1）。

p.101

グループワーク

GW 就学前後の違いについて話し合ってみよう。子ども目線で、幼稚園・保育所・
こども園と小学校がどのように違うかを箇条書きにして、そのギャップを埋め
るために、どのような対応、配慮、工夫ができるだろうか（巻末ワークシート
「ワーク幼保小連携」参照）。

GW どの国から何歳児の転入園児がくるかという設定を決めて、すぐに使える保
育・教育実践（外国語の yes/no、簡単で必要なフレーズ、文化の紹介、外国の
歌やゲーム、弁当）を調べて、自分なりに工夫してみよう。ねらいや配慮を話
し合って簡単な指導案を書いて発表してみよう。また、日本での運動会や遠足
でのお弁当について、外国籍の保護者への伝え方を考えてみよう。

GW 自分が育った地域による生活習慣の違いを見つけてみよう。

【参考書】

伊藤亜紗 (2015)『目の見えない人は世界をどう見ているのか』光文社新書

藤原里美 (2015)『多様な子どもたちの発達支援　園内研修ガイド　特性を理解して支
援する環境づくり』学研教育みらい

末田清子 (2012)『多面的アイデンティティの調整とフェイス（面子）』ナカニシヤ出
版

第5章　一人ひとりの育ちに応じて支援する —— 文化と個性　　*157*

山崎徳子 (2015)『自閉症のある子どもの関係発達——「育てる–育てられる」という枠組みでの自己感の形成』ミネルヴァ書房

第 **6** 章

親と保育者の育ち

初対面の子どもを学生同士で協力して預かる

育てると育てられる

1. 保育・教育という職業選択に向けて

エピソード39　せんせい、あっちいって！

　保育園の2歳児クラスに通わせていただいたときのことです。学期末には、どの子どもともすっかり仲良しになりましたが、学期の初めは、うまく関われないことがしばしばありました。そんな中、ソラはいつもいち早く私の手を取り「せんせー、あそぼー」と誘ってくれます。遊び初めは誘われるままに遊ぶのですが、そのうち他の子たちも「せんせー」と誘ってくるので、ソラとばかり遊んでいられなくなります。そうなると、ソラは一層声を張り上げて私と遊びたいことを主張します。ソラの気持ちに応えたいけれど、あっちの子ども、こっちの子どもからの声にも応えたく、結局どっちつかずになってしまいました。

　そんなある日のこと、この日はタイミングよく二人でパズルを一緒にすることになりました。パズルはなかなか難しく、ピースがうまく型にはまりません。そこで、私が何気なくピースの向きを変えようとしたら、ソラが「いや！　せんせい、あっちいって」と怒り、パズルをテーブルから床に払い落としました。仲良くパズルをしていたのに突然の怒りに私はびっくりして、呆然としました。一方、ソラはますます怒って、とうとう壁際まで走っていき、そこにおいてあった布団に突っ伏してしまったのです。

　子どもにとって、クラスにやってきた新しい先生が、自分たちを大事に思ってくれる優しい先生かどうかは大問題です。それは「この先生といれば安心できる」と思ってもらえるような愛着関係がつくれるかどうかにかかっています。そのためには、大人の側に子どもの気持ちへの〈応答性〉や〈敏感性〉が求められます。すなわち、その子のニーズに対して迅速かつ適切に応答することです。子どもの情緒の安定のためには、子どもの気持ちを受容し、共感しながら、子どもとの継続的な信頼関係をつくることが大切です。とりわけ、自己主張の激しい2歳児にとって、自分の思いや感情をちゃんと受け止めてもらえるかどうかは、新しい先生に安心感が抱けるかどうかを見極めるひとつの手段になりうるのでしょう。

　私は頭ではそういう関わりの大切さを理解しているつもりでしたが、いざ実践となると、まるきりうまくいかないことを思い知らされました。というのは、ソラが布団に突っ伏したあと、私はなすすべなくソラの近くに座り込んでいました。そこへ担任の先生が来てソラの背中をトントンしながら「先生ちゃんと待っていてくれているよ」と、お話ししてくれました。それからちょっと経ったころ、自分から先ほど放り投げたパズルを拾って、私の方に差し出してきました。その後、再び一緒にパズルをすることになりました。

解説

(1) 保育者としての成長過程

　一昔前でも、今でもなお、小学生や中学生の女子のなりたい職業の上位に、幼稚園の先生・保育士が位置づいているという。中学、高校では、将来、どのような職業に就くかを考えるきっかけのひとつとして、学校や企業での職業見学や職場体験、インターンシップなどがある。これらは学校から社会への移行にそなえて、できるだけ直接的で実際的な体験をすることを重視した教育活動の役割を担っている。たとえば、中学時代に幼稚園や保育所・こども園で子どもたちと実際に過ごすという職場体験を通して、本格的に保育者や教職を目指す気持ちが高まることがあるだろう。やがて大学や保育者養成校に入学すれば、いよいよ保育・教育に固有な専門性を学ぶことになる。

　現代の社会情勢に合わせて家族のあり方が多様に変化するなかで、乳児保育・障害児保育が拡充され子育て支援も担うようになり、子どもの育ちを支える保育の営みに求められる役割は大きく変化している。求められる保育の質や保育の専門性についてもさまざまに議論されているが、その中核は、子どもと生活をともにしながら子どもの発達を援助することである[1]。

　ところで、子どもを育てる・保育をするのは〈大人〉である。大人になるというプロセスは、**アイデンティティ形成**のプロセスである。それは、社会との相互関係を保ちつつ、自分らしい生き方を模索し続けることである。とりわけ青年期は、進路選択や職業選択が大きな課題になる。いずれ職業を選択してキャリアを形成することを**キャリア発達**というが、アイデンティティ形成とキャリア発達は密接に関係しているといえるだろう。なぜなら、キャリア発達は、社会のなかで自分の役割を果たしながら、自分らしい生き方を実現していく過程だからである。

　本節では、キャリア発達のなかでも保育者の成長過程について述べる。保育者の成長過程は、保育の専門的知識の獲得や子どもとの

初対面の5か月児を抱っこする学生

第6章　親と保育者の育ち ── 育てると育てられる　　161

関わりの経験を積み重ね、幼稚園教諭免許や保育士資格などを取得し、保育現場に出て働き、新任者、中堅職員、リーダー的職員、主任などのベテランになっても続く長い道のりである。2017年度から保育所等の中堅職員を主な対象とする保育士等キャリアアップ研修が開始された。これは2017年（平成29年）4月公示の保育所保育指針において、職員の資質向上として体系的な研修計画の作成、組織内での研修成果の活用が盛り込まれたことによる。すなわち保育者に完成された姿はなく、常に自らの保育を振り返り、専門性を高めるために努力することが求められているのである[2]。

(2) 保育者アイデンティティの獲得

　保育者としてのキャリア発達は、保育者としてのアイデンティティ獲得の過程であるが[3]、それは「私は保育者になる」という動機づけが高まるプロセスでもある。そして、その形成には保育現場での実習体験が大きな影響力をもつことが指摘されている[4,5]。

① 実習体験の前に〈見られる〉立場に立ってみる

　実際に保育者として現場に出て仕事をする前に、学生として実習体験にのぞみ、保育者とともに現場での保育の仕事に携わるのに先立って、〈見る−見られる〉という関係について考えてみる必要があるだろう（☞7-1）。なぜならば、一般に、実習体験は、まず観察することから始まるからである。ところが、観察するとなると、相手を〈見る〉ことに力が入りがちになる。限られた時間のなかで観察の目的を達しようとするとなおさらである。

　しかし、逆に、自分の日常を他人にじろじろ見られたらどのように感じるだろうか。あまり良い気分はしないだろう。それは子どもも同じである。〈見る−見られる〉という関係は、見ようによっては緊張感をもたらす。その軽減のためには、子どもたちを見るので

初めての保育参観で園児たちにドキドキの自己紹介

はなく、子どもと〈関わる〉という態度が大切になる。たとえば、自分からあいさつをする、笑顔で接する、穏やかで優しく振る舞うといった対応を心がけたい。特に、子どもと初対面の場合、小さい子どもにとってその大人は見知らぬ他者である。そのため、人見知りをされても致し方ないといえるだろう。安心感を抱いてもらうような関係は一朝一夕にはつくれないが、そのきっかけづくりの手段はさまざまに考えておきたい。

② 実習体験による保育者アイデンティティの形成

幼稚園での実習前後で**実習生の保育者アイデンティティ**の意識を調査した研究[4]では、保育者アイデンティティを、実習生が保育者として熟達化する第一歩を踏み出し、保育者である自分と向き合い、保育者である自己を自覚していくプロセスと捉えている。実習生が直面する最初の危機は、園の中で一人前に扱われていない私は何をするのか、であった。実習生にとって本物の保育者が見せる総合的な姿は、専門性の高い目標である。

とりわけ子どもとの信頼関係を築くことは実習中の大きな課題となるが、わずか数週間では十分な関係を築くことは難しい。そこを乗り切るためのストラテジーとして効果をもつのが、良い保育者モデルとの出会いと、モデリングであるということが見いだされている。表6-1に示す3段階を経ることで、保育者アイデンティティの形成が促進される。

表6-1　保育者アイデンティティの獲得過程（小泉・田爪, 2005[4]より筆者が作成）

第1段階	良い保育者モデルの探索	良い保育者モデルは幼児受容型保育者を指す。実習先の先生が幼児を受容し温かい印象を持つ人であると、実習生が評価できるということである。
第2段階	選択的モデリング	複数のモデルの保育行為を選択的に取り入れ「子どもを引き付ける方法はA先生、子どもへの温かいまなざしはB先生」というように、自分が理想とする適正な保育観を軸に、現場の状況に応じた保育者の専門的行為を模倣しながら、本物の保育者に近づこうとすることである。
第3段階	実習生への受容傾向	モデルとする保育者に実習中の自分の保育を受け入れてもらったと実感できるとき、「私は保育者になる」という保育者アイデンティティの獲得が促進される。

> **ミニエピソード 初めての観察実習**
>
> 筆者の大学では、保育者を目指す学生の観察実習は、入学後2か月経過したときに複数回実施します。実施後にグループ面談を行い、素朴な感想を聞き、困ったことがあれば相談にのります。多くの学生は小さい子どもたちとの触れ合いから感動と笑顔をもらい、「保育者になる」ことへの動機づけが一気に高まります。一方で、複数の子どもたちに同時に話しかけられて対応に困ったり、子どもの気持ちに寄り添うと学んだけれど、いざ子どもと関わるとそのような余裕がないことを実感したりして、子どもとうまく関われないと落ち込んでしまうことがあります。子どもが好きという気持ちだけでは保育者にはなれないことがだんだんわかり、でもやっぱり子どもの笑顔のために自分を役立てたいという思いを新たにします。それらの思いと思いとのあいだを行ったり来たりしながら、次第にその決意が固まっていくようです。いずれにしても、子どもの様子を見たり聞いたり、子どもと触れ合ったりするなかで、学生自身が保育とは何かを考えたり、それを実行したり、時にはうまくいかなかったと悩んだり迷ったりすることで、保育職への理解が深まることでしょう。

(3) 保育者として抱く効力感の指標

　　保育や教職という職業の専門性は子どもの発達を援助することにあるが、そのためには対人的な関係をつくることが欠かせない。このことは、保育者が子どもや保護者、職場での同僚、地域の人たちとのより良い関係をつくることだけでなく、子どもの社会性（他者と関わるちから）を育てるということも意味している。しかし、そうした社会性は直接的に目で見て確認できない心的能力である。そのため、社会性が身につくように支援ができているのか、不安に感じることがあるだろう。

　　うまく支援できていないと感じると、保育者としての**自己効力感**が低下してしまうことがある。そのようなときは、子どもの社会性の育成に関する自己評定尺度[6,7]を活用するとよいだろう。この尺度は、

保育者の、子どもの社会性の育ちに望ましい変化を与えることができるという信念を測定・評価し、保育の質の維持・向上に役立てるための尺度である。このような指標を利用して、日頃の保育を自己チェックすることが振り返りとして有効と考えられる。具体的には、子どもの社会性に関する5つの下位領域に分類される（表6-2）。

この尺度を用いた研究から、保育経験年数によって違いが生じることが明らかになっている[8]。保育者としてうまくやれているという効力感は、養成校の時期（大学1年と2年）には比較的高いものの、就職後の初任期に最も低くなり、中堅からベテランに至って再び高まるという保育者の成長プロセスが示されている。初任期の落ち込みが顕著であるのは、人と関わる基盤をつくる領域であった。これは子どもとの信頼関係や安定した関係を築くという領域である。

一方、初任期の落ち込みが少ない領域が、子ども同士の関係を育てる領域であった。このことから考えると、まずは初任者にとって取り

表6-2 子どもの社会性（他者と関わるちから）の育成に関する自己評定尺度の下位領域（西山, 2006b [8], 150-160より筆者が作成）

子どもの社会性の育成に関する自己評定尺度	1	人と関わる基盤をつくる領域	保育者との信頼関係、安全・安心感、保護者との連携等に関わる項目（例：信頼される存在として子どものそばにいること。子どもにとって心のより所になること）
	2	発達的視点で子どもの育ちを捉える領域	子どもの人間関係の育ちに対する発達的見通しに関わる項目（例：子どもの人間関係の発達に応じて関わること。子どもの人間関係の育ちに即して、環境を構成すること）
	3	子ども同士の関係を育てる領域	コミュニケーション、共存、協力、思いやり等に関わる項目（例：けんかや葛藤を経ながらも、子ども同士で解決できるように援助すること。自己主張や反抗も自我の育ちと捉えて適切に対応すること）
	4	基本的な生活習慣・態度を育てる領域	きまり、習慣・態度、集団生活に関わる項目（例：子どもが生活上のルールを知ることができるように保育すること。社会生活上の習慣や態度を子どもが身に付けていけるよう援助すること）
	5	関係性の広がりを支える領域	年上・年下との関係、地域との関わり、特別支援教育等に関わる項目（例：地域のお年寄りなど身近な人に感謝の気持ちがもてるよう実践すること。子どもが地域の人々など自分の生活に関係のある人に親しみを持てるよう援助すること）

組みやすい、子ども同士の関係を育てる領域などを中心に実践を進めるとよいだろう。保育者としての効力感を抱けるようになるには、保育の場における成功体験が得られるかどうかにかかっている。しかし、人を育むという保育の仕事は、成果がすぐに実感されるようなものではない。そのため、初任者が実感を伴う成功体験を得ることは容易なことではない。そこを逆に意識して、中堅やベテラン保育者からのアドバイス（ものごとの捉え方や考え方、保育観の違いなど）をえられる時間や場所をもつことが望まれる。子どもが登園する前や降園後のちょっとした時間をつくり、悩みや困っていることを話して、周囲の先生方に共感してもらったり、アドバイスを受けることで前向きな気持ちになり、日々の子どもとの関わりを楽しめるようになることを期待したい（☞ 7-1）。

p.191

✏️ミニエピソード　保育士３年目の頑張り

　卒業して就職し保育士としての日々を送る中で、本物の保育者になったことで張り切る気持ちもあれば、子どもへの対応で思い悩んで「もう保育士を続けられないかも…」と思ったときもあるのではないかと思います。そこで卒業して保育士になって３年目を迎えた卒業生に、これまでの３年間を振り返ってメッセージをいただきました。
「１年目に１歳児、２年目に持ち上がりで２歳児を担任して、イヤイヤ期の子どもたちにうまく接することができずに悩んだことがあります。イヤイヤを言われたときに、先輩の先生と同じように接しているつもりなのに…と思ったのですが、一緒に担任していた先生方に励ましていただき頑張ることができました。」
　いつも前向きな気持ちでいることは難しいかもしれませんが、担任している子どもとの関わりが深まるにつれて保育士としての使命感を強く抱くようになり、やっぱり保育士になってよかったという充実感を抱くのではないでしょうか。

2. 育てる側への育ちに向けて

エピソード40　新米パパとママのあいだで

　先日、レストランで食事をしたときのことです。赤ちゃん連れの若いご夫婦の隣の席になりました。ご夫婦は赤ちゃんを挟んで両脇に座っていました。初めての子育てだと思いますが、我が子がかわいくてしかたがないという様子が見受けられ、二人して夢中になって子育てをしていることが伝わってきました。

　赤ちゃんは生後7、8か月ごろで、赤ちゃん用のテーブル付きの椅子に上手にお座りをし、手に赤いストローを持っていました。そして、そのストローをかじったり、眺めたり、テーブルにバンバンと打ちつけたりしながらオウオウと声を上げ、とてもご機嫌な様子でした。ご夫婦は食事をしながら時折会話をするものの、二人とも我が子に吸い寄せられるように目を向け、優しいまなざしで見つめていました。そのとき、ストローが床に落ちました。それを見たお父さんが嬉しそうに「あ！　落とした！」と言い、お母さんも大げさに驚いてみせ、その様子を赤ちゃんがじっと見るというやりとりが何回か続きました。そのうち赤ちゃんは手の届く範囲にあった手拭きやら割り箸やらを次々と握り、手当たりしだいに下に落としては反応を待つといういたずらっこぶりを発揮し始めました。

　赤ちゃんは生後半年過ぎごろからおもちゃなどの事物に関心を抱き始め、やがて1歳の誕生日を迎えるころには、事物を介して他者と関わるようになります。この関わりは子どもと事物と他者の3つが関連するやりとりなので**三項関係**と呼ばれています。つまり三項関係は、他者に事物を介して誘いかけると応えてくれるという期待を赤ちゃんが抱くようになったことの表れといえます。このように事物に託して気持ちを伝えあう関係は、後のことばの発達の基盤にもなるという意味で、大切なやりとりです。

　しかし、ことばの発達の背景には、まだことばを発しない赤ちゃんのちょっとした気持ちの動きを逃さず読み取ろうとする親御さんの深い配慮性があることに、あらためて気づかされました。こうした配慮性は「いつも、すでに（親の）関心が相手（子ども）に向けられてしまっている」という、養育者の心的状態を指すものです。あたかも「吸い寄せられるようにくっついている感じ」であり、それが子どもの気持ちを我がこととして感じられてしまうことをもたらすのでしょう。

　冒頭の赤ちゃんのストローは、最初、手を振り回した拍子にたまたま落ちたように見えました。でも、赤ちゃんからしたら、お父さんとお母さんが自分のすることを見守ってくれているのを感じ、楽しげな反応が待ち遠しくなって、落として誘うという遊びが楽しくなってきたのでしょう。こう考えると、お父さんの「落とした」は、いずれは赤ちゃんが発することばのように思えました。

第6章　親と保育者の育ち —— 育てると育てられる　　*167*

解　説

(1)〈育てる－育てられる〉という世代間にわたる関係

　　子どもは育てられる側で、大人は育てる側と単純に線引きできるものでは決してない。妊娠・出産を経験して我が子を育てる側（父親や母親）になったとしても、そのまた親（祖父母）から見たら子どもという立場であるという意味で、いくつになっても育てられる者であることに変わりはない。

　　誰しも両親からいのちを与えられない限り、この世に誕生して育つことはできない。〈育てる－育てられる〉という関係は、ある世代から次の世代にいのちが引き継がれ、そのようにして引き継がれたいのちが成長を遂げてカップルをなし、また次の世代にいのちを引き継ぐというように続いていく。人の生涯過程の根底には、このような世代から世代へといのちを引き継ぐことの循環過程がある。

　　その性質を詳述すると、次のようになる。将来〈育てる者〉になる、今〈育てられている者〉（たとえば子育て未経験者）が、かつて〈育てられる者〉であった、今〈育てる者〉（たとえば自分の母親）との〈育てられる－育てる〉という関係のなかで、次第に次世代の〈育てる者〉（たとえば新米ママ）となっていく。要するに、子どもを育てるという営みが、世代から世代へと伝達されるということを意味している[9]。

　　この世代間サイクルの中心に位置する親の世代に注目してみると（図6-1の太線部分）、前の世代からいのちを引き継ぐかたちで誕生した子どもは@、まずは〈育てられる者〉としてその人生を開始し、〈育てる者〉の養育や教育の下で成長を遂げ、社会化、文化化されて能力的に完成した大人になる@。そして多くの場合、いつしかカップルをなして次の世代に新しいいのちを引き継ぎ@、子育てを通してそれまでの〈育てられる者〉から〈育てる者〉に一大転換を成し遂げる@。そしてさらに〈育てる者〉として成熟し、一段深い社会性を身につけ、真の意味で社会の一員になり、次の世代がそのまた次の世代にいのちをつなぐころに再び土に帰ってゆく@。@から@に至る人間の一生涯は、過去から未来へと続くいのちの循環過程のひとつとして位置づく。

　　もう一つこの図からいえることは、〈育てられる者〉と〈育てる者〉

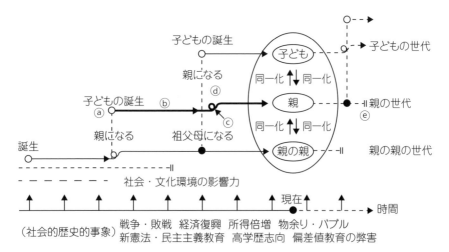

図6-1　世代間サイクルの概念図（鯨岡, 2002 [9], p.99より筆者が一部改変）

は、それぞれ未来の大人、かつての子どもというように、お互いに重なりあい、図の楕円内に見られるように互いに同一化へと向かい合う関係にある。しかし、それぞれが一個の主体でもあることから、主体として受け止めることにも、社会化することにも、さらにはその両者の関係にも食い違いが生じてくる。そのために、〈育てられる者〉と〈育てる者〉の関係は、常にどこかに対立や葛藤が孕まれることになる。

(2) 若者が抱く個としての意識と、世代としての意識の葛藤

　10代後半から20代の初めの時期に、将来、〈育てる者〉になるかもしれないことを想像するとしたら素朴にどのようにイメージするだろうか。まだ実感が湧かなかったり、そもそもこれからの自分が何をして生きていくのかさえ、あれもこれもと思い浮かびはしても、これといった選択をするのは難しいというのが正直なところではないだろうか。

　自由な自己決定権を有する一個人として、自分の思いを貫いていこうとする意識を**個としての意識**という。一方、**世代としての意識**とは、脈々といのちを受け継いできた人類の営みに、個人の思い通りになら

第6章　親と保育者の育ち ── 育てると育てられる　　169

ないがゆえの深い意味を見いだして、育てることに伴う困難や責任を引き受けていこうとする意識のことである。これは個としての意識ばかりが強調されがちな現代において案外見過ごされている、人間という種の奥深くに刻まれたもうひとつの自然な心の動きではないかという指摘がある[10]。

　自分の人生の主人公は当然自分である。だが、現代の若者の第一の関心事は、いかにしたら自分の思い描く人生が送れるかということであり、結婚や子育てもその描かれた自分の思いに合うものは取り入れ、合わないものは排除していこうという傾向にあるという[10]。そして、そのような意識が強調されがちなのは、若者が育つ今の社会における諸問題（少子化や核家族化、社会・地域のつながりの希薄化など）が少なからず影響している（☞ 6-4）。

　ここで大倉[10]の著書から、学生のレポートを引用してみよう。「育てるという営みについてどう思うか」について紹介した2人の学生のレポートである。ひとつめのレポートは1回生の男子学生によるもの、もうひとつのレポートは4回生の女子学生によるものである。

レポート1　T・Aさんの感想文
　自分自身、まだ親として育てる側に立つということをはっきりと意識することができません。自分は自宅生なのですが、今も親にとても頼っていて自立ができていない、「育てる・育てられる」のあいだの状態だと思います。もしこの授業をとったら、「育てられる」側から「育てる」側への意識をもてるようになればよいと思います。（大倉，2011[10]，p.32 エピソード4より引用）

レポート2　A・Yさんの感想文
　ライフサイクルの中で自分が育てる側に近づくにつれて、また進路を考えるうえで、自分の将来について考えるとき、自分がどのように育てるのか、どのように育てたいかに関心が向けられることが多くなりました。また同時に、自分と同じ年代がどのように考えているのか、あるいは現在すでに親として育てる営みの最中にある人、育てる営みをある程度終えた自分の両親や祖父母の思いに興味をもつようになり

ました。(以下省略)(大倉, 2011 [10], p.31 エピソード3より一部引用)

　一度きりの人生を自分がどのように送っていくのか、本当に今目指しているような生き方でよいのかを考えたときに、仕事での成功や高収入、豊かな生活といったものには還元できないような何らかの意味を育てるという営みに感じ、そこに向かっていこうとする。また、困難なのを承知で、そこに自分を開いていこうとする。そういう人も、若者のなかに結構いる。しかし、そこには個としての意識と世代としての意識の葛藤が常に生じる [10]。

　子どもを育てることに自分を役立てようとすることは、必ずしも親になって我が子を育てることに限らない。小さいものを保護するという心性を**養護性**というが、それを発揮する選択肢はさまざまである。そのひとつとして教職を目指す、保育者を目指すという道があるといえる。しかし、その目指すところは決まっても、その過程で「これでいいのだろうか」「本当にやっていけるだろうか」「自分にできるだろうか」と、揺らぎが生じても不思議ではない。そこから一歩進んで自己決定することがたやすくできないのは、社会の期待、親をはじめ周囲の期待とのあいだで葛藤が生じ、自分の将来のことでありながら、自分だけで決めることの難しさがあるからだと考えられる。

(3) 親になるための準備性

　親になってゆくうえで形成される意識を**親準備性**という [11]。従来は、子どもに対する親としての役割を遂行するための資質として母親の養育役割に重点がおかれていたが、今ではより包括的な概念として、父親・母親がともに親になるうえでのレディネスとして親準備性が考えられるようになっている [11]。親準備性として、具体的には、次の3点が挙げられている。

① 地域や社会単位で子育てをする
　我が子のみならず地域の子どもたちに触れ合い、ともに育ててゆくという意識である。

② 性別という概念を超えた子育て

従来は働き、家庭を養うという役割は主として男性に期待されてきたが、男女という役割や特性を超えたアンドロジニーな生き方や生活していくための作動性（自律性）を含むモデルを子どもに提示できるような概念の構築に努めることが求められる。

③ 子育て文化の伝承

より良いレディネスの熟成には、先行する世代の子育て経験者たちとの交流が、親自身の「育つちから」を引き出す環境要因となる。また、適切な場での他者（他の親や保育士等）との関わりも大切である。

子育てにおける文化の伝承は、ほとんどが日常に埋もれており、無意識のうちに伝えられていく。そのように、ごく自然に、子どもの世代、親の世代、そのまた親の世代との異世代間交流が生活基盤にあることで、親も子も安心して生活できることが示されている[12,13]。

また、若い世代を含めて多世代をつなぐための活動が、近年では盛んに行われるようになっている。地域のなかに人びとの居場所をつくりたいという目的でボランティアグループが始めた活動もあれば、自治体の子育て支援センターが中心になる場合もある。また、学校などの施設を開放してひろばとして運営しているところもある。これらに共通しているのは、つどいの場を意識的につくり、子育てに関わる人びととのつながりをつくろうとしていることである。特に都心部の場合、少子化や核家族化などの現状により、地域社会の人間関係が希薄になるにつれて子育て家庭が孤立化しやすい。また、若い世代には、小さい子どもとの関わりの乏しさからくる、親になることへの不安感や負担感が生じたりもしている。つどいの場は、こうした問題の解決策のひとつになっている。（☞ 6-3）

3. 保護者や地域との連携に向けて

エピソード41　両刀使い

　この春中学生になったトモは手先がとても器用です。小学生のときの夏休みの工作の宿題では、毎年、力作を作り、去年は夏休みに遊びに行った遊園地の精巧な模型を作って見せてくれました。実はトモ、両利きです。普段の生活では、お箸は右手だけれど、ハサミは左手と自分なりに左右の手の使い分けがあります。そんなトモの様子を見ていて、そういえば赤ちゃんのころ、トモが左利きかもしれないといって大騒ぎになったことをふと思い出しました。当時、トモは生後7〜8か月ごろで、おやつのボーロを右手に渡すと左手に持ちかえることがありました。また1歳過ぎておままごとをするときに、おもちゃの包丁を左手に持つことが多かったので、両親ともにトモくんは左利きになるだろうと思い始めていました。ところが、お父さんがそれに納得しなかったのです。その理由はお母さんにもよくわからなかったのですが、とにかく右利きでなければならないという一心で、お父さんによる右利きへの特訓が始まりました。逆に、お母さんはそんな特訓は必要ないという考えで、小さなトモをはさんでの両親の意見の食い違いに、私はハラハラしてしまいました。

　生後1歳の誕生日を迎えるころ、おもちゃ遊びでモノをつかんだりつまんだり、食事どきにスプーンを使えるようになります。このとき子どもが左右どちらか一方の手を主に使うので、親御さんからお子さんの利き手について相談されることがあります。ですが、子どもの利き手がはっきりわかるのは4歳ごろといわれています。右利きになる子どもでも、赤ちゃんのころは左手を主に使ったり、その後2歳ごろに右利きになったように見えても、また両方の手を使ったりする時期を経て利き手が決まっていきます。このような時期を**利き手の交代ないし移動**といいます。この時期は、右利きの大人が一般的に多いので、子どもがお母さんと向かい合ったときに母親の真似をして同じ側の手である左手を使う時期と考えられています。とはいえ、利き手の発達には諸説あり、特に最近では脳の機能との関連などが挙げられていて、いまだ解明途中です。ちなみに利き手のほかに、利き足、利き目、利き耳などもあります。いずれにしても、背骨を中心に身体は形態的には左右対称ですが、それぞれのはたらきには左右で得意不得意があって、その人によってどちら側で何が得意なのかが異なります。つまり、身体の使い方もその子らしさや個性であると考えられます。

　さて、冒頭のトモですが、両親の話し合いの結果、お箸と鉛筆は右手で、それ以外はトモの使いやすい手を使うことでお父さんが納得しました。それでトモは両手が器用に使えるようになったんですね。将来は手先の器用さを活かしたいのかなと思ったら、お笑い芸人になりたいそうです！

第6章　親と保育者の育ち —— 育てると育てられる　　*173*

エピソード42　あのね、うーんとね、わかんない・・・

　下の子を妊娠していたときのことです。私は、妊娠の経過が悪く、一時期、入院
していました。上の娘のハルナ（当時３歳８か月）は、私が入院したばかりのころ
は、ずいぶん辛そうでしたが、数日たつと慣れてきたらしく、元気そうに見えました。
しかし、ハルナは、以前のように、保育園の出来事を話してくれません。私は、ハ
ルナが日中、保育園で以前と変わりなく過ごしているのか、とても気になっていま
した。それで、ハルナが病院に来るたびに、「今日は、保育園で何したの？」「どうだっ
た？」などいろいろ聞いてみるのです。ところが、ハルナは、「あのね、うーんと」
と話そうとして、少し考えてみるのですが、すぐ「わかんない」と言ってしまいます。
「わかんないじゃなくて、ね、保育園、どうだった？」などと、何度か聞いてみるの
ですが、「うーん、わすれちゃった」という具合。入院する前は、保育園から戻ると、
ハルナなりの幼い話し方で一生懸命、保育園でのことを話してくれたのに・・・。

　その後、私の容態も安定し退院となりました。保育園の送り迎えも再開です。あ
る日のお迎えのとき、ハルナの教室をのぞくと、壁に子どもたちが描いたひまわり
の絵が飾ってありました。私が何気なく、「ハルナのどれ？」と聞くと、ハルナは自
分の絵を指さしながら、ペラペラと話し始めました。この絵をどんなふうに描いたか、
ひまわりの花や種がどんな形や色だったか、お友だちはどんなふうに描いていたか
・・・などなど。そういえば、私が送り迎えを再開してから、ハルナは、また以前のよ
うに保育園のことをよく話してくれます。ハルナは、私の入院中、寂しくて話をし
てくれなかったのでしょうか。どうも、それだけではなさそうです。

　子どもは、３歳ごろまでに、大人に近い文法でお話ができるようになります。し
かし、ことばが話せるようになったからといって、自分の体験を、ことばで整理して
わかるように伝えるのは、まだ難しいのです。絵を見ながら話したときは、「本当の
お花を見ながら描いたの？」「どこで描いたの？」「種のところは近づいてよく見た
の？」と私の問いかけが具体的で、そして何よりハルナの答えをある程度予想しな
がら尋ねていました。それで、ハルナもどんどん思い出し、ペラペラとよくしゃべっ
てくれたのです。このように子どもが答えやすいように、あるいは、子どもが何か
に挑戦しやすいように、大人が手助けを行うことを**足場づくり**（☞2-1）とい
います。入院中の私は、先生と話すことも、お便り帳を見ることもなかったので、「何
したの？」「どうだった？」としか聞けなかったのです。このような聞き方では、ハ
ルナは、どこからどんなふうに話せばいいのかわかりません。ちっとも〈足場〉に
ならなかったのですね。

エピソード43　子どもの育ちをみんなで見守る

　先日ある自主保育グループの卒会式（幼稚園や保育所でいう卒園式）に招かれました。卒会式のやり方はグループによって異なりますが、どのグループも手作り感あふれたものです。そのグループはいつも活動拠点にしている公園で行いました。当日は現在のメンバーだけではなく小学生中学生になったOBOGと父母、近隣の自主保育グループのメンバー、またいつも公園に来ておられるご近所のお年寄りも飛び入り参加で総勢40〜50名はおられたでしょうか。

　集まった人みなで、二人の子どもの卒会式を祝いました。この日主役であるいつもはやんちゃな二人も、この日ばかりはちょっと恥ずかしそうに用意された椅子に座っています。二人それぞれへの温かいメッセージが込められた卒会証書が手渡されたり、二人からお礼の歌の披露があったり、終始和やかな雰囲気で営まれました。幼稚園や保育園の卒園式も感動的ですが、自主保育の場合はまた違った感動があります。これだけ異なる世代の人々が集まり子どもの卒会を祝うことはあまりないと思いますし、何より今回のグループで言えば、たった二人のために何十人もの人が集まるというのもなかなかないことでしょう。普段は少人数での活動が多い自主保育ですが、卒会式になると、こんなにもたくさんの人に見守られているのだなということを実感します。これだけの人に見守られていれば、この先にあるかもしれない困難もなんとか乗り越えられるのではないかと思わされます。

　子育てや子育ちに関わっていて常々感じるのは、子育てしている人だけが子育てをしていて、社会で子どもを育てる認識が薄いのかなということです。電車の中で子どもが泣くと冷たい視線を送られて肩身の狭い思いをしたり、子どもとばかり過ごしていると自分だけが社会から取り残されているのではないかということは多くの方が感じているかもしれません。しかし、自主保育に関わる大人たちが特別なのではなく、子どもの育ちを見守りたいと思っている大人は結構いるのではないかと思うのです。右も左もわからない引っ越し先で子どもの遊び場を求めてさまよっていたお母さんは、散歩中の年輩のご夫婦に出会い、事情を話すと自分たちが小さいころしていた遊びを教えようとおっしゃってくださったそうです。もちろんなかには口うるさく言ってくる人もいるかもしれませんが、それもひとつの応援だと思って、あまり縮こまらず受け取れるといいなと思います。みんな味方だと思えば助けを求めることも、そんなにハードルが高いことではないかもしれません。子どものいる人もいない人もみんなで見守る世の中であれば、子どもも親ものびのび過ごせるのではないかと思います。

第6章　親と保育者の育ち ── 育てると育てられる　　*175*

解　説

　子どもの保育・幼児教育は、保育者と子どもの関係、あるいは、保育所・幼稚園・こども園内の人間関係に閉じたものではない。保育者は、保護者や地域の人、園外の専門家と連携しながら、子どもの発達を支え、最善の利益を目指す。親は、多くの人の手を借りて子育てを行う。子育てに関わる人のつながりを**育児ネットワーク**というが、母親から見た父親、父親から見た母親、祖父母や親戚、ママ友、保育者や医師などの専門家が含まれる。子どもが就園している場合には、保育者は、子育ての相談ができる専門家として、そして、我が子に直接関わり、発達をともに願う者同士として、重要な役割を担っている。ここでは、保育者から見た連携のあり方について述べる。

(1) 保育者と保護者の連携

　子どもにとって、子どもの生活や発達を支えるうえで、家庭と園はいずれも重要な役割を担っているだけでなく、相補的でもある。家庭では、保護者と子どもの密接な関係のもと、家庭ごとの個別の経験が得られる。園では、子ども集団での経験や、どろんこ遊びなどダイナミックな活動が提供され、家庭とは違った雰囲気を経験することができる（家庭ではできない経験という意味ではない）。ここで重要なことは、家庭や園での経験が、子どもにとって連続性をもって経験されることである。子どもの経験は、状況に埋め込まれているので[14]、家庭と園での経験が連続しないこともある。それをつなぐのが保育者と保護者の連携である。たとえば、お便り帳や園だよりなどで、園での様子を保護者に伝えることで、保護者は子どもと、園での活動について話をするきっかけを得ることができる。保育者にとっても、ひとりひとりの子どもの発達や状況を受けとめ、整理できるだけでなく、園での活動を保護者と共有していると感じることは、情緒的な安定をもたらす。

　また、家庭や親子の関係が安定していることは、何よりも子どもの自由な活動を促進する。保育者は、保護者と連携することを通して、保護者のニーズに気づき、保護者を支援する。同時に、保育者－保護者の連携は、保護者に保育者の状況を伝えることにもなり、保護者

からの理解、協力や支援を得ることもできるかもしれない。たとえば、保護者の行事やバザーなどへの参加は園での活動を支えるものであり、そこでの保育者への感謝のことばは、保育への理解を深め、保育者は自信をもって保育に取り組むことができるようになるだろう。また、保護者は我が子のことを最もよく知る大人であり、その子どもの好きなことや行動傾向などの情報も、保育に役立てることができる。

(2) 保護者同士の連携

　保護者と保護者の関係をつないだり調整したりすることも、保育者の仕事といっていいだろう。保護者の子育ての大変さや悩みに対して、保育者が子育てや子どもの発達についての専門家として支援したりアドバイスをする立場だとすると、保護者同士は同じ子育ての大変さや悩みを抱えた**ピアヘルパー**として機能するといえる。〈ピア〉とは仲間のことで、同じ立場での関わりを前提とし、保護者同士、特に母親同士だといわゆるママ友といわれる仲間関係を形成することがある。子育ての大変さや悩みについて、類似した経験から子育てのアイデアを得ることがあったり、単に同じ経験をしていると思えるだけで、気持ちが軽くなることもある。

　育児ネットワークの機能として、支援機能、規範機能、および、比較機能が挙げられる[15]。支援機能とは、励ましなどの情緒的支援や、子どもへの直接的関わりや子育て情報といった道具的支援である。規範機能とは、子育ての規範を育児ネットワークから見いだすもので、ときに、否定的な受け取り方も見られる。また、比較機能とは、他者の意見や育児に触れ、自己評価と結びつけて捉えるものである。このように、育児ネットワークは、支援を受けたり、自分の子育てを振り返るという意味で肯定的に捉えられることもあれば、ときに、保護者同士の関係を負担に感じる保護者もいる。保育者は保護者の個性やそれぞれの状況を見ながら、保護者同士をコーディネートすることも必要である。

母親同士で子育て情報の共有

（3）地域や専門機関を交えた連携

　保育者は、保護者と連携をとり、子育てを支援したり、自身の保育への支援を得たりするが、子どもの最善の利益のためには、さらに地域の保育資源を活用したり、外部の専門機関と連携したりすることも必要である。たとえば、地域には、さまざまな子育て・保育資源がある。人的な資源として、地域の高齢者には昔遊びを、地域の外国人には出身地の文化を紹介してもらったり、地域の人や学生のボランティアを得て、行事をより充実したものにすることもできる。

　外部の専門機関との連携も重要である。園外研修を受け、保育の専門性を高めたり、必要に応じて個別の子どものケースに対して、保育巡回相談を利用して、保育者が心理職からアドバイスを得ることもある。また、虐待や発達障害などが疑われるなどしたときにも、児童相談所や地域の医院、療育センターなど専門機関からの支援や情報をえることもある。また、地域で子どもを見守り育てるため、地域の他園や小学校などとの交流をしているところもある（図6-2）。

　このような地域や専門機関との連携は、保育者が活用するだけでなく、必要に応じて保護者や子どもに紹介し、保護者や子ども自身が利用できるようにしたり、それらから得られた情報を提供するなど、地域や専門機関と保護者や子どもをつなぐことも保育者の仕事といえる。このような連携は子どもを見守る地域づくりの基盤となる。

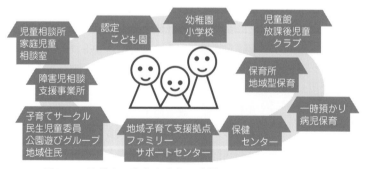

図6-2　子どもの育ちを支える連携 (内閣府 (2016) [16]を改変)

4. 子育ての悩みの対応に向けて

エピソード44　ガブッ

　1歳4か月のトモはとても活発な男の子です。初めて歩いたのが生後8か月のときですから、1歳4か月のこの時期には家の中をトトトトトと走り回っています。喜怒哀楽の表現もとてもはっきりしていて、嬉しいときは嬌声を上げながら飛び上がるなど身体中で喜びを表現してくれます。ですが、最近ひとつ困ったことがあります。それは興奮すると、相手かまわずガブッと噛みつくんです。この日も私が訪問すると、玄関まで走ってきて抱きつき満面の笑みでガブッと洋服の上から噛みついてきました。また、お母さんとぬいぐるみで遊んでいる最中に、ぬいぐるみをトモのほうに向けて「トモちゃん、こんにちは。一緒にあそぼーよー」と話しかけると、喜び勇んでぬいぐるみに抱きつきガブッと噛みつきました。もちろんお母さんは、すぐにぬいぐるみを自分のほうに引き寄せ「トモちゃん、噛んだらイタイイタイよ。えーんえーんって泣いてるよ」と言って噛みついたらダメということを常日頃から教えています。この噛むことがクセになったらどうしようとお母さんはとても心配しています。

　子ども同士の遊びのなかで他者につい手が出たり噛んだりという行為が、時折見られます。とりわけ幼稚園のように集団で生活する場では、相手に怪我をさせたり嫌な思いをさせたりしてトラブルに発展することがあります。そのため、さぞご心配に思われることでしょう。このような心配の種は、一般的に2歳台にはよく生じますが、3歳以降には激減するといわれています。その背景には、子どもが自分の思いをことばで表現するようになることが関連しています。1歳から3歳ごろは語彙が急速に増加するなど、ことばが発達します。また、いわゆる**第一反抗期**と呼ばれるように自己主張も盛んになります。とはいえ、自分の思いを相手にうまく表現することは、まだまだ難しい時期です。1、2歳台は、伝えたい思いはあるのに、それをことばで言い当てることはとても難しく、そのもどかしさゆえに、ことばより先に手が出たり噛みついたりすることがあるのでしょう。

　冒頭のトモには幼稚園に通うお兄ちゃんがいて、お母さんは噛むことによるトラブルを以前に耳にしたことがあり、余計に心配だったのだと思います。ですが、子どもの噛む行為はいろいろな意味があるようです。トモの場合、嬉しい気持ちの表れやあいさつ代わりといった意味で、盛り上がった気持ちを表現したものでした。ゆくゆくは、そういう気持ちをことばで表現してほしいのですが、今はまだできません。それでもやはり噛むことは、今、止めてほしかったので、お母さんと相談して、これからは嬉しいときは「チューして」と言うことにしました。この「チュー」がトモに予想以上にうけて、今ではチュー大連発だそうです。

第6章　親と保育者の育ち —— 育てると育てられる　　*179*

エピソード45　ワンワはワンワン？

　今年10歳になるリュウは恥ずかしがり屋で内気な感じに見えますが、胸の内に熱い思いを秘めた男の子です。私に会うと、いつもおしゃべりがはずんで、熱い思いを語ってくれます。つい最近では「ボク、獣医さんになりたい」と告白をし、子どものころから動物が大好きなことを熱心に話してくれました。

　そんなリュウのおしゃべりを聞きながら、その昔、なかなかことばが出なくてお母さんがとても心配されていたことを、ふと思い出しました。私はリュウが赤ちゃんのころから家庭訪問をして育っていく様子を追いかけてきました。リュウのことばについてお母さんから初めて相談を受けたのは、1歳半検診のときです。絵本を見せて「○○はどれ？」と尋ねると、指をさして答えられるのですが、「これな〜に？」と聞くと返事ができなかったのです。それ以来、モノの名称を早く覚えられるように、お母さんはこれまでよりも一層絵本を使うことにしました。リュウと接していると、こちらの言うことがよくわかっているという感じを受けましたし、身振り手振りを使ってリュウも伝えたいことを表現していました。発声もよくしていましたがモゴモゴとした印象でした。

　ところが、2歳少し前のある日、お母さんから「リュウがとうとうお話ししました！　犬を指さしながらワンワって」と嬉しい報告を受けました。お母さんは堰を切ったようにそのときの情景について話してくれましたが、そのうちだんだん涙声になってしまいました。それというのも、思い起こせば以前からリュウは「ワンワ」らしき発声をしていたけれど、はっきりした発音ではなかったので、リュウの発声するワンワをワンワンのことだと思っていなかったのだそうです。リュウの言いたいことがわからなくてごめんねという気持ちが、涙と一緒に伝わってきました。

　子どものことばの発達にはさまざまな要因が関連しますが、なかでも周囲との関係性における心の絆はとても大事です。ちょっとした仕草で子どもが自分の思いを表現したときに、周囲に受け止めてもらうという経験を通して、特定の他者（多くの場合は養育者）とのあいだに心の絆が形成されます。この絆は**愛着**と呼ばれます。愛着関係に支えられながら、子どもには自分の思いを伝えようとするコミュニケーション意欲が育ちます。一方で、養育者には子どもの思いを受け止める敏感性や応答性が求められます。もちろんリュウのお母さんも日頃から敏感性がとても高く、とりわけ最初のことばを見逃すまいとされていました。ただ、最初のことばが、まさか「ワンワ」だとは思わなかったことも、今では思い出話です。

エピソード46　ガマンできる、できない

　もうすぐ4歳になるユウのお母さんは最近ちょっと悩んでいます。
　ユウは保育園に通っていて、夕方迎えに来るお母さんとともに帰ります。お母さんは帰ってから急いでご飯の支度をします。でもユウはご飯ができるのを待ちきれず、おやつを欲しがります。ただお母さんとしては、あと少しでご飯だし、おやつを食べたらご飯を食べなくなるので、できれば食べさせたくありません。他にも、寝る時間なのにテレビを見たがったり、おもちゃを友だちに貸せなかったりなど、もうちょっと聞き分けがよくなってほしいなあと思うことが多い毎日です。
　ガマンできる子になってほしいけど、あんまりガマンさせすぎたら将来どうなってしまうのだろう。多くの親御さんが悩まれることだと思います。幼児期から児童期前半にかけては自分の気持ちのコントロールのしかたを学ぶ時期です。2歳前後の**第一反抗期**のようにわけもわからずただ反抗するという時期を乗り越えると、理由をちゃんと説明すればわかるようになってきます。どうしても行動上ガマンできる、できないだけに目がいきがちですが、その背景にあることを考えていかなければなりません。ガマンも自己主張も、その背景にあるのは〈わたし〉という感覚です。他者から大切にされて、自分も大切に思えると、他者を大切にすることができます。自信が生まれ、自分の気持ちをコントロールできるのです。
　「あと1時間でご飯なのになぜガマンできないのだろう」という大人の思いは、この時期の子どもたちにとっては、理解しがたいものです。そこで、ユウのお母さんは、ご飯に支障のない程度のおやつを用意したり、蒸し芋などご飯の量が減っても問題なさそうなおやつにしたりと、ユウの気持ちに応えつつ、ご飯も食べてもらおうと工夫していました。就寝の時間は約束なので、「見たいのはわかるけど、約束だから今日は寝て、また明日ね」と寝るように促していました。ただ、たまに「今日は特別」という夜更かししていい日をつくっていたので、ユウの思いも満たされているようでした（おもしろいことに、夜更かししていいと言っても、いつもの時間には眠くなってしまうのですが）。
　受け入れがたい子どもの気持ちに寄り添うことは容易なことではありません。ただそのときは受け入れられなくても、自分の気持ちをわかってくれたという経験が子どもにとっては大切なことであり、それが次の行動につながっていくのです。

このお菓子、絶対食べるの（3歳児）

第6章　親と保育者の育ち ── 育てると育てられる　　181

解 説

（1）現代社会の子育て事情

　　2015年度より実施された子ども・子育て支援新制度は、家族構成の変化や地域のつながりの希薄化による子育て家庭の不安や孤立感、深刻な待機児童問題、急激な少子化の進行等という子どもや子育てをめぐる厳しい環境のなか、安心して子どもを産み、育てることのできる社会の実現という社会全体で取り組まなければならない最重要課題のひとつと位置づけられている[16]。子育て支援に関しては、さまざまな学問領域において研究が進められているが、発達心理学では、妊娠・出産・子育てをめぐる心のケアや、子育てをめぐって生じる肯定的・否定的感情について研究が積み重ねられている[17]。

　　この節では、幼稚園や保育所などに通園させている母親に焦点を当てて、子育てで生じる悩みと支援の実際を取り上げる。

（2）母親が子育てで抱く困難さ

① 母子のあいだの心の世代間伝達

　　母子のあいだの情緒の世界を複雑にする要因のひとつは、育てる者の心に〈育てられた経験〉が想起されるということである（☞ 6-2）。

　　世代間伝達は、風俗習慣、伝統文化など次の世代に価値ある文化遺産を若い世代へと伝承しながら発展させることである。これと同じように、親子のあいだの情緒の世界（質）もまた、子育てと家庭生活を通して親から子へと伝達される。これを**心の世代間伝達**という[18]。これは関係性の関係性への影響と呼ばれ、乳幼児精神保健の中心テーマになっている。

　　乳児を育てる母親との関係で見ると、母親は、目の前の乳児と関わるときに、心の中には〈幻想的乳児〉と〈空想的乳児〉のイメージが喚起されるという。幻想的乳児は、かつて赤ちゃんとして生きたときの身体記憶を無意識に想起しているときの精神状態を指す。それは実際の乳児と関わるときに、思わず乳児の気持ちに同一化し、身をおくことを助けてくれるイメージの世界でもある。空想的な乳児は、自分

が女の子としていつかお母さんのようになりたい、そして赤ちゃんが欲しいとの願いを託した赤ちゃんである。母親として赤ちゃんのイメージを抱けるようになるには、このような長い生活史のなかの空想的体験の過程が土台としてある。

そして、自分自身が赤ちゃん、あるいは女の子として幸せな親子関係を体験した人の幻想的乳児には、さまざまな良い感情が伴いやすい。その一方で不幸な場合には、葛藤的な感情が湧いたり、さまざまな困難が生じやすかったりするといわれる[18]。

このように親子のあいだには、複雑な関係や情緒の世界が生じる。それはまた、子どもの家庭背景について理解を深める大切さにつながるといえるだろう。

② 母親の抱くアンビバレントな育児感情

幼稚園児をもつ母親（多くは専業主婦）の育児感情を調査した研究[19]によれば、育児感情には肯定的感情と否定的感情の両方（アンビバレン

表6-3　育児感情の分類とその例（荒牧, 2009[19]より抜粋して筆者が作成）

育児感情の種類	分類と説明		具体例[注]
肯定的感情	子どもを育てること、子ども自身の存在を肯定的に捉えている感情		○子どもを育てることは楽しいと思う ○子どもを育てることは、有意義で素晴らしいことだと思う
否定的感情	負担感	子ども負担感：子どもの態度や行為に対する負担感	○子どもが煩わしくてイライラする ○子どものことを考えるのが面倒になる
		親負担感：育児の束縛による負担感	○子どものために我慢ばかりしている ○子どもに時間を取られて、自分のやりたいことができず、イライラする
	不安感	子ども不安感：子どもの成長や発達など、その育ちに対する不安感	○同年齢の子どもと比べて、自分の子どもは幼いと感じる ○他の子どもにはできて、自分の子どもにはできないことが多いと感じる
		親不安感：母親自身の育て方に対する不安感	○子どもをうまく育てていけるか不安になる ○育児のことでどうしたらよいか分からなくなる

(注)具体例は一例である。

第6章　親と保育者の育ち —— 育てると育てられる　　*183*

トな感情）が含まれている。そのような感情の具体例を表6-3に示す。

これらの育児感情と幼稚園での子育て支援（預かり保育、子育て相談、それ以外の子育て支援や活動）との関連を見てみると、預かり保育や子育て相談を利用する母親で、負担感や不安感などの否定的な感情が強いことがわかった。一方、それ以外の子育て支援活動（たとえば園庭開放、親子活動、母親向けのサークル活動、父親と子どもの交流の場、子育てセミナー・シンポジウムなど）の利用経験のある母親のほうが、肯定的感情が高いことも明らかになっている（☺7-2）。母親は、それぞれのニーズに応じて提供される支援を利用しており、幼稚園（や保育所・こども園など）には、母親一人ひとりに応じた支援を目指して、バリエーション豊かに支援を展開することが望まれている。

一方、保育所の母親を対象とした研究[20]では、仕事と家庭の多重役割からくる葛藤や子どもへの罪悪感（「ゆっくり関われないことへの申し訳なさ」「疲れで子どもに優しくできないつらさ」「子どもに寂しい思いをさせている」）などが問題として挙げられている。

夫からのサポートや夫婦関係における親密さ、母親の実母を中心とした家族によるサポートは、母親の育児感情の安定に大きく影響している。自分には信頼できる人がいる、自分を認めてくれる人がいる、自分を必要としてくれる人がいるという人がいれば、母親の気持ちが前向きに動くに違いない。これを具体的に表現すれば、「時に、子育てが嫌になってしまうほど大変に感じることがあるけれど、それでも生活に張りがあって充実している」といえるだろう。子どもとの関係だけでなく、こうした母親の自己肯定感がうまく育まれるような周囲との関係がつくられているのかなど、大人同士の関係（夫婦関係、家族関係、職場での同僚との関係、幼稚園や保育所、こども園の先生や地域の人たちとの関係）の質が問われてくる。

（3）あらためて子育てにおける安心感の輪の重要性

母親に限らず子どもを育てる側の大人は、それまで生きてきた経緯にさまざまな事情や葛藤を抱えている。それゆえ、時に子どもとの関わりにおける安定感が乏しくなったり、子どもが安心感を抱けるよう

な家庭環境を整えたりすることが難しくなることがある。そういうとき、保育の場における保育者と子どものあいだの愛着関係の重要性があらためて問い直される。

愛着は、ボウルビィが提唱した**アタッチメント理論**[21]による考え方である。人には不安や不快などを感じたときに、安全感、安心感を取り戻そうとする欲求がある。他者に接近をすることで慰めてもらったり、大丈夫だよと励ましてもらったりする行動

先生、抱っこして〜(0歳児)

傾向を示す。小さい子どもにとって、見知らぬ人やなじみのない出来事によって驚きや恐怖を感じることは、安定した感情が崩れてしまうことにつながりやすい。そのようなときに親のそばに駆け寄って抱っこしてもらったり、よしよしと慰めてもらったりすることで、その恐れや不安から抜け出し、また元通りの安定した心持ちを取り戻す。こうした心の拠り所としての機能は、**安全基地**と呼ばれる。

アタッチメントは、その後、子どもの生活圏が広がり、幼稚園や保育所、こども園などで生活するようになれば、保育者とのあいだにも機能するようになる。親元から離れ一時的に集団生活をするなかで、何か怖い思いをしたときには安全基地として保育者のもとに駆け込み、心身のエネルギーをチャージしてもらう。そしてまた遊びや活動など、家庭では経験することのできないさまざまな経験を楽しむことができる。こうした往還を**安心感の輪**と呼ぶ。子育てや保育の基本は特に難しいことではなく、この安心感の輪をごく普通に、子どもに経験させることである[22]。

(4) 養護のはたらきと教育のはたらきのバランス

親であれ、保育者であれ、子どもと関わるときに意識したいことのひとつが、子どもの心に共感することや寄り添うという、大人の側に生じる心の動きである。「子どもの存在を喜ぶ」「子どもの存在を肯定する」「子どもの思いを受け止める」「子どもを優しく包む」「子ども

第6章 親と保育者の育ち —— 育てると育てられる　*185*

の行為を肯定的に映し返す」といった重要な大人（親や保育者）の対応を**養護のはたらき**と呼ぶが、子どもの心の育ちや、その中核となる自己肯定感の育ちには、このような子どもを愛しいと思う素朴な気持ちと、そこから派生する一連の対応が大切になる。これが子どもの育ちを支える一方の軸になる。もう一方の軸は、**教育のはたらき**と呼ばれる対応である。それは、子どもが大人に〈なる〉ことを見定めて、何らかの願わしい行動に誘う、導く、促す、教える、あるいは好ましくない行動を制止するという、育てる側から子どもの側に振り向けられるさまざまなはたらきである[23]。

　そして、これらのバランスのとりようは実に難しい。子どもの気持ちを大事に思うことをせずに教育のはたらきだけになっては、子どもは押しつけと感じてしまうだろう。逆に、子どもの気持ちを大事に思うばかりに教育のはたらきがなされないのでは、単に子どもの言いなりになってしまう。

　とりわけ、養護のはたらきは、十分に機能させているつもりでも、教育のはたらきのほうに大きく傾いてしまうことがある。時間に追われて生活をしていると、ついつい「早く、早く」と急き立ててしまって、子どもの思いを丁寧に受け止めたり、子どものすることをじっくり見守ったり、待ったりすることを忘れてしまいがちになるのではないだろうか。そのために保育場面では、保育の後に時間をつくり、保育者自身が自らの保育内容を振り返ることが重要になる（☞ 7-1）。

p.193

🅱ミニエピソード 子どもに「して欲しくない」ことを伝える

　子どもたちとの関わりで実習生が難しいと感じるのは、「それはちょっと困るなぁ」などと思ったときの対応です。「それ（子どもの行動）は嫌だなぁ」「止めてほしい」といった学生自身の思いが生じても、それを伝えることで、せっかく子どもが楽しく遊んでいる気持ちにストップをかけてしまっていいのだろうか、「ダメ」と言ったら子どもの気持ちを傷つけてしまうのではないかなどと考え込んでしまって、結局はことばが見つからずじまいになってしまうことがあります。

ある学生は、実習後の振り返りのときに、そうした場面で自分が何もできずに立ちつくしてしまったことを話しました。担任の先生が子どもたちを諫めましたが、そのとき、あたかも自分が怒られたように感じたそうです。そのことを思い起こして泣きだしました。どうやら子どもたちが水を出しっぱなしにしながら水遊びに興じていたようですが、「遊びを発見した子どもの興味津々の思いを大事にする」（大学の授業ではそのように学んだので忠実に実行しようとした）ことと、「でも、出しっぱなしは良くないのでは」と思う気持ちの狭間で行き詰まったことが原因でした。それを思い出して泣くほどショックだったのは、それほど行き詰まったからでしょう。振り返りでは、そのときの困った気持ちに気づくことができました。こうしたひとつひとつの経験の積み重ねと振り返りが、次の関わりにきっと生かされていくはずです。

グループワーク

🆖 保育者に男性や女性で役割に区別があるのかないのか、共通した役割は何かを話し合ってみよう。

🆖 父親が参加しやすいイベントなどを考えてみよう。

🆖 ワンオペ育児といわれるような現代社会の子育て事情について調べてみよう。

🆖 初対面の子どもに向けた楽しい自己紹介を考えてみよう。

🆖 子ども時代にどこで、誰と、どのような遊びをしていたかを思い出して書き出してみよう。

🆖 子どものころに好きだった絵本を互いに紹介して、どのようなところが好きだったのか話し合ってみよう。

第6章　親と保育者の育ち ── 育てると育てられる　　*187*

GW 幼稚園、保育所、こども園の保育の一日の流れを記述してみよう。

GW 悩みを抱える保護者にとって、子育て仲間である別の保護者からの支援、保育者からの支援、さらに、専門機関からの支援は、どのように似ていて、どのように異なるだろうか。あなたなら、誰にどんなことを相談するか、考えてみよう。

GW 子どものころ大人に叱られるような遊びをしたことがあるか、あればどんな遊びか、どんな気持ちだったかを想起し、同じようなことを子どもがしていたらどう対応するか考えてみよう。

【参考書】

柏木惠子 (2013)『おとなが育つ条件 —— 発達心理学から考える』岩波新書

入江礼子・小原敏郎・白川佳子（編著）(2017)『子ども・保護者・学生が共に育つ保育・子育て支援演習 —— 保育者養成校で地域の保育・子育て支援を始めよう』萌文書林

J. クロガー／榎本博明（編訳）(2005)『アイデンティティの発達 —— 青年期から成人期』北大路書房

井上清美 (2013)『現代日本の母親規範と自己アイデンティティ』風間書房

菅野幸恵 (2012)『あたりまえの親子関係に気づくエピソード 65』新曜社

第 7 章

子どもたちの観察と記録

学生による手作り表紙を付けた観察日誌

その意味とツボ

1. 私たちのエピソード記録

エピソード47　書くために見るのか、見えたことを書くのか

　『エピソードで学ぶ』シリーズの既刊の2冊も含め、本書のもとになっているのはあるタウン誌への連載です。毎月3人で交代で執筆していたのですが、ひとりだったらとてもできなかったと思います。自分の番のときは締め切り前に書いて二人に見てもらうのですが、二人の目を一度くぐらせることがとても大事だったと思います。わかりにくいところを指摘してもらうこともちろんですが、励まされたことも多々でした。今でいうと、「いいね」をもらえる感じに近いのかもしれませんが、自分の取り上げたエピソードを二人に共感してもらえるのはとてもありがたいことでした。またほかの二人が書くエピソードを読むのも楽しみでした。自分には気づかないこともあるので、大きな刺激をもらいました。ちなみに本書も含め、前2冊も同じようなやり方（一人が書いたものを他の二人が読んでコメントする）で執筆しています。

　私は子どもがおりませんから、私が書くエピソードに登場する子どもは、調査やフィールドワークで出会った子どもです。自分の番が来ると、今月はどの話にしようかと過去の記録を振り返っていました。連載を続けていくうえで重要だと感じたのは、書く目的のためだけに子どもを見ないようにするということでした。連載を重ねていくなかで、次に書けそうなネタがないか、探しながら子どもと関わってしまうことがあったのです。

　これは免許資格取得のための実習でも起こります。実習で記録（日誌）をとることは必須です。日誌には一日の流れと子どもや保育者の動き、自分が関わったなかで感じたこと気づいたことを書くのですが、日誌を書くことに主眼がおかれすぎると書くために関わるという本末転倒な事態になることもあります（特に私の勤務校ではエピソード記述を大事にしていたということもあると思うのですが）。それでは生き生きとしたエピソードは降りてきてくれません。子どもと関わることでエピソードは見えてくるのです。日誌に書くことがないという事態がもし起こったとしたら、しっかり子どもと関わっていなかったということになるでしょう。見ているようで、見ていなかったのかもしれません。調査やフィールドワークに行って、今日は子どもとしっかり関われたなと思う日は、自然と書くことが浮かんでくるものです。

　見たことを書いていくときに、新たな発見をすることがあります。そのときの状況を紐解いていくなかで、もしかしたらあの子の行動にはこういう意図があったのかもしれないと、振り返って初めて気づくこともありますし、自分の関わり方についてもっとああすればよかったと反省することもあります。現場で働いている人にとっても記録は重要です。また記録を共有することで、自分の関わりをさらに別の視点で振り返ることもできるでしょう。

解 説

(1) 子どもを「みる」ということ

　記録をするためには、子どもを「みる」ことが必要である。石黒[1]は、子どもを「みる」ことについて「観る（observing）」「診る（diagnosing）」「看る（caring）」の三点から捉えている。順番に考えていこう。

① 子どもを観る

　幼稚園や保育所の実習で観察実習から入る園がある。しっかり「観る」ことは、実践の基本になるからである。観察実習では子どもに積極的に関わるのではなく、少し引いて見る。そうすると渦中にいると見えていないことが見えてくる。石黒は子どもの噛みつきについて悩む保育者の例を挙げている[1]。かみつきを必死でおさえようとする保育者に、先輩保育者が「ちょっと離れてみたら」とアドバイスをする。すると、「噛みつき」が特別なやりとりのもとで起きたり、保育環境に問題があることに気づいたりする。

初の保育参観中「はじめまして」

保育参観にて観察記録中

　子どもを観るときに気をつけなければならないのは、私たちは自分の枠組みで子どもを観てしまっているということである。幼稚園や保育所で「気になる子」が注目されることがある。保育者がある子どもを**気になる子**としてみるとき、子ども自身に問題があるとしがちで、子ども自身を変えようとしてしまう。先の噛みつきも同様である。ある調査で保育者にどんな子どもが気になるかを尋ねたところ、回答は、発達の遅れなど「発達上の問題」、視線が合わない、会話が成り立たないなどの「コミュニケーション」、落ち着きがない、乱暴、感情のコントロールができない、かんしゃくを起こすなど「情緒面での問題」、無気力、友だちの輪に入れないなど

のしようとしない、集団活動が苦手などの「集団への参加」に分類された[2]。いずれも子ども個人の問題に還元されそうな内容である。

　しかし見方を変えてみると、問題が問題でなくなることもある。ある保育所で保育者たちが「気になる」と考えていた子どもが「気にならなくなる」プロセスを明らかにした研究がある[3]。保育者たちが気になっていたのは、Kという男の子であった。Kは保育者から呼ばれても来なかったり、ひとりでふらふらしていることが多い子どもで、子ども同士でトラブルを起こしては泣く子どもだった。何かにつけてゆっくり行動するKは保育者から急かされることが多く、その扱いが子どもたちに伝わり、赤ちゃん組に行けばいいのにと言われるくらいになってしまっていた。保育者たちは、Kにあまり口やかましく言わずに、少しくらい放っておくことにした。そうすると、保育者が特別扱いをしなくなるので、他の子どもたちの態度も変わり、仲間のひとりとして受け入れられるようになったのである。

　石黒[1]は「気になる子」への気づきを子どもの問題の発言としてではなく、「気になる場面」を探索するための観察を要求するサインとして捉え直すことが必要だとしている。問題が子どもの中にあるのではなく、子どもとほかの子ども、保育者との関係の中にあると捉え直すということである。

② 子どもを「診る」

　ここで診るとは、病院での診断ではない。子どもが生きる日常実践のなかで診ることである。石黒[1]は、多様な場で診ること、時間のなかで診ることを強調している。

　多様な場で診るとは、子どもがどのような関係の網の目にいるのかを見ることである。子どもの行動は、誰といるか、どこにいるかで変わる。家ではダラダラしているのに、園では積極的に行動するということは多い。逆に家では「いい子」なのに、園では他の子どもとうまく関われずにトラブルを起こしてばかりいることもあるだろう。多様な場で子どもを診るためには、送り迎えのときの親子の様子や、そのときに保護者と交わす会話などに注意する必要がある。そこに家庭での様子や親の思いが垣間見られるからである。

時間のなかで診るとは、過去から未来へとつながる長期的な軌跡のなかで子どもを捉えるということである。たとえば登園時母親から離れることができず、母親が行ってしまったあともしばらく泣いている子どもがいたとする。今はそれが大きな問題のように感じられるが、長い目で見ると、いつまでもその状況が続くわけではなく、泣いていたのがうそのようにあっさりと別れられるようになる。トラブルが起こったときも、そのいきさつに注目すると、その場だけでは理解できない子どもの言動の意味が見えてくることもある。

③ 子どもを「看る」

　幼児期の子どもとの関わりにおいてcareの要素は欠かせない。石黒[1]は看方には2種類あるとする。ひとつは「個人に関わろう」とする看方であり、もうひとつは「関心をもつ子どものおかれた状況に関わろう」とする看方である。石黒は前者をカウンセラー的看方として、後者の必

あと少しだね　給食場面の観察中に学生が食事援助 (2歳児)

要性を強調する。繰り返し悪さをする子どもを呼び出して個別指導したり、その子どもの家庭環境について詮索するのが、カウンセラー的看方である。もちろん個別的な関わりが功を奏することもあるが、それだけで十分とはいえない。その子どもがおかれている状況、たとえば悪い子になっていくやりとりから何が問題になっているのかを見極め、そこに関わっていくことである。よく、子どもの目線に立つ、子どもの立場に立ってみることの大切さが説かれるが、それは子どもがおかれた状況に自分の身をおいて、共感的に想像してみることで可能となる。もちろん、その子にはなれないのであるが、自分だったらどのように行動するのか、どう感じるのか、どうしてほしいと思うのかについて思いを至らせるのである。

　これら①〜③の3つの「みる」は相互に関係していて、切り離すことはできない。3つのモードを行ったり来たりしながら子どもと関わっているのである。

(2) 子どもをみるための記録

　　　　自らの「みかた」を振り返るためには記録が有効である。ある人がある子どもについて書いた記録は、その人の主観によって貫かれている。同じ子どもをみていたとしても、みる人が変われば、記録も変わってくる。その人自身が、その人の子ども理解が、その記録の中に組み込まれているのである。保育者が記録をとるときも、その保育者は客観的な観察者ではありえない。保育者自身がその場の重要な構成要因として存在し、またその場のダイナミクスに影響を与えているのである。その意味で、記録はその出来事がうまく説明・了解されるかということは問題になっても、正解不正解があるものではない。
　　　そう考えると記録をとることは、自らを振り返る契機ともなる。そのためには、記録をして終わりにするのではなく、それを読み返していくことが必要となる。少し前の記録を読み返して、そのときの子どもの行動や自らのはたらきかけが見えてこなかったら、その記録は不十分ということになる。それでは記録する意味がなくなってしまう。ではどのように書けばそのときの様子がうまく伝わるのかを考えなければならない。その繰り返しでうまく伝わるようになっていく。
　　　さらにその記録を実践に活かすためには、その記録を自分以外の複数の目にくぐらせることも重要である。自分ではまったく気づかなかったみかたに気づくことができたり、別の解釈のしかたが見えてくることもあるだろう。自分の書いた記録が、自分の意図とは違うかたちで解釈されることがあるかもしれない。それはどのように書けば自分の意図が伝わるのかを学ぶきっかけにもなる。人の目に触れることで、記録がより多くの人に了解可能なものとなっていく。園内研修として事例検討を行う場合などは、自分とは異なる他者のみかたに気づくなかで自分のみかたが相対化されるとともに、ともに子どもをみている同僚を理解するきっかけともなる。他者の記録をみていく際にも、同様のこ

同じ場面を観察していても視点はさまざま

とが生じるだろう。同僚のはたらきかけで気になることがあっても、その同僚がどのような意図でそのはたらきかけをしたのかがわかれば、同僚への態度が変わってくることもあるかもしれない。

（3）記録の媒体

　ここまでことばによる記録について述べてきたが、記録の媒体には写真、映像などもある。これらも活用することでより広い視野で実践を振り返ることができるだろう。もちろんそれぞれの記録のしかたに長所短所があるので、それぞれの媒体の限界を理解しながら利用することで、複数の振り返りの視点をもつことができる。たとえば映像でそのとき起こっていることのすべてを記録することは不可能であるが、ある場面を映像で振り返ってみたとき、そのときには気づかなかった、見逃していた子どもの動きに気づくこともあるだろうし、繰り返し観ることを通して、そのときの出来事の流れを細かく観ていくことができるだろう。

　いずれにしても保育の記録をあれこれ、複眼的に振り返ってみようとする作業が、子どもを「みる」目を養い、子どもと関わるちからを養っていくのである[4]。

第7章　子どもたちの観察と記録―― その意味とツボ　　195

2. 保育実践を捉え直すためのエピソード記述

エピソード 48　私たち、やったね！

　保育者を目指す学生は、学内での授業のほかに、幼稚園や保育所、こども園での実習を通して保育を学びます。これらの実習終了後、事後指導として筆者の授業では、実習体験のうち一番印象に残った出来事を 1 つ選びエピソード形式で記述して、ほかの学生の前で発表するという課題を出しています。その出来事には多く、強く心が揺さぶられた経験が選ばれます。たとえば、ある学生は、「乳児クラスに配属されて、ある子どもに人見知りで泣かれたけれど、毎日必ず声をかけ、笑顔を忘れないように関わり続けていました。それでも、子どもからの笑顔が返ってこないことに心が折れそうになったある日、絵本を読んでと絵本を差し出してきた瞬間に涙があふれてしまいました。『安心してね』というメッセージが届いたのだとわかって感動した」というような体験を発表しました。子どもと心がつながったり、逆に、つながらなかったりという忘れがたい経験が描かれるので、発表を聞いている他の学生は自分の実習体験と重ねて深く共感している様子がうかがえます。学内では大勢の仲間と一緒に勉学に励みますが、実習では保育の場に単独で出向きます。そのため実習中は孤独感を抱きやすいのでしょう。何をしてよいのかわからず戸惑ったり、子どもとのちょっとしたやりとりにつまずきを感じたりと緊張感と不安でいっぱいになっていたことも伝わってきます。嬉しいと思うこともあるけれど、辛いと思うこともたくさんあった、でもやり遂げたという達成感を学生同士が共感している様子が見てとれ、私も胸が熱くなってしまうのでした。

　実習中に体験した出来事が、なぜ、こんなにも印象深く心に刻まれたのかを理解するのは、それほど簡単なことではありません。なぜなら、実習生は関わりに巻き込まれている当事者だからです。当事者研究は、もともとは障害者本人や慢性疾患患者本人が自らの障害や疾患について研究するという意味で用いられます。自閉症であるドナ・ウィリアムズの著書『自閉症だったわたしへ』[5]をご存知の方も多いのではないでしょうか。こうした当事者研究をより広義の意味で捉えて、自分のことを他者に理解されて語られるのではなく、自分を主人公にして自分のみたことや思いを伝えたいと願って他者に語ることを目指しているのが、冒頭で紹介した課題です。そこを目指すことで、単なる個人的独白を超えて、いつしか他者とともに生きる地平へとその人自身が降り立つことが可能になると考えられています[6]。つまり、語り手によって語られるのはその人の生き様そのものです。そこに聞き手が引き込まれ自分の人生経験との響きあいが生じて一体感のようなものが生まれる、といった具合です。「わかったよ」と伝えなくても「わかってくれた」と感じられて、語り手は元気をもらえるのです。

解　説

(1) 関与観察とエピソード記述という方法論

　　自分の生き様を語るなどというと少し大げさに聞こえるかもしれな
いが、子どもとの関わりは待ったなし、という意味で素の自分をさら
け出されてしまう瞬間がある。すなわち、大人は子どもに対して自分
の気持ちを持ち出し、子どもはそれに反応して、さらに子どもも気持
ちを持ち出して、そこに大人も対応する。そこに気持ちの動き合いが
生じている。冒頭のエピソードのような実習体験を例に挙げれば、実
習生と子どもの気持ちの動きは、重なったり、重ならなかったりする。
思いがけず重なればうれし涙を流すことになるし、重なることを願い
ながらもどうしても重なることができなければ悔し涙を流すことにな
るだろう。だからこそ、そのような体験は印象深く感じられるものと
思われる。ところが、そのときの気持ちの重なり具合という肝心なと
ころは目で見て確認することはできない。そこで、そのときの子ども
の様子を捉え、両者の〈あいだ〉に生じた心の動きを描写するための
手法に、**関与観察**と**エピソード記述**という方法論が用いられる。心理
学における観察の基本は**行動観察法**といわれており、もちろん行動
観察にもとづいた記録は客観的事実の記録として重要である。その基
本は当然のことであるが、関与観察とエピソード記述という方法論は、
客観的事実の記録に加えて、人と人との〈あいだ〉に広がる雰囲気
（穏やかで優しい雰囲気や、元気でパワフルな感じ）など、目には見え
ないけれど、その場に身をおいていれば感じとることができる情動や心
の交流の様子を描き出そうという点で、行動観察などの他の手法とは
異なっている[7,8]。

　　この手法には次の2つの特徴がある。

① 観察者は黒子ではいられない

　1つめは、観察者もその場での関わりの当事者であることを認める
ことである。行動観察法では、観察者は黒子としてできるだけ被観察
者に影響を及ぼさないように心がける。しかし、保育や子育ての場で
その関わりの様子を観察したことがある人であれば、子どもがニコッ

第7章　子どもたちの観察と記録——　その意味とツボ　　*197*

保育参観にて子どもがする遊びに思わず引き込まれて学生も笑顔

と笑いかけてきたことに無反応でいられるであろうか。子どもの笑顔に、思わず観察者も笑顔を返し、気がついたら遊びに誘われ夢中になってしまうことがあるだろう。ここで、夢中になって子どもに関わっているときの観察眼をホットな目と喩えてみる。その一方で、そのときの関わり全体を見渡して何が起こっているのかをつかもうとアンテナを張り巡らせる観察眼をクールな目と喩えよう。実際の観察は、これら両方の眼を駆使して、目に見える事実も、目に見ることはできない心の交流も、観察者の五感や身体感覚すべてで捉えることである。関与観察は、このホットな目とクールな目の両方を兼ね備えて、その場に生じたありのままを捉えるための観察法である。そして、そのありのままを記述する方法がエピソード記述である。

② 観察者も主体である

子どもの主体には「私は私」の心と「私は私たち」の心の2つの側面がある（☞ 1-2）。同じように、子どもに関わる大人の心にも2つの側面がある。これら2つの側面は、あちらを立てればこちらが立たずというように矛盾した様相を呈することがほとんどである。たとえば、子どもの思いをかなえてあげたいと思う一方で、同時に、その思いにストップをかけたくなるなどである。要するに、正負両方の感情や、その情動の動きが子どもの側にも生じ、大人の側にも生じながら複雑に絡み合って関わりは展開している。それが保育・子育ての関わりの実態である。関わりに没頭しながら、その自分を客観的に見つめることは、渦中にいる最中には難しい。しかし、その時々の関わりの実態をあとになって振り返り、子どもの心の動き、それに対応する保育者自身の心の動きを辿ることが必要になる。なぜなら、その振り返りが保育者自身の保育の中身（質）を見極めることになるからである。

(2) 保育の実習体験を描くエピソード記述例 ── 保育者との対話による気づき

　　エピソード記述は、タイトル、背景、エピソード、考察によって構成される[9]。以下は幼稚園での教育実習が終了した直後に記述した実習生のエピソード記述例である。当該学生の許可を得て、ここに掲載する。このエピソードは、「子どもの主体性を育む保育とは」をテーマに振り返りとして記述されたものである。多くの学生が子ども同士のいざこざをめぐるやりとりを描いていた。その一例である。

　　背景を読むと、日常の保育の様子やエピソードに登場する子どもの様子がわかる。エピソードでは、そのときの情景がありありと目に浮かぶことだろう。考察では、実習指導の先生が日頃の保育で大切にしているのは子どもの主体性の育ちであったことへの気づきが述べられている。その観点から自らの対応を振り返り、捉え直すところが学びになっていることが読み手に伝わってくるだろう。

エピソード記述例1（I実習生）

　○タイトル「ごめんねの気持ち」
　○背景
　　私は、教育実習で5歳児の年長クラスに1週間入らせていただきました。子どもたちは園生活のなかで自主的に片付け、身の回りの準備をし、友だち同士で教えあったり、時には注意をしたりする姿が見られました。AちゃんとBちゃんはクラスのなかで自己主張が強い性格でした。実習生の私にもよく関わってくる積極的な子どもでした。特にAちゃんは正義感の強い性格で周りの友だちに注意する際に、とげのある口調になってしまうことがよくありました。担任の先生もそのことをよく理解していて、「そういうふうに言ったらお友だちが傷ついてしまうよ」と、小学校に入る前に友だちへの優しい言葉遣いを伝えているところなのだと実習生の私たちに前もって教えてくれました。

第7章　子どもたちの観察と記録 ── その意味とツボ　　*199*

○ エピソード

子どもたちが外で自由に遊んでいた際に、突然Bちゃんが「Aちゃんにパンチされた」と泣きながら私に言いました。私はBちゃんに「大丈夫？　痛かったね」と悲しい気持ちを受け止め、お腹をさすりました。私はAちゃんとBちゃんが話し合ったほうがよいと思い、Bちゃんと手をつなぎAちゃんのもとに行きました。泣いているBちゃんの代わりに「Bちゃんが痛かったんだって」とAちゃんに伝えました。しかしAちゃんは私のことばに耳を傾けることもなく黙ったままでした。「Aちゃん」と名前を呼んでも応えてくれません。私はAちゃんをあやまりたいという気持ちにさせることができないまま、Aちゃんのもとを離れBちゃんとその後遊ぶことになりました。

その日、子どもたちが降園した後に、担任の先生に今日の出来事を話し、Aちゃんにあやまりたいという気持ちになってもらうことができなかったことを相談しました。すると先生は「もしかしたら手が当たってパンチのようになったかもわからないね。Bちゃんの勘違いもあるかもしれない。あやまることがすべてではないよ。『ごめんね』と本心から思うことが大切で、ただ言うのでは本当の仲直りとはいえない。Aちゃんがパンチは痛いとわかることができれば十分だよ」と教えてくださいました。私はその先生のことばがとても印象的で勉強になりました。

○ 考察

私はAちゃんがBちゃんにあやまることが大切だとばかり思っていたけれど、先生のことばによって私の考えは変わりました。実習のなかで、とても印象に残る出来事だったので、みんなに伝えたいと思い、このエピソードを選びました。保育者は子ども同士のトラブルを子ども自身で解決へ向かえるように見守り、危険なことなど援助が必要なときは仲介することを知りました。5歳児の保育や子どもの一人ひとりの性格を理解しているからこそ、このような対応ができるのだと思いました。子どもの心のこもった「ごめんね」の気持ちを大切にしていることがわかりました。

また、子ども自身で考え、どうすればよいのかをさまざまな体験から学んでゆく5歳児です。Bちゃんは実習生の私に相談するという考

えをもち行動したのだと思います。Aちゃん、Bちゃんは自分たちの
ちからで困難を乗り越えることが目標であり、今回のような経験に
よって主体性が育まれることにつながるのだと学びました。

このエピソードを読むと、実習生はいざこざの仲裁をするうえでは、
子どものどちらか一方を悪者だと捉えてあやまらせなければいけない
のではないか、と考えていたことがうかがえる。それが、エピソード
中の「私はAちゃんをあやまりたいという気持ちにさせることがで
きない」というくだりになったのだろう。

しかし、その後、担任の先生にその出来事を相談すると、実習生と
は異なる子どもへの見方を教えていただくことになった。この記述例
のポイントは、先生との対話から子どもへの見方の違いに気づき、実
習生本人の考えが（ガラッと）変わったところといえる。それは、子
どもの振る舞いの背景には理由がある、ということへの気づきであろ
う。Aちゃんにパンチされて嫌な気持ちになったBちゃんだけれど
も、Aちゃんがパンチしたように見えた振る舞いにもAちゃんなり
の理由があるに違いない。そういう振る舞いをしてしまったAちゃ
んの今の姿を認めることも大切なのではないか。担任の先生は、友だ
ちとの関わりで、Aちゃんに優しく穏やかな振る舞いができるよう
に願っているけれども、そうできない子どもの今を受け止めることも
大切だと教えてくださったのではないだろうか。

その一方で、Aちゃんのしたことがわざとではないにしても、B
ちゃんは痛い思いをしたのだから、そのことをAちゃんに伝えるこ
とは必要な対応である。痛い思いをさせてしまったAちゃん、痛い
思いをしたBちゃん、双方の今の姿を保育者が認めることで、Aちゃ
んとBちゃんが互いの思いに向き合うようなやりとりの展開を支え
ていくことができるのではないか。そこに5歳児の主体性を育てる保
育があるのだと実習生が学んだとわかるエピソード記述であった。

このようにエピソード記述をすることで、当時の体験をあらためて
整理し、自らの対応の是非を検討する目を養うことができる。保育に
おける子ども理解を深めるためには、絶えず子どもと関わる実践を
振り返ることが求められている（☞ 1-1）。その手段のひとつとして、p.8

第7章　子どもたちの観察と記録── その意味とツボ　　*201*

エピソード記述は有効であるといえるだろう。

グループワーク

GW 子どもとの関わりで「かわいいと思ったこと」「困ったこと」とそれぞれ挙げて、理由も含めて書いてみよう（巻末ワークシート「ワーク実習体験の共有」参照）。

GW 子どもとの関わりで心に残ったやりとりを、タイトル、背景、エピソード、考察の構成で記述してみよう。

GW 学生同士で、実習日誌やエピソードに付箋を付け、そこに3つの良いところと、2つの質問を書き込む。その後、自分の日誌やエピソードに貼られた付箋を見ながら、自分の記録を加筆・修正してみよう。

【参考書】

鯨岡　峻 (2015)『保育の場で子どもの心をどのように育むのか——「接面」での心の動きをエピソードに綴る』ミネルヴァ書房

渡部千世子 (2013)『慢性腎疾患の子どもとその母親・家族の関係発達の諸相——子どもはいかにしてその病気を自らの人生に引き受けるようになるか』風間書房

岸井慶子 (2013)『見えてくる子どもの世界——ビデオ記録を通して保育の魅力を探る』ミネルヴァ書房

ワークシート「101 のほめ方」

子どもを伸ばすほめ方を考えてみよう

101のほめ方

ワークシート「アフォーダンス」

グループワーク

グループの目安；2~3名。

子どもは，どのようなモノや環境にアフォードされるでしょう。あなたがいる場所（教室や廊下，屋外など）で実際に歩いたり触ったりしながら，子どもの視点でアフォーダンスを見つけてみましょう。また，子どもの行動を促したり抑制したりするために，保育者や教師として，それらのモノや環境をどのように活用できるか話し合ってみましょう。

［記入の仕方］

グループ名；	メンバー；

場所（どこ？）；	物（何？）；	
乳児・幼児の視点から；		児童の視点から；
	アフォーダンスは，モノや環境とかかわる子どもの身体と相互作用をします。子どもの身体のサイズを想像し，子どもの目の高さ，子どもの姿勢の変化を踏まえて，捉えてみましょう。	
保育者・教師の利用法・配慮；		
	「〜しなさい」「〜してはいけません」といった直接的な指示ではなく，環境構成を工夫した子どもの行動へのはたらきかけについて考えましょう。	

［用紙］

グループ名；	メンバー；

場所（どこ？）；	物（何？）；

乳児・幼児の視点から；	児童の視点から；

保育者・教師の利用法・配慮；

場所（どこ？）；	物（何？）；

乳児・幼児の視点から；	児童の視点から；

保育者・教師の利用法・配慮；

場所（どこ？）；	物（何？）；

乳児・幼児の視点から；	児童の視点から；

保育者・教師の利用法・配慮；

［感想（寄せ書きで）］アフォーダンスを探してみて，どう感じましたか。

ワークシート「長時間保育」

[記入用紙]

長時間保育について考えてみましょう。

メンバー；

職場

社会的背景から見た
必要性

職場

地縁血縁

家族にとっての
必要性と問題点

長時間保育が必要になる社会的背景

長時間保育の必要性

長時間保育の問題点

ワークシート「いざこざ」

グループワーク

　　グループの目安；3〜4名。ワールドカフェ。

ワールドカフェとは，
少人数のグループで，カフェのようにリラックスすることで，グループ内で意見や考えを出やすくして話し合いをしつつ，一定時間ごとに席替えをすることで，意見や考えをグループ間でも共有するグループワークの手法です。

いざこざの解決とは，
保育者が子ども同士のいざこざを解決するとき，その状況を発見して即介入して仲裁するわけではありません。子ども同士での解決を目指して，まずは見守ります。そのうえで，保育者・教師がかかわる子どもたちの話を丁寧に聞き，必要であれば解決への提案をします。

グループワークのしかた
1　3〜4名のグループを作り，グループのメンバーに，A,B,C,Dやいちご，りんご，ばなな，みかんなど任意の名前を付けます。
2　いざこざの解決にむけて，主に，①いざこざ発見，②激化しないよう見守り，③子どもの話を聞く，④解決への提案といった段階（フェーズ）で対応します。それぞれの段階において，保育者のことばがけや行動・態度，さらに，避けるべきことばや配慮点について話し合いましょう。このとき，できるだけ具体的な場面（子どもの年齢やいざこざの状況など）をイメージしたり，これまでの実習での経験を話し合ったりして，できるだけ多くのことばがけや行動・態度を用紙に記入しましょう。
3　グループ内で，A,B,C,Dやいちご，りんご，ばなな，みかんなど，メンバーに名前を付けます。1つのグループで10〜15分話し合いをした後，「A（いちご）の人は右のグループに，B（りんご）の人は左のグループに移動しましょう」などと席替えをして，また話し合いをします。席替えを数回繰り返して，いろいろな意見や考えに触れられるようにしましょう。

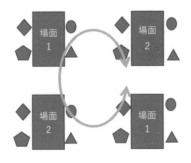

[記入用紙]

場面1   メンバー

フェーズ	保育者のことばや行動（場面や状況があれば書く）	避けることばや配慮
発見時		
見守りながら		
お互いの話を聞くために		
解決に向けて		

いざこざ場面

[記入用紙]

場面2　| メンバー

フェーズ	保育者のことばや行動（場面や状況があれば書く）	避けることばや配慮
発見時		
見守りながら		
お互いの話を聞くために		
解決に向けて	いざこざ場面	

209

ワークシート「実習体験の共有」

グループワーク

グループの目安；3～5名。ワールドカフェ（いざこざGWを参照）。
用意するもの；A3用紙。カラフルなペンや色鉛筆，クレヨン。

1 「かわいいと思ったこと」「困ったこと」「うまくいったかかわり」「難しかったかかわり」などのグループ(3～5名)に分かれて，実習での体験を話し合ってみましょう。どうして，そのように感じたのか，その理由を話し合い，寄せ書き風に用紙に書き込んでみましょう。

2 1つのグループで10～15分話し合いをした後，席替えをして，また話し合いをします。席替えを数回繰り返して，いろいろな意見や考えに触れられるようにしましょう。

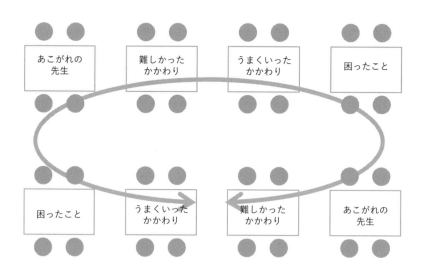

ワークシート「いろいろなオノマトペ」

グループワーク
[記入用紙]

使い慣れたオノマトペの他，新しいオノマトペも作ってみよましょう！

メンバー

◆ オノマトペを記入しましょう

雨が （　　　　　　） 降る。	風が （　　　　　　　） と吹く。
雨が （　　　　　　） 降る。	風が （　　　　　　　） と吹く。
雨が （　　　　　　） 降る。	風が （　　　　　　　） と吹く。
雨が （　　　　　　） 降る。	風が （　　　　　　　） と吹く。
雨が （　　　　　　） 降る。	風が （　　　　　　　） と吹く。

＊どんな雨・風？　雨・風の強さは？　強い順に並べ替えてみよう

（　　　　　　）、歩く。	（　　　　　　　）、転がる。
（　　　　　　）、歩く。	（　　　　　　　）、転がる。
（　　　　　　）、歩く。	（　　　　　　　）、転がる。
（　　　　　　）、歩く。	（　　　　　　　）、転がる。
（　　　　　　）、歩く。	（　　　　　　　）、転がる。

＊歩いているのは誰？　どんなところを歩いている？
＊何が転がってる？　大きさは？　かたちは？　どんなところを転がってる？

◆ 子ども・子どもたちの様子をイメージしてオノマトペで表現してみましょう。できるだけたくさん書き出します。

＊子ども・子どもたちは何をしている？　どんな雰囲気？

211

ワークシート「幼保小連携」

グループワーク

1. まず箇条書きで幼稚園・保育所と小学校との違いを子どもの目線で捉えてみましょう。
2. 保育者・教師の配慮について，幼稚園・保育所で就学に向けてできること，また，小学校で受け入れについてできることを話し合ってみましょう。

メンバー

幼保と小の違い	保育者・教師の配慮

引用文献

第1章　子ども理解のまなざし —— 発達的に捉える

1. 岡本依子・菅野幸恵・塚田−城みちる (2004)『エピソードで学ぶ乳幼児の発達心理学 —— 関係のなかでそだつ子どもたち』新曜社

2. 森口佑介 (2014)『おなさごころを科学する —— 進化する乳幼児観』新曜社

3. 森口佑介 (2017)「大人とは異なる存在としての子ども」『発達』150, p.9.

4. 平松美由紀 (2017)「保育者に求められる子ども理解の視点について」『中国学園紀要』16, 169-176.

5. 渡辺　桜 (2000)「保育者に求められる子ども理解 —— 子ども理解の様々な視点と基本的特性」『愛知教育大学幼児教育研究』第9号, 27-32.

6. 鯨岡　峻 (1998)『両義性の発達心理学』ミネルヴァ書房

7. 鯨岡　峻 (2013)『子どもの心の育ちをエピソードで描く —— 自己肯定感を育てる保育のために』ミネルヴァ書房

8. 塚田みちる (印刷中)「子育て相談における支援者と母親の情動を媒介にした関係の形成 —— 〈支援する−される〉という関係を「接面」という概念で読み解く」『臨床発達心理実践研究』12(2).

9. 荒川志津代・吉村智恵子 (2017)「幼児教育における子どもの主体性についての一考察」『名古屋女子大学紀要』63, 217-225.

10. 河邉貴子 (2005)『遊びを中心とした保育』萌文書林

11. 鯨岡　峻 (2006)『ひとがひとをわかるということ —— 間主観性と相互主体性』ミネルヴァ書房

12. 山本聖志他 (2008)「自尊感情や自己肯定感に関する研究」『東京都教職員研究紀要』第8号, 1-6.

13. 明石要一他 (2016)「特集　子供たちの自己肯定感をどうはぐくむのか」座談会日時（平成28年12月20日）URL：www.niye.go.jp/kanri/upload/editor/116/File/04tokusyu.pdf（2018年8月現在）

14. 渡辺さやか・三國牧子 (2014)「自己効力感研究の現状と今後の可能性」『九州産業大学国際文化学部紀要』57, 159-174.

15. 浅利剛史 (2016)「『幼児の達成感』の概念分析」『日本小児看護学会誌』26(3), 39-46.

16. 西川由紀子 (2003)「子どもの自称詞の使い分け ——『オレ』という自称詞に着目して」『発達心理学研究』14(1), 25-38.

17. Harter, S. (1999) *The cognitive and social construction of the developing self*. New York: Gilford Press.

18. 佐久間路子・遠藤利彦・無藤隆 (2000)「幼児期・児童期における自己理解の発達 —— 内容的側面と評価的側面に着目して」『発達心理学研究』11, 176-187.

19. 中島伸子・稲垣佳世子 (2007)「子どもの楽天主義 —— 望ましくない特性の変容可能性に

ついての信念の発達」『新潟大学教育人間科学部紀要』9(2), 229-240.

第2章　子どもが育つ場を整える —— 遊びのちから

1. 外山紀子 (1998)「食事場面における幼児の席とり行動 —— ヨコに座ると何かいいことあるの？」『発達心理学研究』9, 209-220.

2. 竹中和子・藤田アヤ・尾前優子 (2004)「幼児の死の概念」『看護学統合研究（広島文化学園大学）』5(2), 24-30.

3. Shaffer, D. R. & Kipp, K. (2010) *Developmental psychology: Childhood and adolescence*, 8th ed., Australia; Belmont, Calif.: Wadsworth Publishing.

4. Bandura, A. (1969) Social learning theory of indentificatory processes. In D. A. Goslin (Ed.), *Handbook of Socialization Theory and Research* (pp.213-262). Rand McNally.

5. 香川秀太 (2011)「『越境の時空間』としての学校教育 —— 教室の外の社会にひらかれた学びへ」茂呂雄二・田島充士・城間祥子（編）『社会と文化の心理学 —— ヴィゴツキーに学ぶ』(pp.106-128) 世界思想社

6. 茂呂雄二 (2011)「ヴィゴツキー心理学のアクチュアリティ(序章)」茂呂雄二・田島充士・城間祥子（編）『社会と文化の心理学 —— ヴィゴツキーに学ぶ』(pp.7-11) 世界思想社

7. ヴィゴツキー, L. S./柴田義松（訳)(2001)『思考と言語』新読書社

8. ロゴフ, バーバラ／當眞千賀子（訳)(2006)『文化的営みとしての発達 —— 個人、世代、コミュニティ』新曜社（Rogoff, B. (2003) *The cultural nature of human development*. New York: Oxford University Press.）

9. 城間祥子 (2011)「教室の内と外 —— コラボレーション型授業の創造」茂呂雄二・田島充士・城間祥子（編）『社会と文化の心理学 —— ヴィゴツキーに学ぶ』(pp.207-222) 世界思想社

10. レイヴ, J. & ウェンガー, E. (1993)『状況に埋め込まれた学習 —— 正統的周辺参加』産業図書（Lave, J. & Wenger, E. (1991) *Situated learning: Legitimate peripheral participation*. Cambridge [England]; New York: Cambridge University Press.）

11. 横井紘子 (2007)「『『遊び』それ自体』の発達についての一考察 —— 「遊び」のありようと変容の解明をめぐって」『保育学研究』45(1), 12-22.

12. Rubin, K. H., Fein, G., & Vandenberg, B. (1983). Play. In E. M. Hetherington (Ed.) *Handbook of Child Psychology. vol.4: Socialization, personality, and social development*. (pp.693-744). New York: Wiley.

13. 山名裕子 (2011)「子どもの遊びと学び」清水益治・無藤隆（編）『保育の心理学Ⅱ』(第9章, pp.77-84) 北大路書房

14. Pellegrini, A. D., Danielle, D., & Peter, S. (2007) Play in evolution and development. *Developmental Review*, 27, 261-276.

15. 無藤　隆 (2001)『知的好奇心を育てる保育 —— 学びの三つのモード論』フレーベル館

16. ガダマー, H-G.／轡田收・大石紀一郎・麻生建・三島憲一・北川東子・我田広之（訳)(2012)『真理と方法 —— 哲学的解釈学の要綱 新装版』法政大学出版局（Gadamer, Hans-Georg (1960) *Wahrheit und Methode : Grundzuge einer Philosophischen Hermeneutik*. Tübingen: J. C.

B. Mohr (Paul Siebeck).）

17. 加用文男 (2016)「遊び研究 ── 保育運動との関わりの中で…個人の研究史から」『心理科学』37(2), 1-12.

18. Parten, M. B. (1932). Social participation among pre-school children. *Journal of Abnormal and Social Psychology*, 27(3), 243-269.

19. Gillibrand, R., Lam, V., & O'donnell, V. (2016). *Developmental psychology*. Second edition, Pearson.

20. Piaget, J. (1951) *Play, dreams and imitation in childhood*. London: Routledge & Kegan Paul.

21. Striano, T., Tomasello, M., & Rochat, P. (2001). Social and object support for early symbolic play. *Developmental Science*, 4, 442-455.

22. Smilansky, S. (1968) *The effects of sociodramatic play on disadvantaged preschool children*. New York: Wiley.

23. Pellegrini, A. D. & Smith, P. K. (1998) Physical activity play: The nature and function of a neglected aspect of play. *Child Development*, 69, 577-598.

24. 佐伯　胖・佐々木正人（編）(2013)『新装版 アクティブ・マインド ── 人間は動きのなかで考える』東京大学出版会

25. Bibring, G. L., Dwyer, T. F., Huntington, D. S., & Valenstein, A. F. (1961) A study of the psychological processes in pregnancy and of the earliest mother-child relationship-II. *Methodological Considerat. Psychoanalytic Study of the Child*, 16, 25-72.

26. 佐々木正人 (2018)「アフォーダンス」能智正博（編集代表）・香川秀太ほか（編）『質的心理学辞典』新曜社

27. 梶浦恭子・今村光章 (2015)「なぜ幼児は『森のようちえん』で枝を拾うのか ── 幼児の行動記録を手がかりに」『環境教育』24, 137-144.

28. 大藪　泰 (2004)「共同注意と意図」大藪泰・田中みどり・伊藤英夫（編）『共同注意の発達と臨床』(pp.135-161) 川島書店

29. 無藤　隆（編）(1987)『テレビと子どもの発達』東京大学出版会

30. 相川　博・榎日出夫・友田靖子・高田弘幸・山内俊雄 (2000)「アニメ番組『ポケットモンスター』視聴中に発作性症状を呈した人の追跡調査」『てんかん研究』18(3), 195-203.

第3章　子ども同士の絆を育てる ── 仲間のちから

1. 岡本夏木 (1982)『子どもとことば』岩波書店

2. 大藪　泰 (2005)「赤ちゃんの模倣行動の発達 ── 形態から意図の模倣へ」『バイオメカニズム学会誌』29(1), 3-8.

3. Meltzoff, A. N. & Moore, M. K. (1977). Imitation of facial and manual gestures by human neonates. *Science*, 198, 75-78.

4. Field, T. M., Woodson, R., Greenberg, R., & Cohen, D. (1982) Discrimination and imitation of facial expressions by neonates. *Science*, 218, 179-181.

5. トマセロ, M.／大堀壽夫・中澤恒子・西村義樹・本多啓（訳）(2006)『心とことばの起源を探る』勁草書房（Tomasello, M. (1999) *The cultural origins of human cognition*. Cambridge, Mass.: Harvard University Press.）

6. Gergely, G., Bekkering, H., & Kiraly, I. (2002). Rational imitation in preverbal infants: Babies may opt for a simpler way to turn on a light after watching an adult do it. *Nature*, 415, 755.

7. Meltzoff, A. N. (1995) Understanding the intentions of others: Re-enactment of intended acts by 18-month-old children. *Developmental Psychology*, 31, 838-850.

8. 大藪　泰 (2004)「共同注意と意図」大藪泰・田中みどり・伊藤英夫（編）『共同注意の発達と臨床 ―― 人間化の原点の究明』(pp.135-162) 川島書店

9. 佐伯　胖 (2008)「模倣の発達とその意味」『保育学研究』46(2), 347-357.

10. Bandura, A., Ross, D., & Ross, S. A. (1961) Transmission of aggression through the imitation of aggressive models. *Journal of Abnormal and Social Psychology*, 63(3), 575-582.

11. Bandura, A. (1989) Social cognitive theory. In R. Vasta (Ed.), *Annals of child development: vol.6, Six theories of child development: Revised formulations and current issues* (pp.1-60). Greenwich, CT: JAI Press.

12. 江原由美子 (2002)『自己決定権とジェンダー』岩波書店

13. 中塚幹也 (2017)『封じ込められた子ども、その心を聴く ―― 性同一性障害の生徒に向き合う』ふくろう出版

14. 子どものLGBT「教育現場の対応は？」https://www.nhk.or.jp/shibu5-blog/100/228351.html

15. 野辺明子 (1993)『魔法の手の子どもたち』太郎次郎社エディタス

16. ホーキング青山 (2009)『差別をしよう！』河出書房新社

17. 杉田穏子 (2017)『知的障害のある人のライフストーリーの語りからみた障害の自己認識』現代書館

18. 木浦原えり・真宮美奈子 (2014)「外国人の親をもつ子どもの保育に関する研究 ―― 入所児童数が多い山梨県内の保育所の事例を中心に」『山梨学院短期大学研究紀要』34, 74-87.

19. 品川ひろみ (2011)「多文化保育における保育者の意識 ―― 日系ブラジル人児童の保育を中心として」『現代社会学研究』24, 23-42.

20. 浜田寿美男 (2017)『親になるまでの時間　前編』ジャパンマシニスト社

21. 斉藤こずゑ・木下芳子・朝生あけみ (1986)「仲間関係」無藤隆・内田伸子・斉藤こずゑ（編著）『子ども時代を豊かに ―― 新しい保育心理学』(pp.59-111) 学文社

22. Bakeman, R. & Brownlee, J. R. (1982) Social rules governing object conflicts in toddlers and preschoolers. In K. H. Rubin & S. Ross (Eds.), *Peer relationships and social skills in childhood* (pp.99-111). New York：Springer Verlag.

23. 高坂　聡 (1996)「幼稚園児のいざこざに関する自然観察的研究 ―― おもちゃを取るための方略の分類」『発達心理学研究』7(1), 62-72.

24. 倉持清美 (2001)「仲間と出会う場としての園」無藤隆（編）『発達心理学』(pp.109-126) ミネルヴァ書房

25. Wertsch, J. (1991) *Voices of the mind: A sociocultural approach to mediated action*. Cambridge, Mass: Harvard University Press.

26. 岡本依子・菅野幸恵・塚田-みちる (2004)『エピソードで学ぶ乳幼児の発達心理学 ―― 関係のなかでそだつ子どもたち』新曜社

27. 岡本依子 (2016)『妊娠期から乳幼児期における親への移行 —— 親子のやりとりを通して発達する親』新曜社

28. ロゴフ, バーバラ／當眞千賀子（訳）(2006)『文化的営みとしての発達 —— 個人、世代、コミュニティ』新曜社（Rogoff, B. (2003) *The cultural nature of human development*. New York: Oxford University Press.）

29. ベネッセ教育総合研究所 (2016)「第5回幼児の生活アンケート」https://berd.benesse.jp/jisedai/research/detail1.php?id=4949（2018.10.20. 閲覧）

30. 文部科学省 (2015)「平成26年度幼児教育実態調査」http://www.mext.go.jp/b_menu/houdou/27/10/__icsFiles/afieldfile/2015/10/28/1363377_01_1.pdf（2018.6.20.閲覧）

31. 岡本依子・菅野幸恵・東海林麗香・八木下（川田）暁子・青木弥生・石川あゆち・亀井美弥子・川田　学・高橋千枝 (2010)「親が抱く子どもの安全への心配 —— 妊娠期から小学校入学までの縦断研究から」『発達心理学研究』21(4), 353-364.

32. 社会保障審議会児童部会保育専門委員会 (2016)「資料2：保育をめぐる現状」https://www.mhlw.go.jp/stf/shingi2/0000110009.html（2018.6.20. 閲覧）

33. 石川正和 (1988)「子どもの実態と保育実践の構造」全国保育問題研究協議会（編）『乳幼児の集団づくり』(pp.21-56) 新読書社

34. 後藤節美 (2000)「見守る援助」森上史朗・柏女霊峰（編）『保育用語辞典』ミネルヴァ書房

35. 浜口順子 (2014)「平成期幼稚園教育要領と保育者の専門性」『教育学研究』81, 448-459.

36. 岡野雅子 (1996)「仲間関係の発達」佐藤眞子（編）『乳幼児期の人間関係（人間関係の発達心理学）』培風館

37. 白石敏行・友定啓子・入江礼子・小原敏郎 (2007)「子ども同士のトラブルに保育者はどうかかわっているか —— 学生の保育記録の分析結果」『研究論叢　芸術・体育・教育・心理』（山口大学）57, 287-299.

38. 山本登志哉 (2000)「群れ始める子どもたち」岡本夏木・麻生武（編）『年齢の心理学』ミネルヴァ書房

39. ヘックマン, ジェームズ J.／大竹文雄（解説）／古草秀子（訳)(2015)『幼児教育の経済学』東洋経済新報社（Heckman, James J. (2013) *Giving kids a fair chance*. Cambridge, Mass.: MIT Press.）

40. 天野秀昭 (2011)『よみがえる子どもの輝く笑顔』すばる舎

第4章　知的好奇心を育てる —— 世界と他者を認識する

1. 石川隆行・内山伊知郎 (2001)「5歳児の罪悪感に共感性と役割取得能力が及ぼす影響について」『教育心理学研究』49, 60-68.

2. 瀬野由衣 (2017)「乳幼児期・児童期の発達研究の動向と展望 —— 他者とのかかわりという視点から」『教育心理学研究年報』56, 8-23.

3. Vygotsky, L. S. (1980) *Mind in society: The development of higher psychological processes*. Cambridge: Harvard University Press, Revised 版

4. 伴　碧・内山伊知郎 (2015)「大人によるふりシグナルの提示は子どものふり行動を促す

か？」『心理学研究』86, 333-339.

5. Lillard, A. S., & Witherington, D. C. (2004) Mothers' behavior modifications during pretense and their possible signal value for toddlers. *Developmental Psychology*, 40(1), 95-113.

6. 山岸明子 (1980)「役割取得能力の発達に影響する社会的経験の検討——"役割取得の機会"の観点からの分析」『心理学研究』52(5), 289-295.

7. 佐伯　胖（編)(2007)『共感——育ち合う保育のなかで』ミネルヴァ書房

8. 浜田寿美男 (1999)『「私」とは何か——ことばと身体の出会い』講談社選書メチエ

9. 鯨岡　峻 (2002)『〈育てられる者〉から〈育てる者〉へ——関係発達の視点から』日本放送出版協会（NHKブックス)

10. 若林紀乃 (2008)「人間関係へのチャレンジ」都筑学（編)『やさしい発達心理学』(pp.71-87) ナカニシヤ出版

11. アスティントン, J.W.／松村暢隆（訳)(1995)『子供はどのように心を発見するか——心の理論の発達心理学』新曜社（Astington, J. W. (1993) *The child's discovery of the mind*. Cambridge, Mass.: Harvard University Press.)

12. 岡本依子・菅野幸恵・塚田−みちる (2004)『エピソードで学ぶ乳幼児の発達心理学——関係のなかでそだつ子どもたち』新曜社

13. 杉村智子・原野明子・北川宇子・吉本史 (1994)「日常的な想像物に対する幼児の認識——サンタクロースは本当にいるのか？」『発達心理学研究』5, 145-153.

14. 加用文男 (1998)「遊びに生きる子どもの多重世界」麻生武・綿巻徹（編)『遊びという謎』(pp.35-61) ミネルヴァ書房

15. 富田昌平 (2015)「サンタクロースとクリスマス行事に対する大人の態度と支援」『三重大学教育学部研究紀要』66, 265-272.

16. 麻生　武 (1996)『ファンタジーと現実』金子書房

17. Kohlberg, J. (1982) Cognitive stages and preschool education. In J. L. Frost (Ed.), *Early childhood education rediscovered: Readings* (pp.212-224). Holt, Rinehart & Winston.

18. 岡本夏木 (1982)『子どもとことば』岩波書店

19. 荻野美佐子 (2002)「言語発達の社会的基礎」岩立志津夫・小椋たみ子（編著)『言語発達とその支援』(pp.30-50) ミネルヴァ書房

20. 小山　正・村井潤一 (1994)「乳幼児の音声・言語発達に関する研究 (1)——ジャーゴンの発達的検討」『日本教育心理学会総会発表論文集』36, 2122.

21. 田守育啓 (2002)『オノマトペ——擬音・擬態語をたのしむ』岩波書店

22. 田守育啓 (1998)「日本語オノマトペ——多様な音と様態の表現」『日本音響学会誌』54(3), 215-222.

23. 青木昭六 (2003)「日英語表現比較——宮沢賢治の作品に見られるオノマトペの英訳文に基づいて」『人間文化：愛知学院大学人間文化研究所紀要』18, 402-348.

24. 森本　博 (1978)「Semantic Differential 法による onomatopoeia の分析」『神戸山手女子短期大学紀要』21, 35-49.

25. 芳賀　純 (1977)「意味微分法による清音と濁音の比較（Ⅱ)——"ハ""パ""バ"について」『文藝言語研究言語篇』1, 65-82.

26. 松田文子（編）(2004)『時間を作る、時間を生きる —— 心理的時間入門』北大路書房
27. 藤崎春代 (1995)「幼児は園生活をどのように理解しているのか —— 一般的出来事表象の形成と発達的変化」『発達心理学研究』6, 99-111.

第5章　一人ひとりの育ちに応じて支援する —— 文化と個性

1. 高橋　登・山本登志哉（編著）(2016)『子どもとお金 —— おこづかいの文化発達心理学』東京大学出版会
2. 総務省. (2016). 平成27年国勢調査人口等基本集計結果. http://www.stat.go.jp/data/kokusei/2015/kekka.html (2018.11.10.)
3. 新倉涼子 (2001)「外国人児童の保育への負担度および保育士の異文化理解の姿勢に影響を及ぼす要因の検討」『保育学研究』39(2), 176-184.
4. 柴山真琴 (1995)「ある中国人5歳児の保育園スクリプト獲得過程 —— 一事例研究から見えてきたもの」『乳幼児教育学研究』4, 47-55.
5. 外山紀子・無藤　隆 (1990)「小学生女児のごっこ遊びにおけるスクリプトとメタ発話の発達的変化」『発達心理学研究』1(1), 10-19.
6. 佐々木由美子 (2015)「外国籍保育士による支援が外国籍児の保育園適応に及ぼす心理的効果に関する質的研究」『子育て研究』5, 21-29.
7. 菅田貴子 (2006)「外国籍幼児の保育所への適応過程に関する研究 —— 留学生家族の子どもの事例から見えてくるもの」『保育学研究』44(2), 200-209.
8. 小内　透（編）(2003)『在日ブラジル人の教育と保育 —— 群馬県太田・大泉地区を事例として』明石書店
9. ロゴフ, バーバラ／當眞千賀子（訳）(2006)『文化的営みとしての発達 —— 個人、世代、コミュニティ』新曜社（Rogoff, B. (2003) *The cultural nature of human development*. New York: Oxford University Press.）
10. Pianta, R. C., Rimm-Kaufman, S. E. & Cox, M. J. (1999) Introduction: An ecological approach to kindergarten transition. In R. C. Pianta & M. J. Cox (Eds.) *The transition to kindergarten*. Paul H Brookes Publishing.
11. 吉田敦彦 (2006)「時間を生きる形」日本ホリスティック教育協会編『持続可能な教育社会を作る』せせらぎ出版
12. 浜田寿美男・小沢牧子・佐々木賢（編著）(2003)『学校という場で人はどう生きているのか』北大路書房
13. 岡本夏木 (1985)『ことばと発達』岩波書店
14. 守　巧 (2017)「気になる子がいるクラスを多面的に捉える —— どの子にも居場所があるクラスを目指して」『発達』149, 29-34.
15. 滝口俊子（編著）(2015)『子育て支援のための保育カウンセリング』ミネルヴァ書房
16. 内田千春 (2013)「新人保育者の語りに見る外国につながりのある子どものいる保育」『共栄大学研究論集：共栄研究』11, 273-286.
17. 野田一郎・水野寿夫・渡辺暢子・八野正男 (1996)「保育現場の国際化 —— 在日外国人子女及び帰国子女の保育に関する問題と展望」『日本保育学会大会研究論文集』49, A29.

18. 加藤志ほ子 (2015)「子どもの行動観察」滝口俊子（編著）『子育て支援のための保育カウンセリング』(pp.77-100) ミネルヴァ書房

第6章　親と保育者の育ち──育てると育てられる

1. 全国保育士養成協議会（編集）(2018)『保育実習指導のミニマムスタンダード Ver.2「協働」する保育士養成』中央法規出版
2. 西坂小百合・森下葉子 (2009)「保育者アイデンティティの形成過程──保育実践経験5〜10年の幼稚園教諭に対するインタビュー調査から」『立教女学院短期大学紀要』41, 51-60.
3. 柴崎正行・足立里美 (2009)「保育者アイデンティティに関する研究の動向と展望──日本における保育者アイデンティティ研究」『大妻女子大学家政系研究紀要』45, 25-33.
4. 小泉裕子・田爪宏二 (2005)「実習生の保育者アイデンティティの形成過程についての実証的研究──保育者モデルの影響と保育者アイデンティティ『私は保育者になる』の関連」『鎌倉女子大学紀要』12, 13-23.
5. 足立里美 (2008)「実習園が求める『実習生らしさ』が実習生の保育者アイデンティティの形成に及ぼす影響」『保育士養成研究』26, 1-10.
6. 西山　修 (2006a)「子どもの社会性を育むことへの保育者効力感とアイデンティティ地位との関係」『子ども社会研究』12, 57-69.
7. 西山　修 (2008)「保育者のアイデンティティと効力感は保育実践に影響を及ぼすか──領域『人間関係』について」『乳幼児教育学研究』17, 19-27.
8. 西山　修 (2006b)「幼児の人とかかわる力を育むための多次元保育者効力感尺度の作成」『保育学研究』44(2), 150-160.
9. 鯨岡　峻 (2002)『〈育てられる者〉から〈育てる者〉へ』NHKブックス, 日本放送出版協会
10. 大倉得史 (2011)『育てる者への発達心理学──関係発達論入門』ナカニシヤ出版
11. 中村　翔・田原歩美 (2012)「次世代子育てに向けた親準備性概念の捉え直し──親準備性の世代間比較を通して」『福山大学こころの健康相談室紀要』6, 27-34.
12. 根ケ山光一 (2012)『アロマザリングの島の子どもたち──多良間島子別れフィールドノート』新曜社
13. 塚田みちる (2017)「小豆島らしい子育て環境についての調査報告──『島出身の母親』と『嫁いできた母親』の語りの比較から」『神戸女子短期大学紀要論攷』62, 65-77.
14. レイヴ, J. & ウェンガー, E.／佐伯　胖（訳）(1993)『状況に埋め込まれた学習──正統的周辺参加』産業図書（Lave, J. & Wenger, E. (1991) *Situated learning: Legitimate peripheral participation*. Cambridge [England]; New York: Cambridge University Press.）
15. 金　娟鏡 (2007)「母親を取り巻く『育児ネットワーク』の機能に関するPAC (Personal Attitude Construct) 分析」『保育学研究』45(2), 135-145.
16. 内閣府 (2016)『子ども・子育て支援制度なるほどBOOK』平成28年4月改訂版 URL:http://www8.cao.go.jp/shoushi/shinseido/event/publicity/naruhodo_book_2804.html（平成30年8月現在）
17. 永田雅子（編）(2016)『妊娠・出産・子育てをめぐるこころのケア──親と子の出会い

からはじまる周産期精神保健』ミネルヴァ書房.

18. 渡辺久子 (2008)『子育て支援と世代間伝達 —— 母子相互作用と心のケア』金剛出版
19. 荒牧美佐子 (2009)「幼稚園児をもつ母親の育児感情と子育て支援」『発達』120(30), 29-36.
20. 濱田維子 (2004)「仕事と家庭の多重役割が母親の意識に及ぼす影響」『日本赤十字九州国際看護大学 intramural research report』3, 147-158.
21. ボウルビィ, J.／黒田実郎ほか（訳）(1976)『母子関係の理論 I —— 愛着行動』岩崎学術出版社（Bowlby. J. (1969) *Attachment and loss, Vol.1: Attatchment*. Mew York: Basic Books.）
22. 遠藤利彦 (2018)「アタッチメントが拓く生涯発達」『発達』153(39), 2-9.
23. 鯨岡　峻 (2013)『子どもの心の育ちをエピソードで描く —— 自己肯定感を育てる保育のために』ミネルヴァ書房

第7章　子どもたちの観察と記録 —— その意味とツボ

1. 石黒広昭 (2008)「保育心理学の射程」石黒広昭（編著）『保育心理学の基底』萌文書林
2. 久保山茂樹・齊藤由美子・西牧謙吾・當島茂登・藤井茂樹・滝川国芳 (2009)「『気になる子ども』『気になる保護者』についての保育者の意識と対応に関する調査 —— 幼稚園・保育所への機関支援で踏まえるべき視点の提言」『国立特別支援教育総合研究所研究紀要』, 36, 55-76.
3. 刑部育子 (1998)「『ちょっと気になる子ども』の集団への参加過程に関する関係論的分析」『発達心理学研究』9(1), 1-11.
4. 岩田純一 (2001)『〈わたし〉の発達 —— 乳幼児が語る"わたし"の世界』ミネルヴァ書房
5. ウィリアムズ, ドナ／河野万里子（訳)(1993)『自閉症だったわたしへ』新潮社（Williams, D. (1992) *Nobody nowhere: The extraordinary autobiography of an autistic*. New York: Avon Books.）
6. 鯨岡　峻 (2016)『関係の中で人は生きる —— 「接面」の人間学に向けて』ミネルヴァ書房
7. 鯨岡　峻・鯨岡和子 (2007)『保育のためのエピソード記述入門』ミネルヴァ書房
8. 鯨岡　峻・鯨岡和子 (2009)『エピソード記述で保育を描く』ミネルヴァ書房
9. 塚田みちる (2013)「実習における〈子ども - 実習生との関係〉の検討 —— 保育実習・教育実習での体験をエピソード記述で描く」『神戸女子短期大学紀要論攷』59, 1-16.

索　引

■あ

愛着関係　13, 58, 160, 180, 185
アイデンティティ　138, 142, 143, 161, 162
　──形成　161
麻生武　118
足場づくり（発達の）　43, 121, 174
預かり保育　57, 84, 85, 184
遊び　8, 17, 25, 44-52, 63, 86-88, 92-94, 111,
　124, 125, 179
　──の伝染　64
　──の分類　48, 87
アタッチメント理論　185
アフォーダンス　53, 55, 56
天野秀昭　93
安心感　8, 21, 145, 160, 163, 184, 185
　──の輪　185
安全基地　185
安全な環境　46
アンビバレントな感情　183
育児感情　183, 184
育児ネットワーク　176, 177
いざこざ　14, 17, 25, 30, 75-80, 87-89, 100,
　199, 201
　──に対する保育者の介入　88
石黒広昭　191-193
いじめ　79, 80
一元的思想　118
一語発話　124
一次的ことば　150, 151
一斉保育　139
意図模倣　65, 66
異年齢保育　57
異文化　141

　──児　141-145
ヴィゴツキー, L. S.　43, 44, 48, 128
ウィリアムズ, ドナ　196
ウェンガー, E.　44
エスニック・アイデンティティ　138
エピソード記録（──記述）　190, 196-199,
　201
FF（Food Festival）　144
エプロンシアター　52
絵本　3, 39, 52, 58, 59, 145, 180
エリクソン, E. H.　83
お金（の概念）　41, 140
岡本夏木　150
お小遣い　41, 140
オノマトペ　126, 127
オペラント条件付け　42
思いやり　13, 47, 106
親準備性　171

■か

外言　43, 44, 128
カウンセラー　153, 193
学童期　50, 128
ガダマー, H-G.　47
家庭環境　54, 57, 185, 193
ガマン　6, 130, 156, 181
感覚運動遊び　49
環境　8, 16, 17, 30, 42, 47, 53, 54-57, 59, 87,
　147, 172
　──移行　142
　──構成　17, 55, 56
　──構成による学び　55-57
　──設定　87

観察実習　164, 191

観察者　194, 197, 198

関与観察　197, 198

利き手　173

気になる子（——行動）　153-155, 191, 192

機能遊び　49, 50

ギブソン, J. J.　55

基本的信頼　83

キャリア発達　161, 162

教育学　5

教育心理学　5

教育的援助　4, 16, 17

教育的な心の動き　4

教育のはたらき　186

強化刺激　42

共感　106-110, 160, 166, 185, 193, 196

協調（性）　30, 139

共同遊び　48, 49, 87

記録　190, 191, 194, 195, 197

空想的乳児　182

空想の友だち　7

形態模倣（表層模倣）　65

ゲーム　59, 127

嫌悪刺激　42

けんか　3, 41, 51, 52, 68, 75-80

現実とうそ（虚構）の区別　114

原初的模倣　65

幻想的乳児　182, 183

抗アフォーダンス模倣行動　56

構成遊び　49, 50

肯定的なイメージ　14, 21, 22, 25

行動観察法　197

行動主義　42

心の世代間伝達　182

心の理論　104

個人差　7, 78, 131

誤信念の課題　110

子育て支援　161, 182, 184

　　——センター　172

子育て相談　15, 184

子育ての悩み　179

子育て文化　172

ごっこ遊び　50, 51, 75, 81, 98, 114, 116, 117

個としての意識　169-171

ことば　8, 19, 32, 43, 44, 48, 52, 73, 77, 105,
　　119-128, 142, 145-150

　　——遊び　124, 127, 128

　　——の完成期　124

　　——の発達　38, 122, 167, 179, 180

子どもの内面理解　8

子どものヒエラルキー　103

子ども理解　ix, x, 4, 5, 7, 8, 10, 27, 194, 201

コーナー保育　139

コミュニケーションの発達　123

語用論　120, 123

■さ

サーカディアンリズム　132, 134

三項関係　167

サンタクロース　115, 117

ジェンダー　69, 73

支援の三角形　156

叱る　24, 25

時間：

　　——意識　148, 149

　　——概念　129, 130, 133

　　——的展望　4, 130, 134

　　——の特徴　132

自己：

　　——イメージ　22

　　——概念　33, 34

　　——肯定感　13, 21, 22, 25-27, 155, 184,
　　186

　　——効力感　13, 14, 16, 19, 21, 23, 24, 27,
　　67, 164

　　——主張　29, 32, 81, 160, 179, 181

　　——中心的ことば　43, 44

　　——否定感　21

自称の発達　28
自尊感情　20, 21, 23, 24, 27
実習体験　162, 163, 196, 197, 199
失敗体験　26, 155
児童期　34, 80, 150, 181
児童相談所　178
死の理解　39
社会性　164-165
社会的学習理論　43, 66
社会的劇遊び　50
社会文化環境　26, 27
ジャルゴン（ジャーゴン）　124-126
就学　46, 47, 73, 91, 121, 141, 148, 154
周期性（時間の）　132, 134
集団生活　30, 78, 153-155
重要な大人　13, 14, 21, 22, 25-27, 186
主体　7, 8, 12-14, 16, 17, 31, 169, 198
　　自己矛盾を抱えた――　12
受動性　15
障害　69-73, 178, 196
　　発達――　152, 153
生涯発達心理学　6
小学校　46, 70, 71, 110, 117, 118, 135, 147-
　　152, 178
賞賛　20
象徴遊び　50
初語　8, 124
所有概念　41
しりとり遊び　127, 128
新生児模倣　65
身体的環境　54
人的環境　54, 55, 83
信頼感　13, 14, 19, 21, 22, 87
心理的時間　131, 135
スキナー, B. F.　42
スクリプト　142
成功体験　26, 155, 166
性自認　70
成熟　7, 110

成長　5-7
　　――（保育者としての）　161
性同一性障害　70
正統的周辺参加論　44
性別（の意識）　69, 70, 172
性役割　52
責任ある依存関係　86
世代：
　　――間サイクル　168, 169
　　――間伝達　182
　　――としての意識　169, 171
前頭前野　110
相互主体的関係　17
想像　47, 50, 106, 112, 113, 116, 117, 193
　　――と現実の区別　117
　　――物　112, 115
　　――力　50, 107, 111, 113, 116, 144
素朴楽天主義　34
存在両義性　3

■た
第一反抗期　179, 181
体内時計　134
体罰　42
多元的思想　118
タブーのことば　82
多文化　141
　　――共生保育　141, 144, 145
　　――児　141, 145
　　――保育　72, 73, 141, 145
地域や専門機関を交えた連携　178
手袋シアター　18
テレビ　52, 54, 59, 64
同型性（模倣における）　62, 64, 100
当事者研究　196
頭足人　67
同年齢保育　57

索　引　　225

■な

内言　44, 128
仲間意識　63
二次的ことば　150, 151
二重感覚（ダブルタッチ）　31
乳児期　12, 13, 16, 22, 25, 26, 83
　　──の万能感　25
乳幼児期　6, 8, 50, 62, 75, 126
能動性　15, 16

■は

配慮が必要な子ども　153-157
配慮性　167
パーソナルスペース　32
ハーター, S.　33
発達　4-7, 31, 33, 34, 43, 54, 55, 62, 65, 77,
　　83, 100, 103, 107, 122, 133, 167
　　──課題　83
　　──水準　43
　　──の最近接領域（ZPD）　43
　　──の社会文化的理論　43
発達心理学　ix, 5, 12, 182
パーテン, M. B.　48, 87
反抗　29, 32, 181
バンデューラ, A.　43, 66
ピアジェ, J.　40, 43, 50, 117
ピアヘルパー　177
否定的なイメージ　22, 25
ひとり遊び　48-51, 86, 113
非認知能力　91, 92, 94
評価　5, 10, 20, 24, 25, 27, 32, 34, 165, 177
不安感　21, 155, 172, 184
フォロアー　101-103
不可逆性（時間の）　132, 133
福祉職　153
ふざけ　29, 83
不信感　21
物理的環境　54, 55
ふり遊び　50, 98, 100, 114, 116

ふりシグナル　100
文化移行　141-143
平行遊び　48, 49, 64
ヘックマン, J. J.　91, 92, 94
ベビーシェマ　2
ペリー就学前プロジェクト　91, 92
保育学　5
保育環境　57, 191
保育者　2, 4, 8, 16, 17, 25, 51, 58, 73, 86, 89,
　　101-103, 144, 153-157 161-166, 176-178,
　　186, 191-192, 194, 198
　　──アイデンティティ　162, 163
　　──としての自己効力感　164, 165
　　──と保護者の連携　176
　　──のイニシアチブ　101
保育所保育指針　x, 46, 141, 162
傍観的な行動　48, 86
ボウルビィ, J.　185
ボキャブラリースパート（語彙爆発）　8,
　　119
保護者同士の連携　177
保存（──の概念, ──の実験）　40, 117
褒める　24

■ま

学び　16, 42-44, 46, 47, 55, 59, 64, 140, 199
「見かけ」と「本当」　118
未熟（未成熟）　2, 4, 7
導かれた参加　44, 84
見守る保育　87
「みる」　191, 194
看る　191, 193
観る　191, 195
診る　191-193
無力感　21
命名期　119
メタ認知　105, 109-110, 118
メディア　26, 27, 59, 60
目と手の協応　31

文字　46, 128, 147, 151
モデリング　163
モデル（例示者）　64, 88, 163, 172
模倣　47, 56, 57, 62-67, 100
　　──の相互性　66

■や
役割取得　100
　　──能力　107
やんちゃ遊び　50-52
誘導　17, 86
有能感　19
養育者　30, 54, 83, 84, 109, 167, 180
養護（性）　16, 57, 58, 83, 84, 171, 185
　　──的な心のはたらき　4
　　──のはたらき　186
幼児期　7, 12, 13, 16, 23, 26, 34, 41, 43, 48,
　　71, 76-79, 81, 100, 103, 110, 112, 117, 150,

151, 181, 193
幼児の楽天性　34
幼稚園教育要領　x, 46, 141
吉田敦彦　149

■ら
リーダーシップ　81, 101-103
リハーサル　121
レイヴ, J.　44
連合遊び　48, 49, 87
ロゴフ, B.　44, 84, 148

■わ
若者　169-171
〈わたし〉　29-33, 78, 181
「私は私たち」の心　12-14, 17, 198
「私は私」の心　12-14, 17, 198
笑い　29

執筆分担

塚田みちる
第1章 子ども理解のまなざし —— 発達的に捉える
    1. 子ども理解への複合的な視点
    2. 子どもの主体の育ちという視点
    3. 子どもの自己肯定感の育ちという視点
第5章 一人ひとりの育ちに応じて支援する —— 文化と個性
    3. 配慮を要する子どもを支援する
第6章 親と保育者の育ち —— 育てると育てられる
    1. 保育・教育という職業選択に向けて
    2. 育てる側への育ちに向けて
    4. 子育ての悩みの対応に向けて
第7章 子どもたちの観察と記録 —— その意味とツボ
    2. 保育実践を捉え直すためのエピソード記述

岡本依子
第2章 子どもが育つ場を整える —— 遊びのちから
    1. 子どもの生活や遊びを通しての学び
    2. 子どもを取り巻く環境への認識
第3章 子ども同士の絆を育てる —— 仲間のちから
    1. 他者とのやりとりと模倣
    4. 大人を巻き込んだ関係づくり
第4章 知的好奇心を育てる —— 世界と他者を認識する
    1. 他者の役割・立場に気づく
    4. ことばの意味を知る・考える
第5章 一人ひとりの育ちに応じて支援する —— 文化と個性
    1. 文化的背景に応じて支援する
第6章 親と保育者の育ち —— 育てると育てられる
    3. 保護者や地域との連携に向けて

菅野幸恵
第1章 子ども理解のまなざし —— 発達的に捉える
    4. 子どもの〈わたし〉という意識の育ちという視点
第3章 子ども同士の絆を育てる —— 仲間のちから
    2. さまざまな区別に気づく
    3. 友だちとのいざこざの経験
    5. 非認知的能力と対人関係づくり
第4章 知的好奇心を育てる —— 世界と他者を認識する
    2. 他者の心の状態を想像する
    3. 目に見えない対象を想像する
    5. 時間の流れを知る
第5章 一人ひとりの育ちに応じて支援する —— 文化と個性
    2. 就学に向けて支援する
第7章 子どもたちの観察と記録 —— その意味とツボ
    1. 私たちのエピソード記録

著者紹介

塚田みちる（つかだ　みちる）

東京都立大学人文科学研究科心理学専攻博士課程単位取得満期退学、博士（心理学）。
現所属は、武庫川女子大学教育学部教育学科・短期大学部幼児教育学科 教授。
〈保育者養成に携わって思うこと〉
保育者養成校を卒業した私のゼミ生と、できるだけ卒業後も交流しています。最近、現役ゼミ生と集う場を作りました。卒業生は保育の仕事に就いてうまくいかず悩むこともあるけれど、「子どもって、やっぱり可愛い」と口々に目を輝かせて話してくれます。そのイキイキとした姿に、就職に悩む現役ゼミ生は勇気づけられていました。それでも毎年のように、保育現場で保育職を継続することへの苦しさを抱えて私の研究室に相談にきます。そういうときのセーフティネットであり続けるためにも、本書が役立つことを願っています。

岡本依子（おかもと　よりこ）

東京都立大学人文科学研究科心理学専攻博士課程単位取得満期退学。博士（心理学）。
現所属は、立正大学社会福祉学部子ども教育福祉学科 教授。
〈保育者養成に携わって思うこと〉
子どもにかかわる仕事は、専門性が求められ責任が大きく、頭も体も使う大変なお仕事ですが、子どもとかかわれるのは楽しいことです。子どもの発達に気がついたり、子どもの不思議さ、おもしろさ、ときに、ずるさや弱さに触れたりできることは、保育者にとっても幸せなことなのかもしれないとも思います。子どもとかかわることの幸せの感覚を大事にできるよう、私たちにも何かできることがあるはずです。そのような思いのこもった本書です。

菅野幸恵（すがの　ゆきえ）

白百合女子大学大学院文学研究科博士課程中途退学。博士（心理学）。現所属は、青山学院大学コミュニティ人間科学部 教授。
〈保育者養成に携わって思うこと〉
現場の人手不足。実習巡回で幼稚園や保育所にお邪魔すると、誰かいい人いませんかと言われます。慢性的な人手不足は保育の質の低下にもつながります。原因はさまざまですが、学生と話していると責任の大きさに見合う給与が払われていない現実を厳しく受け止めて保育の道を選べないでいる人が結構います。保育者の専門性はもっと評価されてしかるべきです。この本がその一助となればと願います。

エピソードで学ぶ
保育のための心理学
――子ども理解のまなざし

初版第1刷発行	2019年12月1日
初版第2刷発行	2022年9月15日

著　者　　塚田みちる

　　　　　岡本依子

　　　　　菅野幸恵

発行者　　塩浦　暲

発行所　　株式会社　新曜社
　　　　　101-0051　東京都千代田区神田神保町3－9
　　　　　電話 (03)3264－4973 (代)・FAX (03)3239－2958
　　　　　e-mail : info@shin-yo-sha.co.jp
　　　　　URL : https://www.shin-yo-sha.co.jp

組　版　　Katzen House
印　刷　　新日本印刷
製　本　　積信堂

Ⓒ Michiru Tsukada, Yoriko Okamoto, Yukie Sugano, 2019,
Printed in Japan
ISBN978-4-7885-1656-4 C1011